U0619714

丛书编委会

总　策　划：来新国　王文成

编委会主任：郭齐勇　周晓亮

编　　　委：来新国　陈知涯　张　彧　尹格韬　沈　众

　　　　　　王文成　孟淑贤　周长志　罗养毅　秦　丹

　　　　　　乌　琛

大家精要

吕坤

柳向忠 著

Lü Kun

陕西师范大学出版总社

图书代号 SK16N1023

图书在版编目（CIP）数据

吕坤 / 柳向忠著. —西安：陕西师范大学出版总社有限公司, 2017.7（2024.1重印）
（大家精要）
ISBN 978-7-5613-9200-3

Ⅰ.①吕… Ⅱ.①柳… Ⅲ.①吕坤（1536—1618）—传记 Ⅳ.①B248.92

中国版本图书馆CIP数据核字（2017）第116451号

吕　坤　LÜ KUN

柳向忠　著

责任编辑	彭　燕	
责任校对	宋媛媛	
封面设计	张潇伊	
出版发行	陕西师范大学出版总社	
	（西安市长安南路199号　邮编 710062）	
网　　址	http://www.snupg.com	
印　　制	永清县晔盛亚胶印有限公司	
开　　本	650 mm×930 mm　1/16	
印　　张	10	
字　　数	100千	
版　　次	2017年7月第1版	
印　　次	2024年1月第2次印刷	
书　　号	ISBN 978-7-5613-9200-3	
定　　价	45.00元	

读者购书、书店添货或发现印刷装订问题，请与本公司销售部联系、调换。

电话：（029）85303879　　传真：（029）85307864　85303629

目　录

引　言

　　吕坤，先取字顺叔，后改字叔简；别号新吾、心吾，晚号抱独居士。他生于明嘉靖十五年十月初十（1536 年 10 月 24日），河南宁陵县人。

　　宁陵县地处豫东平原，黄河古堤横穿县境东北，那里地势平坦，气候温和，土地肥沃，生产、生活比较富裕。据史载，宁陵有"张弓酒"源于商初，兴于两汉，东汉光武帝敕封为"皇封"御酒；"金顶谢花酥梨"在明弘治年间（1488～1505）被封为贡品；"宁陵杠子馍"也是曾为明清帝王、世族所享用的"御膳"。古老的宁陵还是一个人文荟萃、人才辈出之地，战国时期四君子之一的信陵君就分封于此。

　　万历二年（1574）春，吕坤入京参加殿试，以三甲第五十名赐"同进士出身"。明清科举制以一甲三人为状元、榜眼、探花，二甲赐"进士出身"若干名，三甲赐"同进士出身"若干名。这一年吕坤三十九岁，自此开始了在地方和京城二十余年的政治生涯。万历二十五年四月，时年六十二岁的吕坤称病辞官回乡，卒于万历四十六年六月初八（1618 年 7 月 24 日），享年八十三岁，葬于宁陵县西北距县城十二里的鞋城村，即现在的阳驿乡吕坟村。该村因吕坤坟得名，其村家家户户都姓吕，相传都是当年守墓人的后代。尽管墓地周遭牌坊、石器在"文化大革命"中遭到很大程度的破坏，但坟墓犹在且从未遭到人为的盗掘，大概是因为妇孺皆知吕坤一生清正廉洁，况且吕坤生前在《自纂墓志铭》中就立下遗嘱："衣衾仅周身，不重袭，枕附以经史，不敛含；一毫金珠不以入棺，一寸缣帛不以入葬。明器如生，丧具以纸。"实在是无可盗之物。

第 1 章

生于普通家庭　早年乡居求学

　　万历二年秋季的某一天，时年三十九岁的吕坤告别家乡宁陵，踏上了他心仪已久的"以伊尹之所志为己任，以社稷苍生为己责"的人生旅途。让我们也循着历史的痕迹，从黄河古堤畔的那个小县城开始，去追述这位主人公在一个正经历着风云莫测、盛衰转变的庞大帝国之中所思、所行的人生历程。

一、家世与家庭

　　翻阅明嘉靖年间编修的《宁陵县志》及《万历甲戌进士题名碑录》，其中的记录都将吕坤写作"李坤"，这是一段颇为诙谐的家世因缘造成的。据吕坤所撰写的《自纂墓志铭》与《吕李姓原碑》中记述，他的先祖在宋元之前是洛阳的主户。元末，其家族中有名黑厮者，是洛阳西部新安县水南寨的菜农。明太祖洪武二年（1369），因为军功被授予指挥官，但黑厮不愿为官而没有接受。太祖朱元璋很是赞赏，赐给他花银（成色较纯的银子）一斤，当面写下圣旨免除其家赋税徭役，使其终身不纳税和服劳役，在圣旨的末尾写上了"敕水南寨种菜老李。钦此"字样。黑厮辩驳错写了姓氏，太祖朱元璋拿起笔想要更改，但笔端的墨汁落在了"李"字上，使字无法再改，索性扔下笔说："就姓'李'也没什么妨碍。"黑厮无奈叩头起，遂以"李"为姓，二百年间不曾更改过，直至万历六年（1578）吕坤在吏部任职时才上奏恢复了吕姓。

洪武三年（1370），吕坤的六世祖为了躲避兵乱，举家迁到了河南的宁陵县，自此世居宁陵。吕坤为迁宁陵以来吕氏家族的第六世孙。祖上为菜农，后改属"匠籍"，大体上都属于普通劳动者，但吕家在当时乡里算是一个颇为富有的家族。吕坤父亲曾自述其家有田地两千亩，年收入可达五百石（若按明代万历年间的一石约为 94.4 公斤算，相当于现在的 4.72 万公斤），就亩产而言算是广种薄收了，但相对于吕坤父亲所说的"吾当古八口之家者二"来说，这已经能使妻子儿女们衣食无忧，家仆也没有受冻挨饿的了。即便有客人来，也有能力提供相当好的饮食宴乐；对于往来受冻受饿而乞助于门前的人，也能出自怜悯和体恤之心而给予一定的施舍和帮助。嘉靖十九年（1540），吕坤五岁时，宁陵遭逢大饥荒。我们可以从吕坤父亲后来的回忆中了解这一灾荒惨象：灾民们除粪和土不能吃外，已经遍吃草木，使"草无遗叶，木无完肤"，甚至有父子、夫妻相吃的"食人"惨象！以至于那些数不胜数因饥饿奔走四方、呼号求食的人都已面无人色，后来更无体力再行走，无声气再呼唤，唯有僵卧在荒野里任风吹日晒，坐以待毙。吕坤曾遵照父命写《知足说自警》记录下了这段往事以自我警示：并不是什么上天厚此薄彼而使吕家免于这样的灾难，而是要力行克勤克俭，厌弃奢华靡费，因为"天下之财自有定数，我不富则人不贫"，只求"吾有可以饱，可以暖者足矣"。由此可见，生活在农村的吕坤，既能体恤人民生活的艰难，也秉承了父亲教诲，不炫目于富贵、奢华。尽管当时有富贵、贫贱之别并且被视之为不可更改的"天理"，但倡导、追求过一种简朴的、知足的、常乐的平常生活是人的德性的自我选择。

吕坤的父亲名得胜，字寿官，别号近溪，又号渔隐闲翁。《易·蒙》说："蒙以养正，圣功也。"吕坤的父亲对儿童教育及如何对其实施正确的教育方式都很重视，为此写有《小儿语》一书。他通过民间乐闻易懂的口语形式，使孩童们在欢呼嬉笑之间学习和体会一些有利于身心教育的正确道理，也使孩童时期的知识学习和德性养成有利于推己及人，可以让每个人终生去体认和受用。吕坤秉承父教，也很重视儿童教育，并接受父亲的建议作了进一步完善，写成《续小儿语》。吕坤的父亲生性平直、恬淡，崇尚东晋陶渊明"采菊东篱下，悠然见南山"和北宋林逋"吾志之所适，非室家也，非功名富贵也，只觉青山绿水与我情相宜"的田园生活。吕父晚年简居茅舍，生活恬静自然，喜好吟作南北词曲，或携酒骑驴访友，每到酒酣时便敲打酒器而歌，"浩浩兮两间，人生斯世兮谁百年？富贵兮耽尤，贫贱兮奔走于山之北海之南。幸余居富贵贫贱之间兮乐盘桓"。吕坤的伯父吕官，是嘉靖十九年的贡生，曾任河北省武邑县主簿，主管一县的粮税和户籍，但上任三天就隐退回乡。父辈这种不为功名、财利所累的品行和情操对吕坤从政生涯和一生生活志趣都影响很深。

　　吕坤的母亲李氏喜好奇闻逸事，又深明大义，吕坤也以至孝相随，出门在外归来时，都将所闻所见的稀罕事、异样物告诉母亲，让她开心。嘉靖二十六年（1547），吕坤十二岁时，母亲李氏患眼疾失明，变得心急气躁、情绪不稳，为了安抚母亲，他遍寻会音乐的盲妇弹奏琴瑟、唱咏诗歌以慰抚母亲的心情，唱歌者无词可唱就再更换他人；或者找人来说书，如前汉、前后齐、七雄、三国、残唐、北宋之类的故事，只要是知名的说书人，无论远近必去请来。此后，吕坤每见到乞食的盲人，便念想到母亲失明之苦，倍生恻隐怜悯之心，所施与的也多于给其他乞食的人的。值得称道的是，吕坤在万历十五年（1587）分管山东济南事务时，四处收养流亡的盲童，男的教会他们说书、卜卦，女的配置乐器，教她们弹琴唱歌，使他们都能自食其力，不至于沿途乞食；待到他们成年后，凡是有合适的，官府出资资助他们结为夫妇。吕坤从政所到之处，这一措施翕然成风，其他一些州县受此影响也多有推行。《孟子》中说"老吾老以及人之老，幼吾幼以及人之幼"，吕坤推己及人，体恤民情，使鳏寡孤独废疾的人都能得到一体的济养，可见他将至孝之心推及到了爱民之政。吕坤在嘉靖四十一年（1562）参加中央礼部主持的三年一次的会试未中而归。隆庆二年（1568）因为父亲病逝也没有参加该年的考试。隆庆五年，吕坤三十六岁，又到了会试时期，而此时母亲李氏已重病卧床。吕坤日夜勤侍在侧，衣不解带，亲尝汤药。李氏自言虽病但无事，催促吕坤速去京城参加会试。吕坤表面上答应了，但却躲在别处继续为母亲料理汤药。有一天，母亲忽然听见了吕坤的声音，大怒不食，责备吕坤欺蒙她。吕坤跪地哭泣说："功名事小，母亲病没有痊愈，我不忍离去。"李氏抚着吕坤的背安慰说："我只有见你成了进士，死才能瞑目。速去，不要辜负了我的想望。"李氏更以隔天才吃饭来逼催他，吕坤不得已辞别母亲赴京赶考。两地之间往还仅三十天，吕坤返回时李氏已经先期病故。吕坤抚棺长哭："进士何物也，以唾手得，而我以母死换乎！"号泣而绝粒者七昼夜。居丧骨立。在祭母文中，吕坤悲痛说及梦中听见的已不是母亲的真语，纸上见到的不是母亲的真容，近来很多的奇闻逸事也无处诉说了。可见吕坤是一个多么至孝至情的人。

吕坤兄长东园和三弟见朴在家经理家务。二人在世均六十余岁，都早于吕坤去世。晚年吕坤常感叹兄嫂勤于家务，使自己衣食无忧而静心于求学，而他在外为官多年却与兄弟等交流、沟通很少；待到辞官回乡闲居之时，兄弟却相继离他而去，感念兄弟手足情谊之时常常唏嘘不已。

吕坤大概是在嘉靖三十年（1551）十六岁时娶本县于氏为妻，有三女两子。长子知畏，是公家提供膳食的一等生员，即"廪膳生员"。二子知思，曾任光禄寺署丞，即掌管朝廷祭享、筵席以及宫中膳馐机构的下属官员。长女中仪。次女正仪。三女取名"两"，生于万历元年（1573）。第二年，吕坤入京参加殿试，将孩子带到了京城，考中进士后不久出任山西襄垣县令，把小女"两"也带到了襄垣县，两岁左右的女儿渐渐熟悉了襄垣，以为这里就是家。万历四年，吕坤调任山西大同县，又带小女儿到了那里。小女儿灵秀聪慧，四岁就有成人的见识，当吕坤忙完公务归来时她常欢喜绕膝，问寒问暖；吕坤也因远离家乡至边塞为官，身边少亲人而更加怜爱小女。吕坤俸禄微薄，不能更好地照应小女，给她的饮食也常和大人一样。小女性情安静怕惊吓，后来受惊得疸病死了，就葬在了那边塞之地。小女临死之际，多次喊着要回家去，也就是她所熟悉的襄垣。带女儿来到这千里之外的边塞之地，但却不能带她回到真正的家乡宁陵，为此吕坤痛心不已。

二、聪颖勤苦　有志于学

自吕坤六世祖迁宁陵，二百年来吕氏家族在宁陵逐渐繁衍发展了起来。吕坤也曾指出："传家两字，曰'读'与'耕'。兴家两字，曰'俭'与'勤'。安家两字，曰'让'与'忍'。防家两字，曰'盗'与'奸'。亡家两字，曰'淫'与'暴'。"这无疑也是吕氏家族传家兴族的真实写照。教育极为重要，吕坤后来也告诫后辈不可"眼底无几句诗书，胸中无一段道理，神昏如醉，体懒如瘫，意纵如狂，行卑如丐，败祖宗成业，辱父母家声"。父严母慈，使吕坤自幼就接受过良好的家庭教育，对他一生的为人、为学、从政都有深远的影响。

嘉靖二十年（1541），吕坤六岁时入乡里的私塾就读，他聪颖超群，好学善问，读《论语·学而》篇，问六"信"字同异，即"与朋友交而不信；敬事而信，节用而爱人；谨而信，泛爱众；与朋友交，言而有信；主忠信，无友不如己者；有子曰信近于义，言可复也"。他自幼不仅如此颖异，还有着非凡的理解力，入佛寺有人索对联说"泥土地"，吕坤应声对答

"铁金刚"。十二岁时曾参加过县里的考试，县令怀疑他的文章不是自己写的，又以"放告"（旧时官府每月定期坐衙受理案件）为题考核他，吕坤破题说"君子欲无讼，故先听讼焉"，县令听后很是惊叹于他的才气。朱熹曾说："圣人不以听讼为难，而以使民无讼为贵。"又说："听讼者，治其末塞其流也；正其本清其源，则无讼矣。"人之所以有争讼对簿公堂，必然有其缘由。吕坤年少之时就能有这种从实际"听讼"的治末塞流中以明其所由，并能于其本而正之，于其源而清之，从而实现"无讼"，也足以看出他能学贵自得且直承孔子所言的"听讼，吾犹人也。必也使无讼乎"的正统实学趋向。这一方面在吕坤从政后能明察秋毫，据理据实而不为权势所动的实际政治活动中都有切实的体现。

吕坤自述年少时的读书经过："质困钝，读两叶书，且夜不成诵，看书亦不甚解。博涉坊刻训诂家言，益乱，益不解。乃一切弃置之，默坐澄心，体认经旨，不了悟不休。久之，我入于书。又久之，书归于我。过目即得，一得久不忘，非诵读之力也。"此即孟子所谓"反身而诚，乐莫大焉"。吕坤少时读书经历了诵读、训诂不得要领的痛苦，转而强调要反躬明心，务求大意，不必寻章摘句而泥执于训诂家的解说。十五岁时，他读史书及宋明时期性理学方面的书籍，服膺于诸儒学大师，常有新的收获，但也苦于心性易乱而放失难求，遂作《招良心诗》以自励，正如孟子所谓"学问之道无他，求其放心而已矣"。其诗的大意就是要收其放失之心（良心）而存之，存之久则心与理一，也就是所谓的"诚"，这也正是为人之道。当然年少时期的吕坤颇有才气，难免恃才气盛，后来他自己也说二十五六岁时心躁气浮，言行举止不庄重、敦厚。这也使他早年在从学期间严于、苦于"治心"，吕坤晚年追忆说："少时治心甚苦，每与为仇，不少放过，而心亦与我为仇，不肯归伏。"嘉靖四十五年（1566），吕坤三十一岁，开始著述《省心纪》，即每日反躬自省并将过错、差失记录下来以检讨自我，这也是他在早年从学期间苦于"治心"而对修养身心的思想结晶，该书从写作至撰成付梓前后有近二十年之久。

吕坤为学勤苦专一，也博览泛观。少年时涉猎很广，对音韵学、医学都深有研究，晚年有音韵学专著《交泰韵》、医学专著《疹科》刊行。他熟读、深谙《大般若经》《金刚经》《维摩诘经》《楞伽经》《圆觉经》《楞严经》禅家六籍，但并不为这些佛学宗旨所涂染；读稗官野史，则认为道家神仙长生不老、瑶台琼池、青鸟紫鸾都是荒诞不经之说，背离了人伦人情的天性而置骨肉亲情于不顾。吕坤自始有着鲜明的学术兴趣和宗旨，非道学、仙学、禅学者，虽不拘一格，但视万物一体，专一"仁"为价值取向的核心。这和他的至孝重情、刚介峭直的品性，以及不蹈空虚谈、务实重行是相贯通的。

吕坤三十一岁时还参与撰修《宁陵县志》，主张秉笔直书，以事实为依据，参考古今闻见，将褒贬公之于人；同时强调虚实、美恶不强作修饰，否则就成了伪史、不信之史，既不能用来验证也无法传布开来。他早年就很重视世风教化，自称读史书见有厚德高行的人士，心里就很羡慕，闲时就汇集成册为《厚德传》来敦化时风世俗。听闻本县人殷西池为他的乳母养老送终，每年以祭祀先人的礼仪拜祭；其妻张氏的父母年老贫苦，无所依托，便迎来养老而没有丝毫厌烦，张氏父先去世，殷西池嘱托他的儿子要如侍奉自己的母亲一样来侍奉张母，去世后便将张氏夫妻二人合葬。吕坤称颂殷西池有唐代杜黄裳之报其怨婿韦执宜、韩昌黎之报其乳母李正真的"仁义"风范，并记录下来以示赞扬。万历元年（1573），吕坤三十八岁时写成《四礼翼》一书。之所以称之为"翼"，意在于"豫四礼之先而继于四礼之后者也"，也就是要使冠、昏、丧、祭四礼贯通终身而受用。鉴于六经微言奥义不容易理解，四书又为日常必须诵读之本，吕坤在该书中就以民间日用常行、浅近鄙俗、家喻户晓的语言、事例、实例，将童蒙成人之教、婚丧嫁娶之礼、事生送死之仪、和亲睦族之化条分缕析，使之浅显易懂，更容易为人们所接受，从而也达到了使幼有所学、老有所安，立教以终身的目的。这也正是"四礼"之所以为人道之始终的主旨，也是他早年在家乡关注世俗风化教育的思想呈现。为了有效地和亲睦族，移风易俗，改良风气，后来吕坤在京城吏部任职时，用自己的俸禄和朝廷的赏赐在家乡买了五百亩良田，仿照宋范仲淹创置"义田"济养族人而建"孝睦田"，用来祭祀祖先，抚恤族人，尤其是为贫困者婚丧、衣食、求学等提供资助。

吕坤早年从学期间也多与志同道合者相往来，互相砥砺。嘉靖四十年（1561），时年二十六岁的吕坤在省城参加乡试期间与永城胡格诚、中牟张孟男相知相交。胡格诚，号锦屏，慷慨刚直，豪爽洒脱，不落俗套而有豪雄气概，隆庆二年（1568）中进士，为官正直，不靡费民财，不屈势损害民利，有"强项令"之称。万历七年（1579），吕坤在吏部任铨曹郎，主管官员的选拔事项。胡格诚当时是候补官员，在京听候委任。某日胡格诚去吕坤私宅拜访故友，门卫直接让他进去了。他手持履历状长跪自报名帖。吕坤很是诧异地问："兄奈何作此态?"胡格诚大笑而起说："外吏见铨曹自有故事，十年暌隔，吾试汝有世味否? 乃犹然识故人，不俗，不俗!"虽然都在官场，但并无志得意骄、弥逢涂抹的习气。二人促膝谈事，畅快淋漓，融洽如昨日。张孟男，号震峰，为人正直，性情自然，朴实无华，为官勤于政事，执法公正，不趋炎附势。当时的内阁大学士（相当于宰相）兼吏部尚书高拱是张孟男的亲姑丈，权势显赫，但张孟男从不攀附，每次相遇，只谈公务，不诉说个人境况。高拱误认为他傲慢无礼，心中非常不满。连续几年，张孟男都没有升迁。后来高拱被参罢官，遣回家乡，平日趋炎附势的人都避而不见，深恐受到牵连，独有张孟男不计利害，亲到高府帮忙整理行装，并在郊外设宴为他钱行。高拱为他的高洁人格深受感动，执手称谢，自叹不如。吕坤与张孟男相交相知四十余年，曾经讨论为官的根本，张孟男说："本分之内毫无欠缺，本分之外毫无沾染。"张孟男反对蹈空虚谈时事，提倡不仅坚持做好更要落实到实处，吕坤引为名言而自始至终视他为同道中人。马文炜，号定宇，志洁清廉，刚正不阿，不畏权势，勤政爱民，是嘉靖四十一年（1562）的进士。当年吕坤也参加会试，但没有考中，其间与马文炜相识，"一见语即合"。后来吕坤再次参加会试中榜，因母亲李氏病逝在家守孝。第二年马文炜出任湖北德安府，之后二人竟没再相见过，谈及此，吕坤言语中深为感慨。

三、变革的时代：出仕

吕坤生活于 16 世纪中晚期至 17 世纪初期，即明代中后期，经历了嘉靖、隆庆、万历三朝。这是明代历史由盛而衰，走向极度腐败的颓变时期，尽管有中兴的闪光但颓势已经难以挽回。明代社会经济的发展状况在各个方面都超越了前代，尤其是 16、17 世纪，明朝在农业、手工业，特别是商品货币经济方面都是当时世界上发达的国家之一。但有明一代，在社会政治生活方面却是封建专制极端强化的时期。高度发达的商品货币经济，在极端专制主义统治之下，滋生的只能是极度的腐败，也必将导致各种社会矛盾急剧恶化而一发不可收拾。

吕坤早年生活处于嘉靖后期和隆庆年间，正是这一转折幕布逐渐拉开的时期。明中期以来，宦官专政，贪污受贿，巧取豪夺，朝政混乱，皇帝、王公、勋戚、宦官，以及一般官僚、地主、豪绅兼并土地的情况超过了以前任何时代，农民流离失所，反抗斗争也此起彼伏。嘉靖初期进行了一些适当的政治改革，打击了宦官的势力，但随之而来的"内阁始专"引发了一系列朋党纷争，兼之嘉靖皇帝本人嗜好神仙老道之术，醉心于斋醮、祥瑞无聊之事，竟然二十多年不上朝，仅靠"票拟"（内阁签注意见）和"朱批"（皇帝红色批示）来维系与政府官员之间的间断性联系，更是极少与官员接触。自嘉靖初因"大礼仪"之争（前正德武宗无子，死后便由堂弟即嘉靖世宗即位。嘉靖想要尊去世生父兴献王为帝，首辅杨廷和等众认为有违礼仪而反对）开始，朝廷内政朋党之争延续不断，张璁逢迎嘉靖心意，使首辅杨廷和罢官，而后张璁接任首辅，接着夏言、严嵩、徐阶等人出任首辅也都是通过互相倾轧排挤，采用各种权术打击竞争对手获得的。嘉靖帝忙于专心追求他的长生不老，淡漠于国事，善于揣测皇帝心思并以谄媚取信于嘉靖帝的严嵩，则在朝专权十多年，他树立朋党、排除异己，使自己的子孙、姻亲、朋党个个授官予爵。吏治已经极其腐败，官僚也愈加贪污成风，严嵩就是突出代表，他在北京、南京、扬州广置良田美宅，他的原籍袁州一府四县的田地十分之七都被严家侵占。如此腐败的帝国政治，导致的结果就是国库入不敷出，财政极其困难，进而将各种名目的赋税加派在本已贫困的农民身上。于是民不聊生，起义不断发生。

嘉靖三十二年（1553），十八岁的吕坤目睹了发生在他家乡豫东平原上的一次农民起义："师尚诏初起襄城（今河南柘城县境内）时，家中显然屯聚者曾有百人乎？一出归德（今河南商丘市），便有三千人，离鹿邑、柘城，则有万余人矣。至（鄢陵）韭菜园等处，则三万人矣。半月之间，声势如此！"他在四十八年之后追忆此事时，仍然心有余悸。明中期的这次起义，是河南柘城县人师尚诏约里人王帮用等聚饥民三百多人揭竿，提出"不杀人，不抢劫""放粮赈灾，救济穷人"，深受百姓拥护，府、州、县官吏惊恐万状，河南、山东、南直隶（相当于今江苏、安徽、上海地区）为之震动，后来因实力悬殊，师尚诏在山东莘县兵败被捕并被官兵杀害，义军全部被杀。此次起义历时九个月，转战三省，攻破府、州、县城二十余座（包括吕坤当时所在的宁陵县），是明代河南最大的一次起义，在豫东一带影响很深。

嘉靖时期的明帝国由于内政积弊深重，边事长久废弛，倭寇趁机频繁侵扰东南沿海地区，造成了极大破坏。与此同时，在长城以北，蒙古鞑靼部首领俺答汗不断掠夺沿边地区，甚至于嘉靖二十九年兵临北京城下，对京郊大肆掠夺。嘉靖年间，南倭北虏始终是明王朝的莫大祸患，但嘉靖帝依然淡漠朝政和国事。毛泽东评价他"炼丹修道，昏庸老朽，坐了四十几年天下，就是不办事"。嘉靖四十五年，刚上任户部主事的海瑞目睹此情此景，买好棺材，告别妻子，冒死上书，直言劝谏，发出"嘉靖者，言家家皆尽而无财用也"这一振聋发聩的呼声，结果海瑞被关进监狱。也就在这一年，那位信奉道教方术，追求长生不老的斋醮皇帝也走完了他的人生道路。

隆庆年间，内阁朋党之争仍在继续，但隆庆皇帝性情贞静、仁义，处事随和，能使手下有能力的官员放手行使朝廷权力来管理这个疲敝不堪的帝国。隆庆皇帝在位六年，帝国保持了相对的稳定和繁荣的局面。隆庆初年（1567），海禁解除，东南沿海的海外贸易活跃发展了起来，出现了一个全面开放的局面；隆庆五年，在张居正的支持下，皇帝采纳了兵部尚书王崇古的建议，封俺答汗为顺义王，与蒙古俺答汗建立了封贡互市关系，从此基本结束了明朝与蒙古鞑靼各部近二百年兵戈相见的局面。

这时值得关注的一位颇有才干的官员——张居正是在隆庆初年进入内阁，开始参与国家机要事务。在继高拱取代首辅徐阶之后，隆庆六年，张居正联合司礼秉笔太监冯保赶走了高拱，任首辅开始主持内阁，在内政、经济、军事各个方面进行了一系列整顿和革新，颇有中兴气象。这是一个能让有志之士施展抱负的时代!

万历二年秋,明帝国正处在变革中兴之际,吕坤踌躇满志地踏上了仕途。白此时,吕坤开始了从政二十余年的生活,后辞官乡居又二十余年,经历和目睹了这一历史转换中的波折和颓变趋势。耄耋之年的吕坤在自己的墓志铭中无限感慨:"今已矣!欲有所言,竟成结舌;欲有所为,竟成斋志。"

第 2 章

中年事功与学术并举

万历二年（1574）至万历二十五年（1597），是吕坤人生历程中最为重要的一个阶段，是正值盛年时期的吕坤在政治事业上和学术建树上都取得丰硕成果的人生辉煌时期。这并不是上天的恩赐，而是吕坤在自我人生历程中能勇于求真务实、敢于突破藩篱的结晶。他在学术上，不株守门户之见而博综贯通，一直以仁爱民本为核心、万物一体为旨趣，学贵自得而力批诸学流弊；在事功上，一心系于民生，力行于实政实为，不屈权势，痛斥时弊，其实政措施及其精神皆为世人所重。这一时期完成的著述《呻吟语》《实政录》，是吕坤学术与事功并举的思想结晶，充分体现了他在为人、为学、为政等方面求真务实、明体达用的精神风范。

一、心系民生　实政济世

吕坤早年在农村求学，生活了三十多年，对普通民众的艰辛生活及其对社会历史发展变化的决定性力量深有体会。他认为天地之间只靠两种人生活，那就是农夫和织妇，如果不重视他们的生存，那无疑是自戕其命。自《尚书》中"民为邦本，本固邦宁"始，对"以民为本"力量的深刻认识历来是儒家思想的传统。孟子更进一步提出，"民为贵，社稷次之，君为轻"，人民群众是国家主体的思想；荀子则将民众和君主比喻为水和舟的关系，"水亦载舟，水亦覆舟"。吕坤自从踏上仕途，就将"以伊尹之所志为己任，以社稷苍生为己责"作为一生的政治抱负，也是他一生的人生价值诉求。

实心于实政

万历二年，吕坤初入仕途，出任山西襄垣县令。史称吕坤在襄垣任内"有异政"，既能令行禁止、执法严明，又能体恤民情，不虚耗民财、民力。他以德化民情、以法治豪强，两种手段并行，取得了显著的政绩。明末清初之际，关中知名学者李颙对吕坤的政绩多有描述和称颂，他说吕坤"视县事若家事，视民产若己产"，致力于兴办实事，不辞辛劳，闲暇时常单骑巡行于田间小道，关心、督促农耕、桑麻等生产活动，以及实地考察疏渠凿井，细致详尽，一点都不忽视。据史载，吕坤被调往大同赴任即将离开襄垣时，大雪纷纷，道路泥泞，年长的数百乡亲强拦他在县衙里不忍分离、痛哭话别，乡里的先生们在郊外摆酒相送，学校里的学生们在泥泞的旷野里迎着风雪拜送，偏僻遥远村寨里的人们相聚而来伏哭于道旁，多至几千人，有的还头顶香料，以很隆重的礼仪欢送他。妇女们更是号哭失声，小儿们也趴在道旁磕头不止。同僚们也来为他饯行，乐人们流泪奏乐，哽咽不能成曲。有的人甚至在路途中住一夜，第二天接着相送。更有曾经被吕坤惩罚过的某个豪绅数日后追赶上他，吕坤疑惑他有其他什么事，这个豪绅说自己以前不知道有法，现在深受教诲不再犯法，远途追赶只为感谢话别。如此空前的欢送场面，确实十分感人，各界民众能以如此礼遇厚报于他，可见吕坤在襄垣为官一任，造福一方，也因其宽厚的仁德和显著的政绩而深受民众信赖和爱戴。

身在其位，须谋其政。《论语》中说："士不可以不弘毅，任重而道远。仁以为己任，不亦重乎？死而后已，不亦远乎？"吕坤为政一方都能以"任"者自律，有担当重责任，主张实干反对空谈。他说："谈者与任者不同。谈者以口，任者以身。谈者身在事外，任者身在事中。谈者祸福不及，任者利害与共。"吕坤实心于实政，很注重实地考察民情。万历六年（1578）以来他在吏部任职，万历十一年回宁陵老家休假时发现本县土地数据、税粮份额都存在诡隐不实的现象，多次清查都没有搞清楚，于是力主清丈全县地粮，明确数额和分属，避免因为这种欺蒙不实的状况而引起纷争乃至诉讼。对邻境侨居民众开荒屯田及税粮分属不明引发的"一地二粮"的弊端，他多有建议，但未被当局重视。后来这些地方因此引发了数十年的争讼，也导致州县经界不明，为以后的清理整顿埋下了麻烦。史实证明，吕坤的举措和建议，既体现了他为政求实、便民利国的务实作风，也表现出他具有一定的政治远见。万历十四年吕坤在宁陵休假期满，返回京城赴吏部任原职。他在返程中，每有路过府、州、县时，都会深入群众，调查访问当地社会生活状况，考察当地政府官员贤能与否。调查期间，吕坤对每个行业的从事者都会逐个访问，如看门的差役、轿夫、马夫、灯夫及村里的教书先生等。他无所不问，诸如，工钱多少，是否欠薪？差粮多少，能否缴纳？逐年收入有无负累？地方治安、司法、教育状况如何？客商店铺多寡？货物贵贱，买卖盈亏等。他通过闲谈聊天，多方搜求信息。如此访查，不必问询官员就已经了解一方的治理状况和地方官员有无作为了。这种深入实际调查研究的勤政作风，今天也有值得学习和借鉴的意义。

万历十五年，吕坤出任山东济南道右参政，分管济南的各项政务。他到任初就雷厉风行，针对各个方面的问题开展了全面的整顿工作：整饬吏治，消除刑狱司法积弊，使官员都能恪尽职守；尊崇文化教育事业，在乡村各处设立学校以便利教童蒙学习；抚恤孤寡老人，创建冬生院以便利济养残疾人；加强武备训练，禁止各种不法活动。吕坤一系列针对性的整治措施，为这里的人民办了很多实质性的好事，也使济南一带社会政治修明、局势安定。万历十七年，他出任山西提刑、按察使，后又升任山西提督、巡抚，掌管山西军政大权。吕坤身体力行，正己率部。他在任期间就指出巡抚职责重在一个"抚"字，就是巡视所部、安抚民生，以人民的生活是否安定为是否恪尽职守的衡量标准，也就是通过职责教化、开启良心使官员们实心实意地为民服务，通过严明法纪震慑不以民生为本的慵懒腐败的官场陋习。吕坤指出，要"罢一切虚文，省一切靡费，绝一切馈遗，戒一切奔走，无废法以市恩，无徇情以避怨，无借安静名以养极敝之祸，无生喜事心以开难塞之衅。总之，化成俗美，事理民安。一息无懈，三年有成，而后'抚'

之一字庶几无愧"。吕坤言行一致，山西在他的治理下井然有序，人民也安居乐业。史书也记载吕坤在山西任内的五六年间"爱士民如子弟，视贪官如仇雠"，能以身作则，不贪污受贿，不随意举荐官员，也不冤枉检举官员；整肃官场陋习，兴文教、振武备，使人民能安居乐业，边境也安定无事。曾有分封在山西的某藩王拜见吕坤问道："老先生终日防贼，不知贼在哪里？"吕坤回答说："使殿下必欲见贼，今日不得在此坐。"万历二十年宁夏发生了"哱拜之乱"，全陕震动，山西也加紧了防备。吕坤看到这是一个多事时代，常亲临巡查边防，还将自己写的《安民实务》中的一系列有利于精兵强将、提高军队整体素质和战斗力的措施推行到所管辖的边关，以便整顿边务，巩固边防。未雨绸缪，防患于未然，体现了吕坤一定的远见卓识和实干精神。同年，首辅王家屏辞官回到故乡山西，称赞吕坤方正耿介，光明清廉，力行正道，将一个破败、凋敝严重的地方治理得井然有序，大有复苏的气象。在山西任内，吕坤依然特别留心于对孩童的教化，以及对孤寡无依者的抚恤，这无疑与他早年的家庭教育和家庭境遇相关。他为官从政虽雷厉风行、刚猛朴质，但不失至情至性、仁心厚德。

哀民生之多艰

屈原忧国忧民，有"长太息以掩涕兮，哀民生之多艰"的悲悯之歌。吕坤不仅是一个实心于实政的政治家，也是一个有着悲天悯人、忧民愤世情怀的现实主义诗人。

他用朴实无华而又形象的文字描述了万历年间自然灾荒给百姓带来的灾难，字里行间充满了深切的同情，读来让人震撼惊心、痛惜不已：

"那万历九年、十年，连年天旱。说起那个光景，人人流泪。平凉（今甘肃平凉市）固原（今宁夏固原市）城外，掘万人大坑三五十处，处处都满。有一富家女子，父母都饿死了，头插草标上街自卖，被一个外来男子调戏一言，却又羞愧，一头撞死。有一个大家少妇，见她丈夫饥饿将死，将浑身衣服卖尽，只留遮身小衣，又将头发剪了，沿街叫卖，却没人买。其夫饿死，官差人拉在万人坑中。这少妇叫唤一声，投入坑里。时当六月，满坑臭烂。韩王念她节义，将妆花纱衣一套，要救她出来。她说：我夫身已饿死，我何忍在世间吃饱饭。昼夜哭，三日而死。同州朝邑（今陕西渭南大荔县）一带，拖男领女几万人，半是不惯辛苦妇人，又兼儿女连累，困饿无力，宿在一个庙中，哄得儿女睡着，五更里抛撒偷去。有醒了赶着啼哭的，都着带子捆在树上，也有将毒药药死了的。恸哭流泪，岂是狠心？也是没奈如此。又有一男子，将他妻子卖钱一百文。离别时，夫妻回头相看，恸哭难分，一起投在河中淹死。万历十四年，邯郸路上，一妇人带三个小儿女，路上带累走步难前。其夫劝妻舍弃孩儿，妇人恸哭不忍。其夫赌气儿，先走了数十里，又心上不忍，回来一看，这妇人与三个孩儿吊死在树。其夫恸哭几声，也自吊死……当此之时，慈母顾不得娇儿，孝子救不得亲父，眼睁睁饿死沟中，路上狗吃狼飧，没人收尸。"

万历十六年（1588）春，山东、陕西、河南及南直隶、浙江发生大饥荒，树皮、草根、野草都被剥光、挖尽，饿死的尸体抛放在野外，出现了人吃人，甚至骨肉相残的惨况，同时，瘟疫流行。吕坤当时任山东右参政,有一天他去巡行所属的地区,见道旁有三三两两的青草,开着花还结着果实,孑然独存,没人采吃。问后才知道这种草有剧毒,吃后日夜吐泻不止,撕肠裂肝竟然不死,这比饥饿更难受,哪有人敢吃!吕坤痛心哀伤,写下《毒草歌》:

柳头尽,榆皮少,岂是学神农,个个尝百草!但教饥饿缓一刻,那论苦辛吃不得!

嗟嗟毒草,天胡生此,既不延我生,又不速我死!速死岂不难,长饥何以堪!

哀民生如此多艰,这实在是吕坤同情民生疾苦的血泪之作。

灾荒之年的种种惨象,让人触目惊心。吕坤自年少以来就对民生的疾苦有深刻的认识,对身陷灾荒困厄中的民众有着深切的同情,故他在为政期间很重视救荒的政策,提出官府和民间都要积极做好广积粮,这样才能使灾荒之年"家家都有救命之资,人人都有备荒之策"。他还编写《救命会劝语》,劝导民间百姓要勤俭节约,有备无患积极参与备荒活动:"俗语说爷有不如娘有,娘有不如在手。只望百姓们,随贫随富,除了纳粮当差外,宁好少使俭用,宁好淡饭粗衣,好歹多积些救命谷,多积些救命钱,宁为乐岁忍饥人,休做凶年饥死鬼。且如老鼠盗杂粮,积在穴中,没时备用;鸟雀衔棟子,藏在树里,冬月防饥。你曾见荒年饿死多少鸟鼠?人生过日,倒不如鸟鼠见识,可叹可叹!"

"天作孽,犹可违;自作孽,不可活。"自然灾害还是可以躲避的,但人为的祸害想逃也逃不了啊!并非人的见识不如鸟鼠，劝民勤俭自养，应当使他们拥有一定的可以供给自养的条件和能力。面对在恶性土地兼并中失去土地而沦为佃农、奴婢或成为流民的人们，以及被"敲骨捶髓"般残酷刻薄盘剥殆尽的人们，吕坤在劝民的叹息中自然流露出对时政如此不关民生的难言无奈。但吕坤是以"任"者自居，而不是"谈"者，认为空谈误国，实干兴邦。吕坤在政治生涯中，常常将"民饥而我粱肉，如茹荼毒；民寒而我裼裘，如披荆棘；民愁而我歌拍，如闻暗咽；民劳而我安闲，如在恫瘝（tòngguān，病痛、疾苦）"作为他在仕途的箴言。黎民百姓之所以生活在饥、寒、愁、劳中而不能自养、自救，民生如此艰难的原因更多地来自统治的腐败和黑暗。吕坤深刻揭露和批判了腐败统治下不平、不均所导致的贫富分化，以及差距悬殊的社会现实。他在《官府来》这首写实诗中，将官吏出巡时"就中坐着真秀异，珠履金冠锦绣身"的奢华靡费和饥民在家"甑中无米室无烟，独抱饥儿啼明月"的困苦无望作了鲜明对照。在取材于现实生活的《围裙词》中，他描述了一个贫妇不堪官府的残酷盘剥，卖掉小儿抵充滥税的凄惨情景：

> 赋急室空，百计无处。我身难卖，卖我儿女。儿女牵衣，暗暗长啼。一行一顾，割我心脾。卖银输官，官买围裙。华屋锦座，罗绮销金。上有小儿，撚花戏耍。疑是儿身，不觉泪下。不知真儿何处饥与寒，争似画儿筵上喜蹁跹？呜呼苦复苦，筵上人知否？

如此残酷的剥削掠夺和悬殊的贫富差距，必然导致社会矛盾的激化和动荡不安。吕坤认为导致这种民不聊生、社会不安的主要原因就在于不公平。他指出能使天下安定的，只是个"平"字，公平了就能安定，不公平就不能安定。吕坤看到了农民问题的根本在于土地，只有让人人都有属于自己的一亩三分地，生活有了保障，乱心才不会产生，社会才能正常运行。但对于赖土地生存的农民而言，在封建专制体制下不可能长久地拥有一份自己的恒产。有明一代，尤其是中后期，土地兼并日趋激烈，上自皇帝、王公、勋戚、宦官，下至地主、官绅大肆侵占土地，甚至使百年土著民倾家荡产、抛妻离子沦为流民。吕坤当然无力从根本上改变封建专制下的土地制度，他提出"均平"主张来抑制土地兼并，极力赞成并推行张居正的"一条鞭法"，清丈土地，平均赋役和税粮，以相对减轻农民的负担来缓解社会的矛盾。关注民生，以民为本，这才是时政的根本和急务，为此吕坤告诫君主"知君身之安危，社稷之存亡，百姓操其权故耳"。君主自身的安危、国家的存亡都取决于百姓，百姓才是这个国家的根本；如果统治者们高高在上，恣意肆虐，不顾民生，必然会失去民心，终将重蹈桀纣灭亡的覆辙。

二、深刻批判吏治腐败，以救时要务为己任

得民心者得天下，失民心者失天下。吕坤指出天下存亡系于"人心"两字，只有与民同心才能实现社会的安定和发展。吕坤认为朝廷设置官员本来是为民服务的，满足人民需要的，而不是强迫人民服从于官。吕坤对官场上不以民生为念而奔走于人情世故的"打成一片牢不可破之熟套"的腐败陋习深恶痛

绝。这与他在家乡至孝至情的性情多有差别。他为官个性耿介峭直、刚正不阿，执法公允、不徇私情。他对明代专制下的官僚制度弊端和官场上种种不作为心态都给予了深刻的揭露和批判。

吕坤在山西襄垣政绩卓著，襄垣的百姓为了表达纪念，在他离任不久后建立了吕坤生祠。吕坤听闻此事后，申请把他的生祠改为乡约所，用来便利乡里民众们聚会学习礼乐教化，敦化民风民俗，此举的目的是矫正当时封建官场滥立碑石、沽名钓誉的陋习。他曾写《僚友约》供为官者共勉，提倡官员应该崇真尚简，公为天下，反对繁文缛节、循规蹈矩，或随波逐流、不敢作为的官场混世行径。在大同任职期间，邻县大官绅王家屏的姐夫王某犯了人命案，被押抵罪。当时身份为礼部尚书的王家屏守孝在家，因为服丧期满赶赴京城，即将出任吏部尚书，路过大同时他向吕坤说起王某的事情。吕坤直言说："罪案已定，不可更改。"王家屏到京城上任后，向同僚们说："天下第一不受嘱托者，无如大同令矣。"还特意上疏举荐吕坤。万历六年至十五年（1578～1587）间，吕坤任职于吏部。吕坤认为对官员的选择、任用、升迁等要公正无私、依法办事。但他看到的却是任用一个人或辞退一个人都要听上司的口吻和看上司的眼色，这些都是假公济私、拉帮结派而背离民心，乃至背弃公义、沽名钓誉，为了自身的财富、权欲而有负于国家的丑恶行径。吕坤揭露说："古之居官也，在下民身上做工夫；今之居官也，在上官眼底做工夫。古之居官也尚正直，今之居官也尚婬（ān）婀。"在那样一种专制之下的官场里，拍马溜须、谄媚逢迎上司是走向仕途中的人的一贯作风。

官场上下交相逢迎、贪污受贿，必然滋生更多的贪官污吏，痛苦不堪的只能是人民百姓。吕坤将这些未得志前低声下气、曲意奉承，而后志得意骄、专横跋扈、为所欲为的养得一身肥肠而不关心民众饥寒的贪官污吏称为如"豺狼遍野"和"狐鼠盈庭"。说他们"心不念民，口不谈政"。吕坤还对那些保守、慵懒，不求有功，但求无过，只关心自己乌纱帽的平庸官员深恶痛绝，斥责他们"是宇宙中一腐臭物耳"；抨击这些平庸之辈们身窃高位，终日所留心的只是搜刮民财以肥己，而对民众的疾苦置之不理，他们不蚕织却衣文绣，不耕畜却食膏粱，不雇贷却乘马车，不商贩却满积蓄。这些人对国家社会分毫无补，好似是人间的"雀鼠"和"虎狼"，不劳作而食，如同雀鼠，残酷搜刮而食，如同虎狼。吕坤的批评真可谓切中要害，入木三分。

　　吕坤对专制体制下的吏治腐败的认识和批判没能超越那个历史时代的局限，也不可能从体制和根本上来解决这个问题。他认为吏治如此腐败，关键病根是两个字："私"和"伪"。官场上下到处都是蔑视法纪、相互攀附、各谋私利，自私自利司空见惯，弥逢搪塞、互相欺蒙，一生精力都用在应酬世态和自家身上了，没有实心于利国利民的实政。因此，吕坤更多的是从实际考察中提出一系列具体措施来矫正当时吏治中存在的种种积弊，以求维护封建统治的正常秩序。吕坤每到任一方，既重视世风教化，整肃官风民风，又通过实际的政绩考核官员，矫正官员不作为的现象。他在山西任按察使、巡抚的时候，根据实地考察先后写成《风宪约》《刑狱》《明职》，印成书册颁发到各府、州、县，严令一体遵行，不能仅当作文案抄写，要落实到实际的事务中去。其主要目的在于整肃吏治种种积弊，如"虚文日盛而实政亡，厚道日隆而公法废，人事日精而民务疏，颓靡日盛而振举难，懵昧常多而精明少，为家念重而为国轻"等不良官场陋习。刑狱方面，他强调惩罚不是最终的目的，重要的是要起到德化教育的作用。因而，他认为要重视狱情调查，将人民的生命放在首位，不能草菅人命。设官分职，本来就是为了明确职责，以责任规约身在其位者恪尽职守。吕坤指出，当今天下没有一事不设衙门的，也没一个衙门不设官员的，但政事荒废，民生困乏，主要原因就在于这些官员沉溺于自己的官位而忽视了自己应该承担的责任。在这样一个专制体制下，吕坤在政治上所作的只能是自己恪尽职守，冀望能在自己力所能及的范围内影响他人了。吕坤直言不讳地批判、淋漓尽致地揭露了晚明以来封建吏治的黑暗和腐败，也为我们描述了一幅晚明时期的官场现形图。

因此，以"救时要务"为己任的吕坤在地方任职，总能正己率部、执法公允，既勇于整肃吏治弊病，也敢于裁抑豪强；在京城吏部、刑部任职，则能恪尽职守、刚正不阿，既不怕丢官而据理与皇帝相抗争，也不曲意附会，而是坚守自己的观点。

万历二十二年，吕坤时任刑部左侍郎，认为当时的"董范之议"案的判决过重，遂与刑部尚书联名上书，不惧怕皇帝盛怒，敢于为被冤枉的人申辩。董、范就是指浙江乌程（今吴兴）前任礼部尚书董份和前任祭酒范应期。董份曾经因贪婪奸险依附于严嵩而被除名。范应期曾经为神宗皇帝经筵讲《尚书》，颇受神宗器重。二人在家乡专横跋扈，多有不法行为。

万历二十一年，右副都御使王汝训巡抚浙江。王汝训清廉耿介，疾恶如仇，与时任浙江巡抚御史并以强直出名的彭应参及乌程县知县张应望合力打击了地方上的这些豪强恶霸，范应期父子自缢而死。于是朝中有李先芳、耿随龙弹劾王汝训他们胁迫范应期致死。范妇吴氏也在董份的唆使下上京诬告，致使神宗皇帝大怒，下令逮捕彭应参、张应望，罢免王汝训官职。吕坤对此多次上书为恪尽职责的官员遭受不公惩罚鸣不平，要求弄清事实，依法办事，以使公众信服，否则会使天下敢作为的官员心寒，丧失民心。

万历二十四年五月，明政府内部针对日军入侵朝鲜问题是采取主战还是主和方式发生了争执，史称"朝鲜之议"。万历二十年（1592），丰臣秀吉发动侵朝战争。明政府答应朝鲜国王李昖遣使告急请求派军援朝，中朝军队配合，最终大败日军，迫使日军南逃，但日军仍占据朝鲜南部部分地区。丰臣秀吉为了保存在朝实力以备东山再起，假意与明政府议和。以兵部尚书石星为主的主和派主张撤军，并册封日本，而当时经办与日和谈的石星等人欺瞒蒙混，竭力对神宗皇帝掩盖丰臣秀吉的真实意图。吕坤站在主战派的一方，力主将日军彻底驱逐出朝鲜。他说："惟是朝鲜附在东陲，近吾左掖。平壤西邻鸭绿，晋州直对登莱。倘倭奴取而有之，藉朝鲜之众为兵，就朝鲜之地为食，生聚训练，窥伺天朝，进则断漕运，据通仓而绝我饷道，退则营全、庆，守平壤，而窥我辽东，不及一年，京师坐困，此国家之大忧也……今朝鲜危在且夕矣，而我计必须岁月。愿陛下早决大计，并力东征而属国之人心收。"事实也证明，历时两年的欺瞒蒙混的议和在万历二十五年正月丰臣秀吉发动的第二次侵朝战争中彻底破裂。这也说明了以吕坤为代表的主战派对日本侵朝战争的意图有深远的认识，同时也说明吕坤的意见是正确的，后来的事实发展也证明了这一点。

三、直呈《忧危疏》

万历二十五年（1597），吕坤六十二岁。这一年四月，吕坤以病乞归，回到离开了二十余年的家乡宁陵，结束了二十余年的政治生涯。吕坤在辞官前夕上《忧危疏》，纵论时务，直陈安危，对神宗的昏庸和贪婪有激烈的抨击，并洞观当时社会矛盾和发展局势，提出了一系列可行性建议和主张。他据实而论、言辞犀利、直击要害、提议中肯，气势宏大，多有振聋发聩的言论，可与嘉靖末年海瑞冒死直言劝谏嘉靖皇帝的《直言天下第一事疏》相媲美。但是吕坤这份"吁天叩地，斋宿七日，抽思万端"的慷慨陈词，并没有引起任何反应，或许神宗压根儿没看到。如此一片赤诚换来的却是无声无息，没过几天吕坤就称病辞归故里去了。

后人评论说："明之亡，实亡于神宗。"这种说法还是有争议的，但万历朝以来的种种积弊无疑加速了这种质变的发生。《忧危疏》并没有使这位皇帝以及他统辖下的这个帝国为处在"危"位而感到担"忧"，相反的是，虽处在封建经济发展总量达到中国古代巅峰的阶段，但政治时势却愈加腐败黑暗，社会矛盾也日益加剧。

吕坤也曾自我评价："独念薄命拙人，短于谋身而长于忧世。故半生仕途，无一可人。意所不平，每至忘己。"吕坤为政二十余年，系国家民众安危于一身，勤政爱民、急公好义、以理抗势，通过自己亲身的经历和耳闻目睹所交的最后一份答卷却如石沉大海，没激起一点浪花，这深刻地揭露了明王朝在腐败和黑暗中走向颓变、衰败的趋势。

吕坤直接告诫神宗："当今天下之势，乱象已生而乱机未动，天下之人，乱心已办而乱人未倡。今日之政，皆拨乱机而使之动，助乱人而使之倡者也。"天下形势已经岌岌可危，而现在的种种政令或者是不作为和滥作为却在加剧这一形势的恶化。吕坤所揭露出的种种弊病和腐败现象都切中要害，所忧所虑体现出的远见卓识也被后来的事实证明了。

吕坤指出国家在财用上虚耗过度，尤其是用于宫廷修缮和各地宗藩的奢侈浪费。除去不得不支付的平定宁夏哮拜叛乱、援朝抗日之战、修浚黄河之费等各动辄几百万外，宫廷修缮，仅采楠杉等大木于湖广、川贵等地一项，耗银九百三十余万，倍增于嘉靖年间；更严重的是劳民命伤民财，蜀民谚语说"入山一千，出山五百"，待到运送采木到京所耗民费已是官价的数倍，足见大兴土木的危害。各地皇亲贵戚繁衍庞大，纷纷奏讨封地兴盛，强吞横噬、侵夺民产。再如，为了应付宫廷奢侈靡费的生活而大兴织造，神宗派内臣四处搜刮，加派贡赋。山西的绸缎、苏杭的纱罗缎绢、陕西的羊绒等都额外加征、急征，二三年内耗费百万，皇室经费不足就搜刮户部、工部的库银，甚至扣留军饷。一丝一线都是民力民财，如此肆意敲骨捶髓、催逼驱使地搜刮，民生又会是怎样的光景！四方搜刮，百般刻薄尚且不论，更少那珍惜、节俭的良心，辛苦筹办本就耗费不少，而艰难转运到京师的粮食多因储蓄管理不严而腐朽，

"可惜万姓膏血，化为一房尘土"。

就在吕坤上书前一年，即从万历二十四年起，神宗就派出许多宦官充任矿监税使，在全国各大城市以征商开矿为名，大肆掠夺民间金银，并专门在重要城镇、关隘和水陆交通线上设卡征税。矿监更以开矿为名，任意拆迁民屋、掘良田、挖坟墓，甚至公开抢劫奸淫，并且派遣宦官于各地开店，从事商业贸易活动，再加上地方官僚豪绅在商业上的优势，形成皇室、官绅垄断经营。如此强吞横噬、独占群侵，导致贫困民众难求丝毫薄利来养家糊口。吕坤尖锐指出，穷奢极欲、横征暴敛，无疑将导致涸泽而渔、壶尽杯空；人民生活极度困乏，欲壑难填的君王获取的只是一时的贪欲满足，而导致的却是人心尽失、国将不国。

严刑峻法使无罪作有罪，轻罪被重罚，执法不依法，完全取自个人喜怒，无疑失去了制定法律原本要以公正使天下人心、人情得以平衡，使犯罪者心悦诚服的最终目的。抄家罪重，株连太广使很多人遭到莫须有的惩罚和掠夺。东厂、锦衣卫爪牙横行，兼有吏贪、兵狼、刁恶、奸盗等乘机兴作，使民心难安，社会秩序也陷入混乱。闭塞言路让敢于进谏的人多被皇帝盛怒驱逐，导致的只能是一人高高孤立在上，听到的是可说可不说的，而听不到的是该说必须说不敢说的，岂不知，这一时的快意正是他日的忧患。

吕坤还极力批判了万历朝来内宫管理严酷，使"上殿者愁死不如无生，入宫者卖生即作买死"的状况。他的描述让人读来惊心动魄、不寒而栗："陛下数年以来，疑深怒重，殿庭之内，血肉淋漓，宫禁之中，啼号悲惨，冤魂夜泣，结为愁云，冤鬼宵吟，积为戾气，吉祥之地，岂宜如斯!"对侍奉在自己身边的人竟然不能发一点慈悲心，动一丝恻隐念，如此残酷寡恩，岂是不知赏罚有度能收左右的人心!

吕坤在山西任巡抚期间就重视作战方略、攻守之宜和防御之策，加强边防的建设。然而现今国家防御粗糙、简略，号称五军、三千、神机的三大营担任着内卫京师、外备征战的职责，朝朝炮震如雷，但马半虚瘦人半老弱；九边重镇之兵职在抵御外寇，处处甲光耀目，但勇于以众挟上而临阵却步。虽拥兵百万，既无能攻擅守之兵，也无能谋善战之将，外强中干，虚而不实。就各地郡县情形而言，武备松懈、城池失修、军需不足，一旦有民变则强拉民丁，以怨民斗怨民，谁愿意同心，谁又肯效死？朝鲜东接中土，朝鲜若有闪失，唇亡齿寒，其势必争；倭寇侵占朝鲜，旨在觊觎中土，实为国家之大患，应该以战援朝收属国的人心，以绝倭寇觊觎中土之念。吕坤认为，内忧外患都重在人心的归附，因为人心关乎国家的命脉，不可失也不能失。

吕坤还直接批评了神宗荒怠于朝政的弊病。神宗为何荒怠临朝，明末名士夏允彝认为是神宗宠幸郑贵妃而沉溺于酒色和厌倦于朝廷之上的朋党之争。今人孟森在《明清史讲义》中、香港大学亚洲研究中心的马楚坚都认为，当时的首辅申时行首鼠两端、曲意迎合，开创了两项恶劣的先例——奏章滞留宫中不批不发、经筵讲义送进宫中即可，促成了神宗的荒怠。今人樊树志认为，神宗荒怠于临朝不能等同于不处理朝政，主要是长期沉溺于酒色，以致疾病缠身，力不从心于日理万机，不是不为，是不能为了。吕坤主要劝谏神宗不可因为自负自大的傲幸心理以为内无可忧之事、外无可患之祸，而将各地呈上的奏章滞留宫中既不批示，也不发放，导致下情不能上达，一旦上下相欺，将贻误大事；更不能沉迷于穷奢极欲而聚敛天下财富于己有，天下百姓皆贫乏而君主又怎能独富有？人心得则天下吾家，人心失则何处非仇！当然神宗荒怠于临朝并不代表不处理政事，他对诸多重大事务，诸如对内外的三大征战（平定哱拜之乱、播州之乱、朝鲜之役）以及"妖书案""廷击案"等政治风波的掌控、处理意味着他仍牢牢把控着局面，但他的荒怠临朝和对奏章滞留宫中不予理睬，仍要为自万历十年以来岁岁有灾情，动辄连及数省，民不聊生，十室九空，以及天灾之外的诸种人祸的兴作负有责任。吕坤认为，民以食为天，民生之事无小事，民生关乎人心，人心乃国家之命脉；千里之堤毁于蚁穴，不关心民生以及攸关社会秩序安定的诸项政务势必造成种种弊病，酿成不可收拾的局面。

吕坤将生死置之度外，直呈《忧危疏》，沉痛劝谏，陈述利害，审时度势，极言"今日之势，如坐漏船，水未湿身；如卧积薪，火未及体，望陛下之速登涯而急起卧也。不然，积于千日，决于一旦"。

吕坤是一个有作为有思想的政治家，有一定的革新意识，他的所忧所虑宗旨是为了明王朝的人民生活安定、社会秩序稳定和这个封建专制统治的长治久安。他同情民众、民生的艰难和困苦，以强国富民、社稷苍生的安危为己责。他认为天下皆赤子、民我同胞，但无聊之民、无行之民、邪说之民、不轨之民虽为赤子，一旦失其心而堕其计，就都是我们的寇仇。吕坤了解民生困苦的缘由，看到了民心民情的背离，也预知时势如此下去必将发生巨大的变革。尽管吕坤明确提出和肯定人民是社稷存亡的决定力量，但他并不愿意发生这样的变革，因为除了以往历史上重复的一治一乱、分久必合、合久必分的王朝更替外，他尚不能突破那个时代的局限而看到不同的变革样式。

吕坤返归宁陵乡居后，在又一个二十余年中，他看到了他的预言在一步步地变成现实。他号中了那个时代的脉搏，但却不能医好那个时代的病。晚年的吕坤也只能为自己或者和他一样的志士们，因不能践行早年的"志伊尹之志"和扭转时局而长吁短叹、空留遗恨。

四、学术交游　经世实学

理学是明代学术的主流，明初至中期以来基本上以朱学为主，但在理论上并未有什么重要的突破，重点在实践理学，形成了一种较为质朴的学习风尚，但因其统治地位和与科举功名的挂钩，逐渐僵化而流于空谈者多，实践者少了。明中期王阳明心学的兴起，使理学发展方向发生了重大转化，并且随着心学逐渐在学术上取得了统治地位，以及讲学之风兴盛，大有席卷天下之势。王阳明之学的一种主要倾向是，将伦理上的道德意志之"良知"贯通到一切事物之中去，也同时意味着贯彻于整个行为之中。他提出的"知行合一"，即"致良知"，是本体和功夫的统一，即本体即功夫是一个无限扩充的过程，具有极强的实践性，凸显了人在道德伦理上的主体理念，推动了人主体意识的觉醒。王阳明之学也使学术趋向多样化，阳明后学中有人将人的"情、欲"纳入"良知"本体，为人的日用常行、合理情感欲望自由讴歌，此举有背离王阳明之学启蒙新思潮的倾向，更有些倾心顿悟逃禅、空谈心性而流于空疏的意味，从而使王阳明之学在明后期随着社会矛盾的尖锐化和形势的转变也趋向末流。这与王阳明之学自身在道德伦理上的极致必然导致在世俗社会中的退却有关，回归精神世界一隅的诉求也必然使心学空疏无用的弊端随之而来。朱学的僵化和心学渐趋空疏，伴随着各种社会矛盾的尖锐化，加之整个帝国处在内忧外患、国难民艰之际，学界出现了反对僵化和空疏，通过批判和修正理学而使之成为"有用之学"的实学学风。自明中期罗钦顺、王廷相、杨慎、陈建等人之后相继出现了一批强调经世致用的实学思想家、政治家和科学从事者。

吕坤身处的时代，正是一个社会矛盾已趋向激化，理学空疏无用、狂放虚伪的流弊也愈加突出的时代。在他从政的二十余年期间，不仅恪尽职守、励精图治，在地方倾心于体恤民情、为民造福，在朝廷能勇于直言进谏、为民请命，而且孜孜为学、论学著述，学宗程朱而贵自得，称道实学致用而反对理学末流高谈性命的空疏、虚伪和不切实用。吕坤在从政的这一阶段中和王阳明后学交游论学颇多。他通过广泛交游论学，将学行落实到关乎国家兴亡、百姓生死和身心的邪正上来。

学术交游

万历六年（1578），吕坤自大同县到京吏部任职，与孟秋相交，并有学术上的往来。孟秋（1525~1589），字子成，号我疆，山东茌平人，历任县令、兵部郎中、刑部员外郎、尚宝司少卿等，他为人正直、为官清廉、为学笃实力行，是王阳明心学在北方的传人，《明儒学案》列之为"北方王门"。吕坤自入京来，比较欣赏孟我疆的学问，曾经以《省心纪》请求指正。孟我疆以《灵光》诗二首回复，其一云：

> 入圣无阶出小乘，憧憧终日费经营。
>
> 谁知陋巷箪瓢客，一点灵光照太清。

另一首云：

> 乾坤生我共三才，一点神明万化开。
>
> 我有天光常自照，妖魔何处上灵台！

孟我疆学宗阳明，以"良知现成说"为是。良知即心，也即人自身本有的神明。修身之要虽有正心、诚意、致知、格物不同名目的说法，其实"正心"一以贯之，也就是所谓的"我有天光常自照"，一时俱到，一了百了。其为学功夫简易、快捷，但似有禅化之嫌。因而他回复吕坤二诗，是讥刺吕坤为学省心的功夫由外而至，故过于支离、严苛，不得要领。吕坤答诗与之相辩论：

> 防检工夫未可嗤，灵光岂得便无疵。
>
> 怪来耳顺人不歇，还有从心逾矩时。

又诗云：

> 三月不违亦久哉，纤尘犹得入心斋。
>
> 乃知陋巷先生乐，辛苦曾从四毋来。

吕坤为学多从独立思考上而来，黄宗羲评价他是心头有一分检点，便有一分得处，都是从忧患中历练而来，因而不敢任情散放。因此，吕坤以人六十耳顺之时仍不停歇、七十古稀从心所欲尚不能逾矩来说明克己功夫不能仅依赖于"一点灵光"，人的存在是主客体的统一。吕坤强调"毋意、毋必、毋固、毋我"的功夫，旨在说明为学须敬义夹持、德知双修，才能使心与理一，才是修身正道。尽管吕坤很欣赏孟我疆的学识，但二人的旨趣毕竟不相合。

万历十年，吕坤在吏部任职时与杨东明相识，二人情性相投，引为同道而结交，并以长子知畏与杨东明之女宜家缔结婚姻。杨东明（1548~1624），字启昧，号晋庵，河南虞城人，历任礼科给事中、太常少卿、光禄寺卿、通政使、刑部侍郎等职，为官正直，敢犯颜直谏，能以天下兴亡为己任。其学宗王阳明，也是北方王门学派的代表人物，为学重躬行实践，颇得阳明学主旨。其思想特点主要体现在理与气合一、义理之性与气质之性合一。他认为，天地之间从本质上看是气，人之性本质上为气质之性，但理在气中，理是气的灵魂、条理，义理之性在气质之性中，义理之性是气质之性的体段、本然，因此，不可分开来讲，只讲气、气质之性，举一而二者自备，理、义理之性已在其中了。杨东明确有实用之功，也深得阳明的"无善无恶心之体"的肯綮。吕坤曾在给杨东明文集的序中指出其学术渊源和特点："启昧之学得之杨复所（杨起元），杨复所得之罗近溪，近溪得之颜山农，而渊流则良知一派也……其旨以本体为根宗，以解悟为入门。"吕坤批评了当时讲学者的两大弊病：一是伪，行为、做事不顾及自己所说过的；一是腐，所学不切实用。他肯定了杨东明之学为实学，是有用之学，口中所说无一散漫言，无一世俗味，字字都是从胸中流出，都是其亲身躬行实践的结果。

万历十四年，在家乡宁陵休假期满后，吕坤返回京师吏部任原职。这年年初，吕坤在孟我疆处与邹元标相识，二人之间曾相互往复辩论学术。邹元标（1551～1624），字尔瞻，号南皋，江西吉水人，累官至刑部右侍郎，为官刚正不阿，勇于抨击时弊，曾多次犯颜直谏，以致数次被杖责，屡次被贬官。从万历十八年（1590）至万历四十八年，整整三十年，邹元标居家讲学，未涉仕途。在这期间，邹元标与顾宪成、赵南星被称为"东林党三君"，为东林党首领之一。他一生清正廉直，潜心治学，名誉颇高，确实堪称一代名贤。邹元标学宗陆九渊、王阳明，黄宗羲将他列于"江右王门"。邹元标学术思想以直识心体至善为入手，以行恕道于人伦事物之间、与愚夫愚妇之心同体为功夫，以不起意、空空为极致。邹元标之学虽然不忌讳禅学之说，如明心求见本体即是佛氏之本来面目，行恕也不是孔门之恕，而是佛氏事事无碍之意，但邹元标之学与时推移，其一规一矩必合当然之天理，宗旨上依然是儒家的本色。吕坤初见邹元标就很是赞许他的道德修养和才识度量，但也批评邹元标为学有所不足。吕坤给邹元标去信指出其不足：资质高明、气质豪迈，但却疏于严敬检点、漫无约束；学识超群、气魄宏大，但乐于顿悟而略于精实。他劝邹元标将佛学典籍和陆九渊、陈白沙、王阳明的一切书籍束之高阁，推荐朱熹及明前期理学家胡居仁、薛瑄之书，意在强调应注意循序渐进的为学阶梯和认知之于正身的重要性，指出并非有什么捷径可一悟即了。邹元标对吕坤的批评不以为然，认为陆、陈、王三先生之学直承列圣而与周敦颐、二程诸宋儒平列，批评吕坤终日勤于三省己心的为学功夫是落脚、牵绕于枝节而枉费精神。邹元标认为自己是在大处检束，因为儒学真谛自有大头脑，头脑既定，细小之处皆可因之而定。吕坤又回信加以申述，只在大头脑上用功，而忽视日常行事上的不懈和严加检束，必然会导致千里之堤毁于蚁穴，为学功夫并非提撕本心一途，需要一生兢兢业业。吕坤认为道可顿悟而学不可顿悟，博学、审问、慎思、明辨不能仅停留在方寸、笔端之上，而是要付诸实际践行。他进而认为儒者的主要任务不在于谈性天、讲理气，理虽无二但事则不同，理可以心悟而事难心悟，政事、风俗、边防、河漕、礼乐刑名等实务皆须兢兢业业为学方可至。吕坤主张实学，为学要经世致用，对邹元标高谈心性痛下针砭。吕坤、邹元标往复论学，最后还是各持己见。邹元标后来曾屡次提及与吕坤的交往，视之为君子大儒。晚年期间两人尚来信问候，并"不以一时升沉荣辱之迹，而在万世学术之的"来相互勉励。

万历十五年，吕坤出任山东济南道右参政，其间与张元忭有书信往来辩学。张元忭（1538~1588），字子荩，别号阳和，浙江绍兴人。张元忭善学，黄宗羲在《明儒学案》中将之列于"浙中王门"。他虽从王畿（龙溪）学，但不信其只要认识得本体便是功夫，即强调良知先验性一面而讳言功夫，认为用顿悟的方法体会那种"良知呈露"的精神境界，似与禅法相结合。张元忭认为本体本无可说，凡可说的都是功夫。张元忭之学谈良知重在察识善恶变化之端倪，纠正不正以归于正，但这并不是良知本体。他还认为朱陆之学本同源，只是后人曲意造成门户之见。黄宗羲认为张元忭虽谈王阳明之学，但究竟没超出朱子学范围。吕坤与张元忭二人曾就为学和治道相互辩论。吕坤认为求治必有法度，为学必有格式；德法相辅才是治道，内外兼修才是为学。张元忭回信认为，无私是治道的根本，正心是圣学的枢要。他欣赏吕坤为政一方能顺乎人情、严于执法，但担心吕坤过于执着而在不觉中有所偏失。

实学成果

吕坤是一个勤恳做官、踏实问学而学行合一的人。他不是明中晚期以来讲学中的人，也查不到他的师承授受。他反对那些为讲学而讲学，以及为获得名誉而讲学的人。他称道实学，因为实学是"有用之学"，能使言行一致，躬身于实践，尊德性和道问学双修，又能建功立业有用于家国天下。身处王学兴盛，阳明后学遍布大江南北之际，同时面对王学末流高谈性命、退缩于伦理道德精神境界一隅而趋于空疏、不切实用之时，吕坤能独立思考，学贵自得而勇于针砭其弊端，其为学自强不息的求实精神和强烈的社会责任担当意识十分可贵，是明中后期实学思潮的中流砥柱，也为后来经世致用之学的兴起起到了发轫之功。

吕坤从政的二十余年间也是其思想成熟的时期，在这一时期，《呻吟语》《实政录》相继完成并刊行。两书是集中反映他的哲学思想和政治思想的理论成果，也是他经世实学思想的集中体现。

《呻吟语》开始写作于嘉靖四十二年（1563），刊行于万历二十一年（1593），集吕坤三十余年学力而成。该书内容涉及天地世运、人伦物理、修身问学、圣贤品藻，谈天道性命、论应务治道，兼及人情、养生、辞章等，是研究吕坤思想极为重要的资料。吕坤自称以《呻吟语》为名，意指病时疾痛所语，足见他为学勤加检束、严谨刻苦和独思自得的艰辛。清《四库全书总目》卷九三评论此著的思想特点是："大抵不侈语精微，而笃实以为本，不虚谈高远，而以践履为程。在明代讲学诸家似乎粗浅，然尺尺寸寸，务求规矩，而又不违戾于情理。视陆学末派之猖狂，朱学末派之迂僻，其得失则有间矣。"

《实政录》是吕坤在山西从政时期的著作汇编，是他在实际政治活动中的一些政论性思想结晶。吕坤崇真尚实，为政求实功实效。他对当时政治上的弊端作了淋漓尽致的揭露和批判，也提出了一系列应务救治的措施和方案。这部著作是研究吕坤政治思想的重要资料。

另外，吕坤于万历十八年完成《闺范》一书。这是一部关于封建社会女性伦理道德规范的书，在明清两代社会中广为流传，甚至在民国初年的社会上也产生过深远影响。全书四卷，首卷从六经及《女诫》《女训》等书选辑了一些言论加以理论解说，后三卷罗列了一系列"善行"，主要是宣扬女性孝烈贞廉、贤明严慈等明礼守节的德行和情操。此书以通俗的语言宣扬了封建伦理对女性的道德规范的要求，也有一些鲜明的维护妇女权益的新观念，是了解当时女性思想和生活状况的重要史料。

吕坤生活的时代是明王朝盛衰转变的关键时期，尽管表面上看国势比较稳定，社会经济也获得了空前的发展，商品经济达到了前所未有的活跃，并且在一些地区出现了新经济的因素，但明王朝正如吕坤所言，乱象已萌生，皇帝的怠政，苛捐杂税肆意的搜刮，大兴土木奢靡浪费的虚耗，官贪吏污法纪败坏，厂卫特务横行和党派纷争不息，民众不堪其命身处水火之中，治乱系于一线而明王朝并没能把握时机反倒变本加厉，使这个时代的危机愈加深重。吕坤的上书进谏和著述都深刻真切地反映了这些社会现实。同时，吕坤的著述从学术思想的角度体现了这个时代的危机。他既批判王门后学中的末流蹈空务虚、不切实用、流于狂禅的学风，也批判了朱学末派拾人牙慧、迂腐僵化、醉心功名的世味。吕坤勤于独立思考，主张打破学术门户之见，熔铸百家，弃伪存真，实学实用，既有"我只是我"的学术独立精神，又有学术与事功并重的进取精神。吕坤的学术思想比较平实，尽管在理论创新上没能超越前人，但对明清之际实学兴起有发轫之功，其作为一个时代转型之际的思想家，不乏一定启迪新思想的意味。因此，通过探讨吕坤的思想，我们能从中得到许多有益的精神资源。

第3章

晚年淡泊乡居而心忧天下

　　万历二十五年（1597）四月，时年六十二岁的吕坤上《忧危疏》，纵论时务，直陈安危，然而一片至诚之心如石沉大海，没有得到丝毫关注。同月，吕坤以病请辞回归故里，自此至万历四十六年（1618）六月初八于家乡宁陵去世，是他度过的最后二十余年的乡居生活。乡居的岁月里，吕坤过着淡泊、勤俭、朴素的生活，既摒绝奢靡浮华，也不涉旁门左道，而是在宁静、淡泊之间，不忘"学颜子之学"而每与远近弟子及师友讲论、体认身心性命之学，亦不忘"志伊尹之志"而关心民生疾苦、心忧天下国家。

一、吕坤与"妖书案"

　　万历初年，张居正辅政十年，厉行改革，使明王朝出现了太平盛世的中兴景象。张居正死后被罪告天下，不久神宗也开始荒怠朝政、委顿于上，官僚则党派林立、党争于下。黄仁宇在《万历十五年》中对万历早期这一段历史作了精辟的评述："表面上似乎是四海升平，无事可记，实际上我们的大明帝国却已经走到了它发展的尽头。在这个时候，皇帝的励精图治或者晏安耽乐，首辅的独裁或者调和，高级将领的富于创造或者习于苟安，文官的廉洁奉公或者贪污舞弊，思想家的极端进步或者绝对保守，最后的结果，都是无分善恶，统统不能在事实上取得有意义的发展。"尤为值得注意的是官僚集团之间的党争之弊，他们彼此攻击，如水火不相容；神宗既反对党派纷争，又支持党同伐异，借此以制衡权力，在一定程度上又能在怠政中依然不再使如张居正威权震主的现象发生。但如此政治环境，统治集团内部纷争愈演愈烈，致使他们关心的不再是国家大事和如何改良朝政，而是宫廷、朋党之争和人事安排而已了。

这里要提及与"妖书案"关联的万历朝时的"建储之争"，就是册立东宫——皇太子，太子当时又称为"国本"，因此也叫"国本之争"。尽管吕坤无意于党同伐异、拉帮结派的政治纷争，但是"妖书案"一事仍将他直接置身于政治旋涡的危险境地。神宗因为宠爱郑贵妃，打算立她所生的皇三子（朱常洵）为太子，遭到皇太后和大臣的反对，因而长久搁浅。"国本之争"自万历十四年首辅申时行提出建储，一直推拖到万历二十九年才定下立长子（朱常洛）为太子。神宗一拖再拖，大臣们一争再争，这一拖一争长达十五年之久。后人评论说："自古父子之间未有受命若斯之难也！"这也使党派纷争掺杂着宫廷斗争，从而变得错综复杂。

吕坤上《忧危疏》没得到任何回应，遂称病辞官回乡，第二天就有吏科给事中（明朝设置给事中，掌侍从、谏诤、补阙、拾遗、审核、封驳诏旨，驳正百司所上奏章，监察六部诸司，弹劾百官，与御史互为补充）戴士衡上疏诬蔑、弹劾吕坤《忧危疏》所言夸大其词、危言耸听、致使人心惶恐、举朝为危。不几日，戴士衡又诋毁吕坤对兵部尚书石星主张册封丰臣秀吉误国之事和蓟辽督抚孙𬭛（孙月峰）滥杀南方士兵之事不直言申诉，机深志险，曲意附会，没有大臣的气节。皇帝下旨："吕坤已去，不必又论。"尽管现在无直接证据考证戴士衡这种说法是否属实，但看吕坤上书对日本侵略朝鲜问题的态度和主张，这种说法似不符实情。《宁陵县志》中称吕坤立朝有大节，能坚守己说，不为权势派系纷争所动；《明史·吕坤传》称他性格刚介峭直，指陈时政，耿直诚实，对他深为赞赏。

万历二十六年，戴士衡再次弹劾吕坤。这次弹劾吕坤的缘由是吕坤假托《闺范图说》，包藏祸心，结纳宫闱，逢迎郑贵妃。吕坤在万历十六年于山西任按察使期间撰有《闺范》一书，这是一本搜集历史上所谓"列女"汇编成册而讨论妇女伦理道德教化的书。吕坤的朋友焦竑是一位颇有知名度的饱学之士，他为该书写序。《闺范》刊印后流传很广，各地有很多翻印本。神宗本人喜欢小说戏本以及画像等书籍，宦官陈矩（万历中为司礼秉笔太监，万历二十六年掌管东厂）曾奉旨搜集书籍，吕坤的《闺范》一书也在其中，传入宫中为郑贵妃所得，便令人增补十二人，加写了一篇序文，以汉明德皇后开篇，以郑贵妃终篇，明显有抬高自己地位之意，并嘱托其伯父郑承恩及其兄弟郑国泰重新刊刻，改名《闺范图说》，于万历二十三年出版问世。这个版本是在吕坤原书的基础上改头换面的，二书的出发点有着本质的区别，但逐渐便有人将二者混为一谈，戴士衡就是不加区分妄意污蔑吕坤的，致使吕坤莫名其妙地被戴上了结纳宫闱、包藏祸心的罪名，着实冤枉。吕坤上《辨明心迹疏》指出，如此莫须有的大奸大罪不能不辨，请神宗将二书详加核对，看新增部分和自己原著有无干涉，若有所涉，甘愿承担罪责。神宗因为吕坤已经辞官回乡，关键是整个事件牵涉宠妃郑贵妃，故装聋作哑，干脆置之不理。

　　孰料不久平地再起风云。万历二十六年，有署名燕山朱东吉的人为《闺范图说》写了一篇跋文，标题为"忧危竑议"。朱东吉自然不是真有其人，人名和标题都是有意为之的，有特定的影射意味。所谓"朱东吉"是指朱姓天下的东宫太子一定大吉；所谓"忧危竑议"，就是在吕坤的《忧危疏》基础上竑大其说。这个时候关于极为复杂、敏感的册立太子的事情尚未确定下来，"朱东吉"之名有影射册立皇长子为太子之意；而"忧危竑议"跋文则用含沙射影的笔法诬称吕坤《忧危疏》谈天下忧危，无事不谈，唯独不提及立皇太子的事情，其用意不言自明。署名朱东吉的这篇跋文，认为吕坤因在《闺范图说》中讨好郑贵妃败露难以自容，上《忧危疏》是故作姿态，但却欲盖弥彰，进而生硬地将吕坤的《忧危疏》曲意附会、含沙射影，将原本一份忧国忧民的奏疏歪曲理解，认为吕坤有逢迎内宫，依附郑贵妃之嫌。文章又称吕坤与外戚郑承恩、户部侍郎张养蒙、山西巡抚魏允贞、吏科给事中程绍、吏部员外郎邓光祚、刘道亨、白所知等人同盟，将一本关于妇女伦理道德教化的书政治化、现实化，也将本已沸沸扬扬、复杂敏感的册立皇太子的政治问题引向愈加混乱的境地。同时，吕坤因这篇和他的《闺范》一书及《忧危疏》奏章相关联的跋文而被视为罪魁祸首，也被推到了政治斗争的风口浪尖，遭到来自各方的清算。吕坤无奈上《辨〈忧危竑议〉疏》，请求彻查、严办此事，以证清白。

朱东吉是何许人，无人知晓。但附会《闺范》及《忧危疏》，意欲陷害吕坤而将册立皇太子之事严重化，乃至引起党派纷争不息则是基本的事实。负责重新刊刻《闺范图说》的郑贵妃伯父郑承恩在"忧危竑议"跋文中被指名道姓提及，郑承恩非常恐惧。先前戴士衡附会《闺范图说》诋毁吕坤结纳宫闱、包藏祸心，言辞中明显涉及郑贵妃。而在此之前，滁州全椒知县樊玉衡也曾上书直指神宗因宠信郑贵妃而对皇长子不册、不冠、不婚，视天下宗社为儿戏，讥刺万历帝不慈、郑贵妃不智。郑承恩遂借此虚妄地认为"忧危竑议"是戴士衡假造伪书、中伤善类，樊玉衡是其同谋并将二人称为"二衡"，以激怒皇上，并欲牵连朝廷诸官员。因为"二衡"的上书直接牵涉郑贵妃，她对神宗哭诉不已，也认为"忧危竑议"出自戴士衡之手。神宗十分恼火，夜半传旨将戴士衡、樊玉衡下狱拷讯，据说嫔妃中有人强谏力劝，才没有牵连更多的人，着重处罚"二衡"了事。神宗下旨说"二衡"挟私报复，妄指宫禁，捏造书词，惑世诬人，将戴士衡发配到广东廉州，樊玉衡发配到广东雷州。此后御史赵之翰上书检举"忧危竑议"并非出自一人之手，主谋者是张位（时任内阁大学士，因招权示威，被朝臣弹劾，神宗给他以停职闲居处分），奉行者是戴士衡，同谋者有右都御史徐作、礼部侍郎刘楚先、国子祭酒刘应秋、原给事中杨廷兰、吏部主事万建昆。张位遂被革职为民，其他人或被罢官或被调任外地或被降职调往边外之地。此外，神宗还下旨申明，《闺范图说》一书是他赐给郑贵妃的，并且肯定了此书与《女鉴》道理相符，是宣扬妇女伦理道德的书。

这次因"忧危竑议"引发的"妖书案"，尽管牵连了一些官员，但并没有在政坛引发重大的震动。因涉及册立太子这一政治敏感问题及宠妃郑贵妃，神宗也没想将事情扩大化，尽量将问题轻描淡写处理了。吕坤虽然因其《闺范》一书被演化出"妖书案"一事而被置于政治风波的浪尖，但终究化险为夷了。对此，黄宗羲有较为公允的评述："每遇国家大议，先生持正，不为首鼠，以是小人不悦。先生尝为《闺范图说》，行之坊间，神宗喜小说院本及出像诸书，内侍陈矩因以《闺范》进览。神宗随赐皇贵妃郑氏。贵妃侈上之赐，制序重刊，颁之中外。时国本未定，举朝方集矢于郑氏，而不悦先生者，谓可藉手中以奇祸。给事中戴士衡劾先生假托《闺范图说》，包藏祸心。好事者又为《忧危竑议》，言先生以此书私通贵妃，贵妃答以宝锭五十，采币四端，易储之谋，不幸有其迹矣。戚臣郑承恩上疏辩冤，戍士衡。先生亦致仕不起。"

这次"妖书案"就这样告一段落了。然而万历三十一年（1603），一份仅仅三百余字，托名为"郑福成"，标题为"续忧危竑议"的文章骤然间在京师广为流传。"郑福成"，意指郑贵妃之子福王朱常洵当成；"续"，就是仿照之前《忧危竑议》的笔法，旧事重提。此时，皇长子朱常洛已被册立为太子。而《续忧危竑议》认为皇太子是不得已而册立的，指责郑贵妃欲废皇太子而以自己的儿子福王取而代之。书中指名道姓列举出当朝有"十乱"，郑贵妃是其一，其他还包括当时辅政的大学士朱赓在内的当朝大官员九人。这一篇短文犹如一重磅炸弹，几天内使朝廷上下乱成一团，引发政坛强烈震动。神宗再也不能容忍，勃然震怒，严令追查；而朝廷上下各个党派之间在混乱中也借此党同伐异，排除异己。这是第二次"妖书案"，但与吕坤已经没有任何关涉了。但此事说明，前次"妖书案"也只是党派斗争或宫廷斗争的借题发挥而已。"妖书案"影响所及一直延续到万历朝末，吕坤居家二十一年，屡次被推荐而没有得到任用，自然和统治者内部党派之争有关，而与其《闺范》一书衍发的"妖书案"纷争也不无关系。

有明一代，党派纷争自万历朝愈演愈烈，我们从"妖书案"可窥其一斑。简言之，宫廷斗争和党派纷争使政治局势愈加混乱，失序失效的政治内耗一定程度上使帝国的精力被逐渐加速度地耗尽了。

二、身在江湖　心忧社稷

吕坤对自己的评价是，短于谋身而长于忧世，自奉简约而重义明法，意所不平，每至忘己。当时人也称颂吕坤虽翱翔仕途三十余年，而家无厚产，更没有多余的财货，清约俭素，依然像个穷苦人。辞官回乡后，他依然奉行勤俭节约的生活方式，不仅不像众多乡宦广置田产、改造门第而贪恋虚荣浮华，对任何不义钱财及珍奇异宝等嗜欲玩好也一概禁绝。吕坤认为"俭则约，约则百善俱兴；侈则肆，肆则百恶俱纵"，良好的生活习惯和生活方式，既有利于德行的培育和养成，同时也是对善的弘扬和对恶的抑制。《宁陵县志》中记载了关于吕坤的这样一则故事：乡里人偶尔会看见一个农仆手挽柴车，不时还在田间树下徘徊，原以为是个乡野农夫、勤劳辛苦的人，并不知道这人就是辞官乡居的吕坤。吕坤不仅对自己厉行节俭，还严格要求弟子、门人要崇尚质朴、清俭，摒弃骄奢、靡费。

吕坤一生克勤克俭，孤介峭直，在官不依附权势而有理有节，在乡不炫耀声名而淡泊明志。吕坤在乡居期间很重视基层的教化事业，并能以身作则，绝不枉道苟合。时人评价他在乡有德泽教化之功，其言为人师，其行为人法。这里有两则故事颇能说明吕坤淡泊、峭直的品行。一日，有客从京师来，带给吕坤一封信，大意是当时的首辅叶向高曾在皇上面前屡次荐举他，应该回信致谢。吕坤认为，宰相为国家荐举人才是出于公义，而不是为了一己的私利，如果回信致谢，这和求官、要官就没有什么区别，不言谢，可以成就宰相为国家公义着想之心，否则宰相门前的感谢信还能少吗？另一则是，某日，有一皇上宠信的宦官差人带着书信和贵重礼物来见吕坤，不知道因何事而来。吕坤避而未见，认为明律有清楚的规定，禁止大臣和内宫的宦官交结，更何况和这个人素未谋面，并不认识。故不应答，将来函原封送回。从这两则小故事中亦可见吕坤其人的品性和人格精神。

吕坤自万历二十五年辞官回乡后，不断有朝廷官员推荐他出仕，甚至一年之中就有数次推荐，直至他去世前夕。其中推荐吕坤最尽力的是孙丕扬（1531~1614），他平生心服吕坤，视沈鲤、郭正域、吕坤为当时"三大贤"，认为吕坤是真正堪以大用的名贤。时年已八十一岁的孙丕扬目睹朝廷许多部门长期缺乏主管的长官，导致朝政壅塞、无人问津，反之，一些有用的贤能之才在野而不被任用。他曾不厌其烦为国荐贤，并数次上书推荐吕坤而终不得回应，一气之下径自去官，挂冠出都，辞官回家了。孙丕扬在学术上宗奉王阳明致良知之说，而吕坤曾与他在学术上多有讨论，并对王阳明"致良知"说多有批评，但二人又是志同道合的知己。道不能久行，久在其位又将何为！孙、吕二人辞官归故里，也是秉承了儒家思想固有的传统——君臣之间以义相合，不合则去。吕坤的为政主张和孤介峭直的品行并不为神宗认同，因而，吕坤被屡次推荐而不用，这在那个荒怠失序的政治环境下是很正常的，也与吕坤《闺范》及《忧危疏》引发的"妖书案"的影响有关涉。

万历四十六年（1618）六月初八，吕坤溘然长逝，安葬在宁陵县西北十二里的鞋城村。吕坤生前自撰墓志铭，对自己的丧事也要求一切从简："衣衾仅周身，不重袭。枕附以经史，不敛含。一毫金珠不以入棺，一寸缣帛不以入葬。明器如生，丧具以纸，余照《家礼》行。不点主，不远谢，不动鼓吹，不设宴饮。风水阴阳僧道家言，一切勿用。"他不务虚名，不慕虚华，一生清俭，两袖清风。这亦能见得吕坤为人处世中朴实无华的人格风貌。

吕坤自谓长于忧世而短于谋身，一生的经历也确实说明他"进亦忧，退亦忧""居庙堂之高则忧其民，处江湖之远则忧其君"，他所忧、所关怀的就是天下、国家和民生的安危与生息。"进亦忧"，吕坤从政二十余载，不论是在地方治理一方，还是在京师为官一任，都能守道不渝、恪尽职守，为民谋利、为国请命。"退亦忧"，吕坤辞官乡居于宁静、淡泊，修身、明志之际，依然不忘恪尽"伊尹之志"而忧民忧国。

时人曹时聘（1548～1609），字希尹，号嗣山，称赞吕坤是"身在江湖，心忧社稷"。万历三十二年秋，位于苏鲁豫皖四省交界处的丰县和单县相继出现黄河决口。曹时聘当时任工部右侍郎，总理河道，提督军务。当时朝廷决定给河南全省分派征募役夫银二十二万两，吕坤闻听此事，相继写了长短两封书信给曹时聘，畅论朝廷应对黄河决堤策略之非，备述河工及百姓疾苦、贫穷之状，尤其是河南民工，更为辛苦，恳请免征河南夫银。曹时聘回信称将尽力排众议而请求动用国库之银，以便免征拟派河南的征银，即使屡请不得，也要设法采纳吕坤的"养其力所以大其用，缓其用所以久其成"的长远策略。也就是说，只有使久困的民生得到一定程度的复苏，才能更好地发挥民众的力量；治理黄河不能急功近利而求速成，缓一时之急，而是要立足于长远的规划，追求成效的长久性。曹时聘在回信末极力赞佩吕坤的仁义忠信，并祝愿他能早日被召用。

吕坤为国长治、为民久安而计、而急。他秉持民为天下社稷之根本的思想，极力抵制和反对不法、滥法的祸民殃民行为。万历二十七年，宦官鲁坤奉皇帝之命带征河南的工商税及各种契税。吕坤知道这个人不依法行事，提前告诉归德（今商丘市）知府王思泉设法应付，不要让鲁坤扰民害民。万历四十一年，神宗下旨封福王朱常洵于河南，并御赐庄田四万顷（二百万亩）。吕坤上疏《福府庄田议》，极力反对这种不当做法：如此大肆搜刮、兼并土地，二十年后民田岂不都变成王庄了？此举于国不利，国家掌握的土地减少，赋税来源严重不足；于民不利，农民承担的赋税额增大，民不聊生。吕坤极言，"树无两重之皮，民无两属之身"，如此贪残盘剥则社稷堪忧！吕坤还写书信给执政的相关官员讨论此事，又写书信给河南巡抚梁祖龄，恳请他陈民实情，极力挽救，为中州百姓造福。后来朝廷诸大臣也据理力争，奖赐只得减半，定额二万顷。

乡居的生活里，事无巨细，凡有利于民生、民俗改善之事，吕坤都能尽心倾力为之。吕坤关心民间疾苦，体恤贫弱，周济急困，劝助农桑，调停差粮，急民所急，利民所利，也使豪霸忌惮，不敢鱼肉乡里。吕坤支持张居正推行的"一条鞭法"，并在实践中多有新的创见。但他看到现行的"条鞭"之法弊端丛生，条鞭之外又有条鞭，变成了累民、穷民之法。万历三十五年，吕坤与本县举监生员以及七乡的里老联名呈书给河南的巡按（直接对皇帝负责，职责是代天子出巡行使监察权，"大事奏裁，小事立断"），请申明"条鞭"旧法，并详备陈述了现行"一条鞭法"于本县的诸种弊端。吕坤还关心民生的安全事宜，注重城防事务建设。他倡议扩展修建宁陵县城垣，加强防御应变措施，防患于未然。然而，有人匿名诬蔑吕坤之所以提这个倡议，是因为他在山西任职期间聚敛了巨额财富，为了防盗而提议修建城防。此外，还指责吕坤这是"遂一己之私意，害一县之民，碍他人之祖坟，助自家之风水"等等。当然，这些只是好事之徒无根据的诋毁。吕坤的防患意识也是出自他对当时那个时代的敏感把握，当时的明帝国已经是乱象已形而乱机未动，民变一如熊熊烈火待机而发，他所能作的就是设身处地为这一方百姓的安危建言而已。

吕坤素来很关注民间的风俗教化，万历二十七年撰写《宗约歌》，凡劝、戒歌七十八事。吕坤感叹一宗一族之人多是名分尚存而人情不相洽，撰写此约歌旨在和亲睦族。劝，即事合当为则为之，如劝祭祖、孝亲、敬长、和邻、爱身、勤业、节俭、忍让等；戒，即事不当为则不为之，戒不孝、忤逆、贪财、赌博、争斗、强盗、邪教、杀生等。他用极通俗、浅显、明了的语言乃至乡俗俚语，使听者入耳悦心，欢然警悟。此外，吕坤认为妇女是撑起一家兴旺的半边天，因而很重视妇女的道德伦理教化，写《闺戒》就旨在用封建的道德以作劝诫。吕坤在所作《好人歌》中表达了他的民俗民风教化的"人之为人"的基本观点，那就是做个守忠信、重孝悌、知廉耻、明礼仪的好人，"百年一去永不还，休做恶人浣（wò 污）世间"。清代著名学者颜元对吕坤的事功和学术深为叹服，称之为大学术、大经济，是近世的大儒。他将吕坤所撰写的《宗约歌》《好人歌》《闺戒》以及早年编写的《小儿语》等共六种汇编成一册，名之为《通俗劝世集》并为之作序，刊刻发行于世，认为其具有劝世、启蒙的教化功用，而且这种浅近通俗的语言表达方式也利于世俗道德教化的普及。

《左传·襄公二十四年》中写道："太上有立德，其次有立功，其次有立言；虽久不废，此之谓不朽。"立德、立功、立言，这"三不朽"是儒家最高的人生理想。吕坤的一生，没有经历过跌宕起伏的艰险与坎坷，也没有可大书特书的丰功伟绩，但他不论居庙堂之高，抑或处江湖之远，都勉励自己"以伊尹之所志为己任，以社稷苍生为己责"。不论进、退，吕坤都能"先天下之忧而忧"，求真务实、心念民生。《宁陵县志》中记载有后人对他的称道："功在朝廷，德在国家，言在万世。"这也不失为对吕坤一生中肯的评价。

三、交游论学　著书立说

吕坤在晚年乡居期间，除与远近弟子门人讲学之外，在学术上和顾宪成、孙铤（月峰）、孙丕扬（立亭）等人有很多交往和论辩。这一时期也是他著述广博、成果丰硕的时期，且多出新意。通过这些交流，吕坤与诸师友评论当时政治上的得失、当世学术风气的颓丧，探求救治之道，力倡经世致用。

评价张居正

万历四十年（1612），距离张居正去世已整三十年了。这一年张居正的三子张懋修为其父编刻文集《太岳先生文集》。有楚客从江陵（今湖北荆州）携带张居正文集来，吕坤一一阅读，特意为之撰写了一篇题为《书〈太岳先生文集〉后》的长文。张居正（1525~1582），字叔大，号太岳，湖北江陵人，倡导救世实学，是明中期著名的政治改革家。明神宗在位的前十年，张居正任内阁首辅，锐意推行改革，一改明嘉靖、隆庆以来积贫积弱的局面而出现"万历中兴"的形势。当时有人批评张居正手握权柄，应当行帝王之道，对他致力于富国强兵的改革很是失望。张居正不尚空谈，力求实务实效，直言申明他的改革目的就是要富国强兵。所谓的"帝王之道"，就是将天下国家的命运系于帝王一人之身，系于帝王一人的态度、知识、智慧、管理、预测等能力，也就是要臣属们辅助、服务于帝王，成就其统御之术，而不是将心系于天下苍生、社稷之安危。而这自然是包括吕坤等笃实经世的人士所不能认同的。

在《书〈太岳先生文集〉后》一文中，吕坤对张居正的文章、人格、才识、学问、事功都给予了高度评价，称其文风庄雅真醇，其涵养宏大深邃，其才识干练精明，有笃实之学，有胜"任"之功。吕坤对张居正的改革事业极为赞赏，在任职期间就曾大力推行张居正的各项改革措施，诸如整顿吏治、清丈土地等；在乡居期间也关注各项改革措施被滥用导致的弊端丛生，并曾联名上书条陈利弊，申明旧法。在此文中，吕坤再次回顾和赞颂了张居正在政治、经济、思想诸方面的改革功绩。如政治方面，张居正推行"考成法"，加强了对各级官员的考核和监督，有利于整顿腐败、松散的吏治，改善"心不念民，奔走世态"的歪风邪气，提高了政令的效率，使整个壅滞的政治机器迅速转动了起来。经济方面，张居正以"一条鞭法"为核心，清丈田地，整顿田赋，改革赋役制度，在一定程度上减轻了农民的负担，有利民生的安定和发展。思想文化方面，张居正禁止讲学，统一思想，这固然有利于改革的顺利进行和专制的维护，但在当时遭到了很多知识分子的激烈反对。

吕坤非讲学中人，但吕坤并不反对交游论学，并和当时阳明学派中讲学之士多有论学。隆庆五年，吕坤赴京应试时的主考官有张居正、吕调阳、沈鲤等，按当时的规矩，吕坤与张居正、吕调阳、沈鲤有门生座师之谊。但吕坤秉性孤介，并不趋炎附势。万历十年，张居正病重，举朝为他设斋醮祈祷，无异于醉狂。吕坤目睹此境况，写好谏疏准备批评此风气，沈鲤以"非大义不可灭亲"制止，吕坤遂焚毁了这份批判书，于此亦可见他的耿直性情。

当然，吕坤更多肯定和尊重的是张居正经世的实学和利国利民的改革及其精神。吕坤在这篇文章之末肯定的就是张居正的改革事业，"十年社稷之功，圣主岂能终忘！异日必有为之湔（jiān，洗）白者，则恃有此刻在"，认为其改革终有一天会得到公正认可。张居正死后不及一年，神宗皇帝就迫不及待地追夺了他的官阶，第二年抄没了他的家产，随后张榜告示张居正罪行于天下，将其家属发配去戍边。《明史·张居正传》记载说，直到万历朝结束，都没有人敢提及张居正。但在当时，吕坤就敢于直言是张居正的门生，且为他的文集写下一篇长文，赞颂了他改革的丰功伟绩。这不仅是出于师生之谊，更多的是二人在思想和精神上有很多共通性，当然也表现出吕坤敢于秉笔直言的真性情和大气魄。

相知顾宪成

顾宪成（1550~1621），字叔时，号泾阳，世称泾阳先生或东林先生，可谓与吕坤志同道合的挚友。顾宪成正直无私，廉洁自律，办事认真负责，不趋炎附势。

张居正任首辅时权倾天下，病重之际，百官斋醮祈祷，顾宪成的同僚担心他会因不合流遭报复而好心代他出钱签名，顾宪成闻听之后骑马赶去将自己的名字删去了。万历二十二年（1594），首辅王锡爵年老引退，吏部奉神宗之命依据人品威望推举能够胜任首辅的官员听候任用，时任吏部文选司郎中的顾宪成也参与其中。他们不徇私情，拒绝请托，严格按照人品威望推荐上报。但顾宪成等人推荐的官员都是神宗不喜欢的，于是反而指责吏部"徇私"，不由分说降旨严厉惩处，顾宪成被革职为民，自此结束了十几年的政治生涯回无锡老家了。被罢黜者身虽去，但声名反而更高，在朝在野的许多人士对顾宪成的人格品行十分佩服。这一去也成就了顾宪成的事业，使之名留青史，为后人所推崇。东林书院、东林学派、东林党，在教育、学术、政治上都对当时乃至后世产生了很大的影响。

顾宪成有志于治国安民的理想不能通过从政一途得以实现，回到家乡后他将重心放在了讲学方面。他认为通过讲学亦可以实现济民救世的理想抱负，讲学既可以传授知识、培养人才，也可以接引同志，形成舆论，对社会实政造成一定的良性影响。顾宪成在居家讲学期间，亦出游江苏各地，意在将分散的讲学活动协调统一起来。万历三十二年，顾宪成和江苏地区的一些学者共同努力修复了旧时杨时书院，即东林书院。东林书院有名的一副对联"风声、雨声、读书声，声声入耳；家事、国事、天下事，事事关心"生动、形象地说明了以东林书院为基地的东林学派的"以天下为己任"的救世精神及学术主旨。也即是，讲学之余，裁量人物，讽议朝政，将关心世道人心的"有用之学"的学术践履与关心社会政治的"治国平天下"的济世精神有机结合。在朝的一些官员也与之遥相呼应，如赵南星、邹元标、孙丕扬、李三才等。东林书院这时实际上已发展成为一个社会舆论中心，聚集于此的人们逐渐由一个学术团体形成一个带有政治意味的派别，被与他们政治见解不同的反对者称为"东林党"。东林党与朝廷中的腐朽、颓废势力进行了激烈的斗争，甚至不惜作出自我牺牲。顾宪成更以其竭诚坦荡的人格风范，以天下为己任的淑世情怀，以及务实的思想精神成为东林党的精神领袖。这与吕坤强调的实学、实政精神也是相通的。

万历三十九年，吕坤在回复顾宪成的书信中，感叹光阴蹉跎，自万历二十二年顾宪成罢官回乡一别，未能再见，很是挂念。他说，今读顾氏著作，很是赞赏东林学派的务实救世精神，并对顾氏的多部著述都有高度的评价，认为其《东林会约》是"今日第一要紧事"。顾宪成在《东林会约》中强调为学"要在躬修力践"，讲与习、事与理相结合，"事即是学，学即是事。无事外之学、学外之事也"。这种知行合一的实学精神为吕坤所认同，并在回信中再次强调了这一知行观的"行"的重要性，指出"到一地步，自见一步光景；尝一果看，自觉果看滋味"，主张现今的学问就是要消尽自私自利之心，宏大公己公人之念，这才是真实有用之学。

顾宪成与吕坤同朝为官数十年余，二人在学术旨趣和关心社会世道人心上有相通处，因而，二人在学术上时有交流，相互提携，在政治境遇上，相互劝慰、相互支持。万历十五年，吕坤在吏部任职，在这一年的"京察"（明代自孝宗弘治后，每六年由吏部、都察院考察京官，称之为京察）中，有人诬毁吕坤，顾宪成竭力为他辩白，才使得吕坤在这次京察中得以免遭诬陷打击。同年，神宗因为恼怒朋党之争，随性不分青红皂白、君子小人一体处罚了事。顾宪成对神宗这种不加区分，于执政并无任何良性效应的做法很不满，上书建言却遭到贬谪。顾宪成临行之际，吕坤撰文慰勉有加，既肯定了他直言进谏的行为，也对他端纯亮直的人格给予高度评价，以经世之学、有用之才相勉，认为其虽遭一时迁怒，但终有出头之日。

吕坤和顾宪成二人在学术上都重视经世济民的有用之学，反对游谈心性、蹈空务虚的无用之学；在社会政治上，都主张改革时弊，匡扶世道人心。二人共同的学术旨趣和政治关怀体现了他们一致的经世致用的价值取向。

交友孙丕扬、孙钎

　　吕坤与孙丕扬、孙钎交友甚深，在晚年乡居期间与他们之间仍有书信来往，共同谈论学术，批判时政，以求救治之道。孙丕扬（1531~1614），字叔孝，号立亭，陕西富平人，为官清廉正直，大公无私，以严著称。明中后期朋党钩心斗角，吏治腐败，官场混乱不堪，万历二十二年，孙丕扬时任吏部尚书，无私不曲，以正去邪，打击奸恶，使百官属僚不敢以权谋私。孙丕扬还以荐举贤能来报效国家，先后推举沈鲤、吕坤、郭正域、丘度、蔡悉、顾宪成、赵南星、邹元标、冯从吾、于玉立、高攀龙、刘元珍、庞时雍、姜士昌、范涞、欧阳东凤等人，无奈神宗终不用这些旧人。后来，耄耋之年的他终因屡荐贤能而不被用，遂径自辞官回归故里。回乡途中他致书吕坤，吕坤回信以古训"君臣义和，不合则去"相勉励，慨叹"君不我用，在国何为"！赞赏孙丕扬学能得其真意，深味去就之义，有"不俟终日"的气节，也就是道不久行则不久在其位，盛赞孙丕扬不愿徒守其位碌碌无为而以待终日。孙丕扬学宗王阳明良知之说，著有《格物图》《论学篇》各一卷。晚年他和吕坤之间曾有书信往来讨论"格物"一说。吕坤在回信中与孙丕扬讨论、商榷之际，一再评论了阳明致良知之学。他认为王阳明致良知之学是从情上立脚跟，以情识为根本，没有考虑到良知之上有性，性之上有天；没有性、天作主张，仅靠情识是管摄不住的。吕坤将王阳明致良知之学譬喻为用力于离弦之箭，纵使发见皆是良知，但既然没有根本，即使想要扩充，也将是随发随散，并且会连同它的发端一并消亡。吕坤在解释"格物"时，将"物"理解为物知意心身家国天下之理；将"格"理解为体验于格致诚正修齐治平之时。吕坤的格物说就是他的知行合一论，认为知行不仅自始至终不离，还是"明觉后躬行"与"体验后解悟"互发并进。于此亦可见吕坤极为重视经世致用。

孙钅广（1543～1613），字文融，号月峰，以号行名于世，余姚横河镇孙家境村（今浙江慈溪市）人。孙月峰博通经史，精于棋琴书画，是一个博学多识、才华横溢的才子。他在政治上也颇有建树，于万历二十二年总督辽蓟军务，兼经略朝鲜，曾警示日本和谈阴谋，主张积极备战。万历三十二年十月，孙月峰任南京右都御史，进兵部尚书，并加太子太保，参赞机务。万历三十四年冬，河南发生白莲教起义，孙月峰提出"用重典治之"，结果"逻卒四出，民大惊扰"，为此遭到两京给事中金士衡等人以"悖旨殃民、贪功生事"之罪弹劾。孙月峰上书辩解并"三疏求去"，于万历三十七年去官还乡，在家乡过着"布衣蔬食，恬然自得"的生活。孙月峰辞官前一年多次去信吕坤，二人就学术思想和政治时势多有讨论。吕坤在信中提及万历三十四年白莲教一事，以慰勉孙月峰，认为严惩自是应当，但就其效果而言并不是最好的方式，若说这是无过之中的过或可以成立，但弹劾者不能因小过而否定他的卓识高才，更不能以贪功生事、纵下虐民来刻意诬毁他，说这只是弹劾他的人刻意中伤而已。

吕坤与孙月峰在书信中讨论有关《易》学注疏及当时学风，更多地探讨了当时政体的得失与救治之道。吕坤指出当时政治上的弊病在于两个字：一是置秉公持正于不顾，趋炎附势，以权谋私，上下衙门之间结大小官吏之欢，这称为"私"；一是互相欺罔，弥逢搪塞，将一生精力用在应酬世态，弃攸关国民利病实政于不闻，这称为"伪"。吕坤具体批评了皇帝沽名钓誉、好大喜功，臣下荒怠职业而无远虑、重虚文宠利而弃实务等弊病，进而提出了健全政体建设、加强监督以及严明法治、整肃风纪等针对性救治方略。信中吕坤言及若孙月峰路过他处能有相聚之时，"不说一句闲话，只将社稷苍生促膝——，三日三夜叨叨说不尽"。

吕坤视孙月峰为志同道合的知己，一直以愤世嫉俗之言与他谈医人医国之术。吕坤在信中哀叹当时的天灾、地祸、人害使人民遭受的疾苦，痛批当时的统治者们贪残横肆，再次直言不讳天下形势：民心如实炮，捻一点而烈焰震天；国势如溃瓜，手一动而流液满地。吕坤警告当时的统治者们，长此以往，一旦有民变，天下还有否坚城可守，宇内还有否足兵足食可依凭?!

吕坤对当时的政治发展形势确实有着清醒的认识和预见，他与他引为同道的"同志"们尽管心怀医人医国之淑世情怀和所谓的救治之道，但多不能被当朝所容，因而也不能久在其位发挥相应的作用。当然，明王朝的命运终究免却不了重蹈中国历史的怪圈，个中有其多方面的深层原因，并非一二贤君、能臣所能左右。

晚年著述

略览吕坤晚年乡居的二十余年，确实可谓之"身在江湖，心忧社稷"。他一生二十余年在仕途政坛，但不负"伊尹之志"；乡居淡泊、宁静，更进"颜子之学"。《明史》说他居家之日，与后进讲习，所著述多出新意，此处略作介绍。

《交泰韵》是一部音韵学著作，成书于万历三十一年，时年吕坤六十八岁。《疹科》是一部医学论著，刊刻于万历三十三年，时年吕坤七十岁。《〈阴符经〉注》是一部哲学著作，成书于万历三十七年，时年吕坤七十四岁。该著宗旨在于打破门户之见，融通百家，体现了吕坤"我只是我"的一家之言的独立治学精神。《家乐解》是一部有关音乐和美学思想的论著，成书于万历三十九年，时年吕坤七十六岁。该著主旨在谈乐教的社会道德教化功用及其价值。《四礼疑》是一部伦理学著作，成书于万历四十年，时年吕坤七十七岁。该书旨在论礼教要本乎人情，批判了当时礼教的繁复、虚伪弊端，并对朱熹的《家礼》提出了商榷意见。《去伪斋文集》是吕坤的文集汇编，也是研究其思想的重要资料，刊刻于万历四十四年，时年吕坤八十一岁，同乡人王印序文称，"先生学务笃实，耻自欺欺人，故以去伪名斋"。

吕坤一生笃实无欺，敬以其《男儿八景》一诗再抒其怀：

> 泰山乔岳之身，海阔天空之腹，
>
> 和风甘雨之色，日照月临之目。
>
> 旋转乾坤之手，磐石砥柱之足，
>
> 临深履薄之心，玉洁冰清之骨。

第 4 章

哲学、伦理学思想

　　吕坤的哲学、伦理学思想是明王朝中后期特定社会条件下的产物。那是一个正处转型之际的时代，吕坤虽非明中后期讲学盛行中人，也无师承授受，但他视野开阔，胸襟豁达，既能勤学独思、学有所宗，又能兼容并蓄、求是批判，由此形成了他富有个性特色的哲学、伦理学理论。

一、一气流行　道本自然

　　理气关系，是中国古典哲学中的一个基本问题，是关系宋明理学体系中哲学思想趋向的核心范畴，也是自宋儒以来诠释宇宙万物的生成图式和引人成圣的理想，以及体悟"万物一体""天人合一"的人生价值超越境界的重要范畴。这对范畴讨论所涉及的是关于天地万物之本原、人之为人之本根性的问题，关系的是人对宇宙生成、人伦本性的根本看法，是人们对人本身和所处时间空间的基本认识。

理学的本体认识

张载（1020～1077）特别强调"气"，提出宇宙本原是气的"气本论"思想。他认为"气"是一种原始混沌的质料，是宇宙万物的本原；"气"有阳性的浮、升、动，阴性的沉、降、静，整个宇宙处于无始无终、不息不休的矛盾和矛盾的统一流行过程中，也就是所谓的"道"即"理"。因此，气的或聚或散决定着万物的生成毁灭，但是"气"本身是恒常的，是宇宙、万物的本体。"民，吾同胞；物，吾与也"，世人和万物都是一体，从而给予人的德行施为超越性的价值。

朱熹（1133～1200）则强调"理"，认为一切事物，不论是自然的还是人为的，都有其所以然的理，也就是说，在具体事物存在之前，这些事物之所以如此存在的理便已存在了。这是一种"理本论"的哲学观，"理"是事物存在可能性的终极标准，因而必然有一个至高的、无所不包的宇宙终极标准，即太极。朱熹说："事事物物，皆有个极，是道理极致。总天地万物之理，便是太极。"朱熹认为，太极不仅是宇宙万有的根本，而且还内在于每类事物的每个个体之中，如月印万川，是一和万的统一，而不是一之外另有个一，这样朱熹就在外部物质世界之上建立了一个永恒的统一而又多样化的理世界。当然，他也认为"形而上者，无形无影是此理；形而下者，有情有状是此器"，在抽象的理世界之外还有这个具体的现实的物质世界。朱熹说："天地之间，有理有气。理也者，形而上之道也，生物之本也；气也者，形而下之器也，生物之具也。"理气的关系是，理在其中，任何一事物的生成毁灭都是气的聚散所致，但这个事物的生成毁灭不是气的一般性的聚散，而是按照这类事物的理的模式进行的，这就是为什么强调理在逻辑上先于气存在，并发挥着决定性的作用。朱熹强调理的优先性，在于从宇宙本体论上而言，理是永恒的、最高的、终极的标准。而理气统一的关系，在于从宇宙生成论的角度来看，有什么理就有什么气，不是理生成气，而是理决定了气生成这个世界的样式，理居上而不动，却是万物的推动者，就人而言，人是禀受气而后生的，人之类的理是共同的，但每个人的个性不同是因为所禀受的气不同。朱熹赞同、详述了程颐"性即理"的观点，以及张载对"天地之性"和"气质之性"的区别，从而为人性善和人性恶立论、辩说。

陆九渊（1139~1193）提出"宇宙便是吾心，吾心便是宇宙"的"心即理"的"心本论"思想，认为现实的世界仅包含在心的世界里，而没多出个外在抽象的理世界，人只有"先立乎其大"方可去"匡正"事事物物。

继陆九渊之后，王阳明（1472~1528）所认识的宇宙是一个自足的精神实体，这个精神实体构成了我们经验中的现实世界，人心是这个宇宙、世界的主宰，人心只是个灵明，这个灵明充塞天地之间，人只是局限于自我的形体认识而自我间隔了与这个世界、宇宙的贯通，实际上，这个宇宙、世界只是一气流通，从未有什么间隔。因此，王阳明认同"心即理"之说，认为天下没有心外之事，也无心外之理。这个理就是人至善之性，也就是人心的本体，故王阳明称之为"良知"。"致良知"成为王阳明哲学的核心理论理念，也是他哲学的核心实践理念。"致良知"是人之为人的道德伦理的"绝对命令"，并在人们处理日常事务的经验和匡正自己事务的行动实践中得以扩充和延展。王阳明之学激活了人主体意识的理念，"使天下之人皆知自致其良知"，如此，身心得以修养、家族得以和睦、国家得以治理、天下得以太平。这不是一项单纯的道德或伦理上的精神启蒙，而是有着远大社会责任意识的思想实践。

吕坤谈气论理

吕坤的哲学、伦理学思想的理性主义精神旨归于强烈的实用主义。他的理气论对前人多有吸收，也有一些卓越的见解，但存在着深刻的内在矛盾。吕坤的理气论有气本论和理本论二元并存的倾向，但基本上是基于气本论而弥合宋儒以来理气二分的学术分歧，这在思想体系的构建上而言是不彻底的，实际上也是吕坤个人在社会现实中的"学颜子之学、志伊尹之志"的道德境界修为和现实事功思想矛盾在理论上的反映。

吕坤认为"气"是宇宙的本原，是最高的物质实体，这表明吕坤认为世界的本原是物质的一元实体，尽管万事万物有千差万别的区别，但归根到底其本质属性都是物质性的元气，气本质上是恒常永存而运动不息的，运动的绝对性是这个物质世界的根本特征。他认为，说恒常永存，是说气有聚散而无毁灭，万物的生成毁灭仅是气从一种物质形态转向了另一种物质形态，具体的形器有其毁灭的道理，但气没有终尽的时候；说运动不息，是说气化流行不息的绝对性是天地万物虽有生灭转化，但却赖以长存不绝的根本，同时也是天地万物之所以具有无限多样性的丰富形态的根本。

他认为，气是世界的本原，气化流行不息，但气化万物、运动不息不是无规可循、杂乱无章的，而是有着对立统一的规律，即理，理是气的规律。"气即理。理者，气之自然者也。"自然，就是这个客观世界和万事万物自然而然处于消长变化中的必然趋势，是这个客观世界运行的普遍规律。这个自然的普遍规律是物质实体按其对立统一运动发展的过程，"阳盛则胜阴，阴盛则胜阳，自然之势也……相胜，则寒往暑来，相推而变化顺矣"。吕坤反对将理气割裂开来的看法，否定了在客观的物质世界之上之外还另存一个理的世界：理在气中，理是气生物成物的所以然；道寓于器，道是器成象成形的所以然。如此看来，"理"或"道"的存在，仅是这个客观物质世界或无限多样物质形态内部所以然的规律，是物质元气的属性。

吕坤主张"气本论"，认为理是气自身运行变化的属性或规律。基于此，他描述了一个直观的、朴素的、"道本自然"的气化而成物质世界的生成模式和运行图式：天地是积气所成，气分阴阳，阳气清而上扬为天，阴气浊而下沉结为地，居中央，是万物得以萌生成长的物质实体；月是阴气的凝聚，日是阳气的凝聚，月是纯阴之物，月光是因太阳光的反射而得的；人和万物之所以千差万别，有着不同的类别性和差异性，就在于气有阴阳之分，阴阳二气相应有自外而内、自内而外一吸一呼式的相反相成的运行规律。此外气还有清浊、纯杂、常变等不同的种类和属性，并且不外于火、水、木、金、土五行而相互作用，才造成了万物的差异。这个宇宙间的运动变化，也只是在元气自身"道本自然"运行规律起作用下而一气流行不息，并不是因为有外在的天理，抑或上帝、神之类的主宰，一切都是物质实体按其自身的所以然规律在运行。吕坤还指出了这个物质世界运行的永恒性和具体物质实体变化的短暂性，也就是气化永不停息，具有永恒性，而形化则有生成毁灭、形态转化的特点，但形气二者是统一的，形是气的用，气是形的体，无形则这个宇宙就只是个万古一气而已，也就不可能有如此千姿百态、丰富多样化的物质世界了。

吕坤另一方面也沿袭了程朱理学中"理本论"的思想观点，凸显了"理"对这个物质的经验世界之所以如此存在和发展的决定性力量。他承认有一个先验性的理性的世界存在，但这个先验的理性世界并不是在一气流行的宇宙界之外，而是这个客观物质世界大化流行的自然之则（理或道），在逻辑上相对于气化流行的客观物质世界是先天的、抽象的存在。儒学的传统学术基本趋向是"成德之教"，学旨旨归重在诚己修身推延的道德伦理的教化，不重于客观自然世界的知识性探究，因而对宇宙生成论和本体论的探究终归落实于人之为人的"内圣"学术诉求和得"道"而行"外王"的事功践履。吕坤基于"气本论"的宇宙本原说和世界运行图式的理论探索和认识，学术指向也落实在"内圣外王"的成德、事功的理性主义之于实用主义的价值诉求。

吕坤明确提出，"明于恒之道，而后可以语体道之学"。所谓"恒"，有多重含义：一是指作为宇宙本原的"气"是永恒长存的，没有毁灭的物质性实体；二是指这个物质世界运动的绝对性，即气化流行是永恒的，一刻不停息；三是指"无恒之恒"，即相对于一气流行的绝对性而言，其具体形式则是多样化的并且相互转化，这种转化是永恒地进行着的，譬如万物有成有毁，但转化不息，用吕坤自己的话来说就是"若恒而无无恒者以通之，非恒道也"，这就具有一定的运动守恒性意识了。进而，吕坤认为人心常思恒虑而无息无止，与身始终而有恒心。他指出世有三恒：天地恒、万物恒、圣人恒，除此之外则没有恒常可言了。经由宇宙生成论而入本体论，由物质界而入精神界，吕坤提出有两种天：有理道之天，有气数之天，秉赋于人，则有义理之性，有气质之性。所谓理道之天是指一气混沌流行之时，尚未落于阴阳五行气分化之前的自然之则，这是纯善无恶的先天；所谓气数之天是指落于阴阳五行气化之后而成的大千世界，这是有善有恶的后天。但二天都出于"太极"，"太极不分而为阴阳，不散而为五行"。"太极"就是宇宙的本体，即"气"，就其具体形式而言为阴阳五行的物质实体。气一分殊而理一分殊，就一而言，道（理）本自然；就分而言，"诚"就是理，诚是实理、实则。何谓"诚"？用吕坤的话来说，乾坤之所以恒，高山大川之所以凝，日月江河之所以行，万物之所以生，鬼神之所以灵，天下国家之所以宁，万事之所以成，都取决于"诚"。所谓"诚"，就是实理，实有这个理，就实有这个气；实有这个理，就实有这个事。诚是气化大千世界流行转化不息的实理实则，"诚"是理一分殊的总谓，"诚一"则"一理"，就是一气流行的自然之理，也就是先天之理。他认为，尽管这个先验的理性世界在经验世界里发挥着"所以然"的决定作用，但并没有独立而外在于这个客观物质的世界，"肩天下之任者，全要个气；御天下之气者，全要个理"。理或者诚，在这个客观的经验世界发挥决定作用的时候，并不是一种外在于气的异己力量，而是气化流行的本然之则。尽管从道德伦理的修养论来看，吕坤秉承程朱之学而重视"理"的至上性，但他并不是一个二元论者，而是将自然之理引入道德伦理之域，也就是"明于恒之道，而后可以语体道之学"，并在这个意义上肯定了理（或道）的至上性和第一等地位。因为相对于德、功、名而言，道是一气流行的自然而然、无所为而为，而追求天人合一、万物一体与自然大化从游本来就是儒家所追求的最高人格理想之境。

二、心性不二 理欲合一

吕坤通过理气关系的论证和阐释，力图从宇宙本体的高度，即用"天理"肯定封建道德的永恒性，并把这种封建伦理道德移植于人的"心""性"中。他还从天理、人欲的对立统一关系中，重视人欲的现实性和重要性，在一定范围内为新的伦理观念，特别是一些涉及维护妇女权益的新道德观念，起到了一定的启示作用，值得批判继承。但应该注意到，他的重点仍在于阐释以理节欲，强调道德伦理对人行为的约束力和对人修养的主导性，及其以"成圣成贤"为理想人格目标，以"内圣外王"为人生价值诉求和对"万物一体""天人合一"人格精神境界的追求。

天道不外人心

心性论讨论的核心是"人之为人""人是什么"的问题，这是宋明以来理学思想理论的基础，自然也是吕坤道德伦理思想的主体部分。吕坤具体探讨了人作为一个理性的、具有道德伦理性的主体性存在，其道德性命的来源问题，人的本性是善是恶的问题，以及人之为人即存在的自我价值等问题。

吕坤认为儒家学说最核心的主题就是讲"心"，从事学问最重要的事就是"事心"。"心"这一概念或者说"事心"这一学问为什么这么重要？"心"究竟为何物？先看吕坤自己的言论：

> 万理具于心。
>
> 大其心，容天下之物；虚其心，受天下之善；平其心，论天下之事；潜其心，观天下之理；定其心，应天下之变。
>
> 心一松散，万事不可收拾；心一疏忽，万事不入耳目；心一执着，万事不得自然。

如此看来，"心"是人之为人并存在的精神性主体，它是人的灵知、精神和最高理性。所以"事心"是学问的根本，如果不认识、了解这个"心"，不能很好地把握和理会"事心"之事，势必导致人的"主体性"的迷失，也就无法认识人本身，更谈不上去认识这个世界。故"心"这一主体性的存在，也是人之所以别于动物的根本性标志。

吕坤将人的这一精神主体性的"心"，从两个方面给予了说明。一则"心"是人认知能力的主体，是人之所以具有感觉、知觉、思虑等认识功能，并能够表现为逻辑思维的概念和推理，去认识客观事物及其联系和规律等的认知主体，蕴含着认知理性。二则"心"是人道德本性的主体，"良知"或称为"义理之心"，是"心"本身所蕴含的，也就是说心中自有道德理性的存在。

这就涉及人的道德本性善恶的问题，吕坤认为作为道德主体的"心"并不是纯善无恶的，而是善恶相混的。从理气合一的哲学观来看，吕坤认为理气混沌未分之时，自然而然的"理道之天"就是一气流行的规律，是先天的存在，这是唯一的、纯正的。吕坤对"先天之理"并不太关注，更多考察的是气化之后天、地、人、万物化生的"后天之理"。吕坤将之划分为中正之气、偏重之气、驳杂之气，相应的人得之则有为圣为贤、为愚为恶、为无知为平庸之分。当然，先天和后天只是逻辑上的区分，并不是彼此割裂的存在，理气合一而分殊，在人而言，其道德主体的"心"就有"道心"与"人心"的区分，人性则有"义理之性"和"气质之性"的划分。

吕坤认为道心是义理之性，人心是气质之性，但道心和人心不是截然不同的两个，道心和人心也无先后顺序之别。人是理气相结合的产物，义理之性和气质之性是人生而就具有的，也就是说人天生就具有诸如"良知"之类的道德理性，也有各种不同的感性冲动和物质欲求等；人不是一个纯粹道德理性的存在，在现实性上和本质上是有区别的，但并不存在着不可调和的矛盾。也正是在这个意义上，孔子说"继之者善也，成之者性也"；子思说"'修道之谓教'，性，皆善矣，道胡可修"；孟子也说"动心忍性，性善岂可忍乎""声色、臭味、安佚，性也"。因此，吕坤认为道心是人的道德理性，也即义理之性，是先验性的先天之理；人心是人的物质感性欲求，也即气质之性，是后天禀赋的后天之理。"存天理，去人欲"是宋明以来儒家张扬的说法，尽管二者常常发生冲突和对立，但也是辩证统一的。道心与人心，义理之性与气质之性都是人生而具有的，在逻辑上可以区分先后、内外，但事实上并无先后、内外之分，道心杂于人心之中，义理之性杂于气质之性中，不能离开人心另觅求一个道心，也不能离开气质之性而空谈义理之性，气外无理，理是气所以然的规律。也就是说，人的道德理性包含在人的物质感性欲求之中，是不能离开人的感性欲求而独立存在的。在吕坤看来，从人存在的本质上讲，人人都可以成为圣人，义理之性或"道心"是人人都具有的；但从现实的人来讲，气质之性或"人心"才是现实存在的人的人性。圣人是最高的人格理想，是每个人变化气质、涵养德性而自强不息追求的目标，但现实人性的表现却是多样化的，二者有区别但并不是割裂的。"勿以善小而不为，勿以恶小而为之"，善恶是现实，是人性的共相，善恶之间的转化就在于人的后天作为。吕坤指出，义理之性是唯一的（一），气质之性是多样化的（万）；但人禀气之初，与善恶不甚相远，即使人有作恶的潜能，也并不会立即就表现出恶。也就是说在人生之初，处在善与恶之间，善与恶之间相去不是很远，善恶之间的分化，是受到了后天现实环境的熏习和影响，譬如一恶人为不善，但他起初的德行与圣人的并不远。

试问人的气质之性为什么会多样化，人性为什么会有善恶之别？首先，吕坤从宇宙生成论的角度给予了解释，认为先天之理是纯正自然的、唯一的，但在后天的气化过程中出现了善恶同源而异流的现象：一阴一阳，纯粹中和而有中正之气；孤阴孤阳，过犹不及而有偏重之气；多阴多阳、少阴少阳、不阴不阳，或阴阳杂糅不分而有驳杂之气。因而，就人而言，由于禀受的气不同而有不同的气质之性的人。也就是说，之所以出现善恶的区别，就在于气质之性出现了"异化"。吕坤指出了人性的本质和异化的关系，"比一根之枝，本同末异；一派之流，源同流别。至于相远，则舜跖之分，五十步、百步以至百里、千万里之殊也"。他认为人之所以在德性上有善恶，在知性上有智庸的区别，都是受到了在"气禀"过程中的"异化"的影响。义理之性是先天之理本身，是纯粹至善，是人之为人先天具有的本质性属性；气质之性则是人生过程中的现实性属性，是后天的而与人的物欲相联系，自然就会有善恶的区别，譬如明珠落水中，水清则通彻透明，水浊则昏暗晦涩。他说，人是理气相结合的产物：人性善，是因为先天具备了纯粹至善的德性，也就是仁、义、礼、智、信，表现为恻隐、羞恶、辞让、是非之心；人性恶，是因为物欲从气质中来，气质之性是与人的食色及其金钱、地位、财富的物质欲望相联系的，由于气质之性的偏差，自然出现为善为恶的不同。因此，人性只是一个，义理之性在气质之性中，善恶同源异流：说性善，从本质上言，说性恶，从现实上言，不能因为气质之性而误乱义理之性，也不能因为义理之性而弃置气质之性。

吕坤在坚持"义理之性"与"气质之性"有别而不可分的同时，更加强调"气质之性"的重要性。吕坤反对只以"性善"来谈人性，他说"善是性，性未必是善"，秤锤是铁，但铁不是秤锤。因此，吕坤主张"气质之性"也是人性本有的，认为义理固然是天赋，但气质也不是人为的，这与生俱来的义理、气质之性才是全副的人性。对气质之性的强调，反映了吕坤对后天学习和道德伦理上的自我修养和践履的重视。从这个角度上看，吕坤的人性论更重视在学习和道德修养上持之以恒的实践性，具有一种自强不息的求真务实的精神，具有相当的现实价值和可批判继承的积极意义。

心性论是孔孟以来儒家学说的理论传统。吕坤的心性论从宇宙本体论的高度将人的伦理主体性提到了一个新的高度，凸显了人在道德伦理上的主体性意识，也就是把社会的伦理道德内在化为主体的自我意识和自我存在。吕坤在对人之为人的这一主体性的内在规定中，既充分肯定了人的道德本体或道德理性，也极大程度地张扬了人性中应有的自然物欲等现实本性。也就是在肯定现实人性的客观性的同时，提出了在本质上对人性的回归，这种对人性的建构蕴含了相当程度的合理成分。当然，我们也应该看到，吕坤的心性主体性学说在本质上仍是基于道德伦理的形上论，最终的旨归仍在于先验人性的道德论，其目标是为封建道德先天必然存在于或后天当然存在于人的本性之中、人心所固有的"良知""良能"来进行论证的。但从人是自己历史活动的产物，是社会存在和社会关系的产物的理论角度来看，吕坤的人性论缺乏相当程度的历史、社会观内容，也具有一定无法超越的也是那个时代的他所不能超越的局限性。

天理寓于人欲

吕坤的理欲关系问题主要探讨的是"天理"与"人欲"之间的关系，即是关于道德理性、道德规范和物质欲望、物质利益之间的关系的问题。

吕坤的理欲关系论在理论上并没有超越程朱理学的理论窠臼。朱熹在谈到理欲关系时，大致也包括对立与统一两个方面。朱熹认为人心仅有一个，所谓的道心、人心之说其实只是一个物事，是同一思维主体的不同思想内容："道心"是合于道德原则的知觉，指道德意识；"人心"是专以个人情欲为内容的知觉，指感性欲念。即是说，从思维主体唯一性上言，人心、道心都是人的知觉之心，心是一，但却有"人心惟危，道心惟微"之别。朱熹认为人心、道心都是神明不测的知觉之心，如果知觉合乎义理便是道心、天理了；人心被称为人的情欲或者私欲，其中包含着人生存必要的、合理的条件，不全是恶，但人心也有着不受道心控制、可能造成危害的潜能，若以道心为主宰，则人心也可以化为道心。从实际来看，人的内心确实常常交织着感性欲念与道德观念，甚至道德意识与非道德意识的冲突，因而，道德活动的基本特征或者当然趋向就是用"道心"去裁制或评判"人心"。在这种意义上朱熹认为圣人千言万语教诲的只是一个道理，即"存天理，去人欲"，但是并不是要在"道心"的主宰下去除人的一切情欲，而是要达到人心和道心、天理和人欲合二为一。这种天理、人欲合一，实际上就是要以人的良知、以人在社会生活中形成的稳定道德观念制约情欲，以理节欲、以理节情，从而既能提高个体道德自觉以培养理想人格，又能起到维护当时社会的等级秩序和价值体系。任何一种思想理论都烙刻着深深的时代印记，朱熹的天理人欲对立中的统一思想，凸显了人的道德主体性，而尽量限制了人的利益性诉求，也就是用道德理性克制、压抑人的自然欲求和愿望，将个人的权益降到最低程度以服从社会的统一性要求。

吕坤承继了程朱理学的思想，在理欲关系问题上既有很大程度的守成，但也有一定的新意。针对"天理""人欲"而言，吕坤认为"天理"是先天地存有于人这一主体中的先验的道德理性，也就是所谓的仁、义、礼、智、信，表现出来的就是恻隐、羞恶、辞让、是非之心；"人欲"就是人经验的物质感性欲求，包括人对食色、地位、名利、财富等的过度追求。

吕坤强调了以道德理性为"天理"的主体在道德行为上的"自律"，诚如他所说，"理所当为，则自强不息。所不当为，则坚忍不行"，认为"天理"就是人之为人的主体自身中存在的一种无条件的、强制性的、必须服从的"道德律令"。相对于外在的法律条令而言，吕坤强调的是"理"大于、高于"法"，凸显了人的道德行为是基于道德良知的自我修为和自我约束，"吾心是上帝"，良知（道德理性）是最高的、终极的价值裁判者。同时，吕坤反复阐释了"人心""人欲"的重要性。他认为耳目口鼻的欲望，也就是说对食色、财富、名利等的欲求都是人心本有的属性，如果抛开、摒弃"人心""人欲"的正当的、合理的需求，从根本上也就背离了"道心""天理"。吕坤对人心、人欲的基本态度是"持中"，批判"不及"就是要充分满足、肯定人的正当需求，反对"过度"就是将人的欲求控制在封建伦理道德规范所允许的范围之内。吕坤批判了佛道二教的绝情去智、出世离伦，认为理欲的统一与协调是儒学与佛道二教相区别的关键。吕坤指出道心和人心出自一心，天理和人欲同行异情，不能将二者割裂开来，要在人欲中见得天理，在天理中见得人欲，天理和人欲同行而异情，也就是意味着二者在统一中存在着对立，是一对矛盾性的结合体，天理与人欲之间存在着孰多孰少、彼强此弱的冲突。吕坤理欲观的宗旨也在于"以道心摄人心，化有欲为无欲"，通过以理节欲，以理节情提升个体的道德修养和维护社会的伦理秩序和价值体系。

吕坤的理欲观是其理气哲学观在伦理学上的具体体现，他认为的"天理"并不是一个悬置于外的独存的理念而是人主体本有的，凸显了人在道德意识上的自觉性和主体性。另一方面，吕坤重视理欲的统一和协调，重视在人欲中体认天理，充分肯定了人的正当欲求，这在他以民为本、体恤民生的施政行为以及对女性新道德观念的阐释中都有鲜明的体现。毋庸置疑，这些观念在思想史上都具有一定的启蒙意义。

三、内外兼修　真知力行

吕坤的理气合一、心性不二以及理欲统一的诠释为我们描述了一个直观的、朴素的、有理有则的客观物质世界的生成和运行图式，以及经由此贯通并转向人道伦理学之心性论和理欲论的本体论建构。吕坤的格物论、主静观和知行观则主要阐述了他的认识论问题，也就是探讨了主体对个体的认识过程，以及人的修养论问题，二者在理气合一、心性不二的本体论框架内也是统一的。

吕坤在认识论上存在着反映论和先验论的调和，当面对经验的客观世界时，他坚持向外格物穷理，经由感性认识、理性认识而致知，这是反映论的认识进路；当面对身心修养和道德伦理教化时，他主张反身内求而反对受外在事物、知识的障蔽，这是先验论的认识进路。但儒学是以"内圣外王"为宗旨的"成德之教"，并不重视对纯粹自然科学知识的探究，吕坤为学的追求也是对这一理想人格传统的完善和再造，他以"尧舜事功、孔孟学术"作为终身急务，这就是所谓的"体道"之学，反映在他"体道"的认识论和修养论上，就是对反映论和先验论的调和，既注重反身内求、正心诚己，又注重向外格物、即事穷理。吕坤的认识论和修养论是统一的，体现在修养论上其为学的功夫是兼内外、合上下。克己复礼，外靖则内安；反身而诚，内正则外治。

"格物"以穷理

吕坤主张，"真积力久苦工夫，只为格物于万物"。向外格物穷理，就是指对宇宙之理和客观具体的事事物物规律的观察认识和理解把握。吕坤指出天道隐微，难以窥测，但四时运行，万物生息，就是天道的具体体现，只要通过仔细考察四时、万物的运行、生息规律，就能体会到天道，由可知推演不可知。吕坤在认识客观世界的方法上坚持了反映论的方法，重视客观的考察和感性经验的见闻之知，"到一地步，自见一步光景；尝一果看，自觉果看滋味"，认为对外在世界亲力亲为的闻见之知是获得正确认识的出发点，反对一悟百悟、一了百了的神秘主义认识途径。同时，吕坤也很重视理性思维对获得知识的重要性，认识到客观事物之间存在着内在的必然联系，由此推彼，通过逻辑推理的理性思维方式，由认识具体事物可以推及一般事物，由认识事物部分可以达到对事物整体的认识。诚如吕坤所言，"观一叶而知树之死生，观一面而知人之病否，观一言而知识之是非，观一事而知心之邪正"。客观的感性认识和主观的理性推研是相辅相成的，是获得正确认识的重要途径。吕坤还指出，在认识事物的过程中必须要坚持客观第一性，理在气中，理幽微难测，而从可知之事可以穷难测之理，即是人的主体"认识心"也要保持客观的认知态度，"悬虚明"不带有成见，不带着先入的主观偏见去认识事物，否则"心中有物，则视万物皆妄见也"。他强调在认识活动中要"毋意、毋必、毋固、毋我"，杜绝私意固见，从各种"意见障碍"中解脱出来，否则即使辛劳终身也一无所见，不能获得对客观事物的正确认识。正是基于这种从客观事实和客观认知态度出发的认识论，吕坤批判了先验论的"生而知之"的观点。吕坤认为道理可以用心体悟而获得，但客观具体的事事物物却很难以心来体悟、认识；道理有其普遍性而能一以贯之，但事事物物之间属类互异难以贯通。基于理气合一、心性不二的本体论证，吕坤指出不能离开气质谈义理，气质清明则义理昭著；不能离身谈道，身和道合一则仁义行。因而，吕坤认为，即使在人道伦理和道德修养的体悟上超越于常人，在认识外在世界上也必须通过经验见闻和后天的学习才能获得对于客观事物的正确知识，即使是圣人也不可能生而知之，倘若圣人一生未见泰山，又怎能描绘出泰山的景象？他认为，人生有涯而知无涯，对客观世界的认识是一个无限延展的过程，一生都难以穷尽，好学的人终身好古敏求、发愤忘食，致力于读书体会、涉世历练。

"主静"以修身

为学指向由客观物质世界转向精神世界，由大化流行的自然之则转向人伦道德的当然之理的时候，吕坤在格物论中又很重视对内向穷理、反省体悟的先验道德论的论述。这里吕坤将格物之"物"训释为"至善"，格就是"知止"，那么格物就是"知止止于至善"，至善的"物"就是先验的道德本体，也就是先天存在于人主体之内的纯善无恶的天理。因而认识的主要目的，即格物穷理的主要目的就在于去发现主体中纯善的性理，也就是所谓的"大学之道，在明明德，在亲民，在止于至善"，在于认识主体内在的先验的道德本体。从吕坤的哲学本体论上来看，有先天纯粹的自然之理，在气化阴阳五行之先，并且是主宰阴阳五行气化流行的普遍性规律，但在人而言，这个理浑然在人身中，也就是所谓的恻隐、羞恶、辞让、是非之心，仁与物浑然同体，格物就是认识人心本仁的这个理。吕坤认为学问是以澄心为大根本，也就是以认识本心至善为旨归。因而，为学第一功夫就是降服人心的浮躁而使之气定神闲，归根到底就是以"静"字为要诀。所以格物的过程就是反身内求，如此则"尽其心者，知其性也。知其性，则知天矣。尽心便是致知，知性便是格物"。格物致知的对象，即认识的对象"天理"就存在于主体的"心性"之中，因而吕坤强调"万物皆备于我，物之本体也。反身而诚，物格之实也"。先验的天理居于人心性之中，格物就是要存心，其主要的方式就是主静澄心，强调的是一种察识体验的方法。物格，也就是真悟到纯善无恶之天理，就能达到穷神知化的境地，就可以达到无为无不为、从心所欲不逾矩的理想道德境界。

既然物格就是止于至善，那么如何格？也就是格物的功夫即方法是什么呢？吕坤解释"格"为"知止"，实际上就是"择善"。吕坤认为格物和择善是统一的，择一善而能铭记在心，衷心信奉就是格物。他指出博学、审问、慎思、明辨，都是格物，是道问学；致知、诚正、修齐、治平，都是择善，是尊德性。"君子尊德性而道问学"，下学上达，除了善，更无一物；除了择善，更无别的格物功夫。在儒家而言，致力于儒学的"内圣外王"的为学道义理想的诉求，吕坤的认识论中的反映论和先验论是统一的，因为他所持奉的认识论和修养论是统一的。

前面分别述及吕坤在认识论上的内外格物路径，但二者的统一在其理论中又是如何被具体阐述的呢？吕坤指出，"道具于人心，散于事物，行于日用。不日用，非道也；离事物，非道也；不合于天下万世公共之人心，非道也"。从这个意义上来看，人伦万物都是性理之天的流布，日用常行皆是性理之天的张弛，舍弃然而求其所以然，舍可知而探不可知就是认识上的割裂。因此，吕坤在道德主体的认识路径上主张敬义夹持、内外兼修、向外格物穷理和向内反身体悟为一体功夫。吕坤将这种内外功夫合一的形态概括为"持中""居敬"。所谓中，就是指五常、百行、万善都遵循其当然的规律、规则，而各得其所，无过无不及；所谓持中，不仅指先验的理道之天要当然如此，就是经验的气数之天也要于对立中求得统一，各安其所。从修养论来讲，道心虽属先验但非孤立独存，而是杂于人心之中，持中就如披沙拣金而后得，中即至善道心。所谓敬，就是不苟，指心态的严肃庄重，也指为事的认真细致；所谓居敬，就是要戒慎恐惧，主一无适，小心昭事，所强调的是人在本心、意念、行事上都须一丝不苟，不可懈怠，要集中精力、专一心念，有所谓"如履薄冰，如临深渊"的谨慎心、警惕感，才能做到"居敬"。

吕坤从"持中""居敬"两个方面阐述了他的修养论基于

认识论的两种路径的统一性。从道心寓于人心角度来看，这与对"心"的两种相反相辅形态的阐述也是对应的：心要虚又要实，无物称为虚，就是无上下内外、浅深精粗之别而顺其自然、当然，也就是持中；无妄称为实，就是既能至真至诚、自心本然，又能一丝不苟、谨心从事，也就是居敬。

儒学宗旨归于求仁为圣，存心是其为学的根本，主静是存心的第一功夫、要法，持中、居敬就是主静，就是为了存心。因而，吕坤所强调和重视的为学以存心为根本、主静为第一要法，看似极为重视直向内心的直觉体验、体悟，但并不是提倡一种神秘性的顿悟，更不是一了百了、一悟百悟。关于这一点，我们能从他对主静方法论的阐释中得到确证。吕坤肯定了"静"的重要地位，认为它是"万理之橐龠（tuóyuè），万化之枢纽"，就是说"静"囊括万理，虽虚静无为，但又是事物联系和变化的关键。从修养论角度来讲，吕坤强调的"主静"是保持主体"心性"的一种虚实相宜、无物无妄的"中、敬"状态，强调的是在神定、气闲、意正的状态下，心中自然存有一种自强不息的精神。这种静，不是缄默无语、昏昏欲睡的静坐，更不是佛氏流于精神枯寂、归空的静坐打禅，而是寂而不灭，往而不尽，在穷神变化中无分毫增减，即穷变通久的"定"势。吕坤在求仁体道的为学进路上，提倡存心体悟，但他的"主静"功夫不是静态的顿悟，而是动态的、内外兼修的渐悟。吕坤一方面强调了"先立乎其大（大心）"，反身内省体悟天道、万物，但另一方面又强调要在日用常行中小其心（小心）而不破坏天下古今万事万物。因而，吕坤反对学者们把神化性命看得太玄，而把日用事物看得太粗，认为应该使

"大心"与"小心"大小贯通,在内外相辅兼修的动态"主静"中体悟天道、万物及"万物一体"之理。所以,吕坤在讨论如何"主静"中既强调要居敬、持中以存心、治心,也强调要在日用常行中随时随事点检、省察,"克己复礼"而渐进提高自我的道德修养。

吕坤在人之为人的道德伦理修养论中,以体悟天道万物、求仁存理为宗旨,以"万物一体"为最高人格道德理想。他主张即事即物求理,但也认识到感觉经验的不真实性以及由之而形成的知识的不可靠性,尤其是间接经验和间接获得的知识。因而,吕坤也指出耳、目、鼻、口、四肢的感性经验是修身养性、体悟天道的障碍。这里吕坤主要是一方面批驳了"五官"的感性经验容易受到声、形、情的障蔽而导致妄闻妄见,另一方面从为学以"仁"为核心、"天地万物一体"为宗旨角度批判了知识的局限性,认为知识与道德之间并不能画等号,因此就人之为人存在的最高主体性诉求上而言,就应该离物去知而归于天真、自然,虽从即事即物,经验感知上至知识理性,但最终须万理归一而不执意念于具体事物之上。从这个角度看,吕坤在肯定认知心性中所具有的先验的天理时,强调了在认知过程中要从主体出发,要以主体为主,不能受客观经验中的感觉偏误引诱,也不能受来自直接或间接的知识所限制,而要通过主体之心直观体悟。因此在人道伦理方面,他的认识径路更多倾向于先验的认识论。总体上看,这种偏颇不是吕坤认识论的主要方面,重要的还是在于尝试调和反映论和先验论,但这种调和理论是不成熟的。吕坤的认识论趋向也反映在吕坤对人的认识与实践关系问题的讨论中,即他的知行观。

真知力行

吕坤的知行观从总体上来说，侧重探讨的仍然是道德认识和道德实践的关系问题，属于人之为人的心性修养论的范畴，但从他的理论整体上来看，这也是他的认识与实践在认识论上的反映。

吕坤认为知和行在认识过程中既是两个有区别的环节，又是两个互相发明、互相促进的辩证环节，二者相互依赖、不可分离，这就是吕坤的知行合一论，但他反对当时阳明后学的知即行、知行不分的合一之说。吕坤认为"知是一双眼，行是一双脚"：行的功夫就一个字"笃"，强调要亲力亲为、一以贯之；知的功夫则千头万绪，有在一事上的体认，有对宇宙全体的体认，有倏忽之间的顿悟，有渐进积累的体悟。他认为，知和行虽然分属认识过程中的两端，但二者的功夫却是互相促进、互相发明的，"知一分，行一分，是明觉后躬行；行一分、知一分，是体验后解悟"。吕坤用"挑沟疏水"的比喻对知行二者之间互相依赖、不可分离的关系给予了精辟的说明，"譬之挑沟疏水，锹掘一尺，水跟一尺；锹掘一丈，水跟一丈。待其透达江河，自然不舍昼夜"。

吕坤批评了当时流于禅悟的空疏学术风气，认为"学问"二字本来就是从外面得来的。虽然学问的道理要靠主体本心的体会，但学问的事情涉及的都是古往今来的事事物物，这需要逐步渐进地去学习、探问，积少成多、融会贯通，然后才能使人心与天理浃洽畅快，倘若荒怠于考究事事物物，耻于下问，认为一切聪明、智慧都能出自本身，这不是什么真知实学。吕坤强调能行就算知，仅仅只有知算不得行。他鼓励人们要笃实力行，不要怕路有千万里、事有千万件，要勇于日日行、常常做。知，所行之知；行，所知之行。知和行二者在动态的认识过程中辩证地统一了起来。

吕坤指出，真正的认知只能来自切身的实践考究和体验。譬如"谈虎色变"一事，道听途说猛虎十分可怕，心有恐怖，其实并不能体会到那种真正的恐惧，关键是对这种恐惧没有认识，没这种认识是因为没有亲身体验过；倘若有过虎口脱险的经历，定会谈虎色变，战栗销魂，来不得半点勉强，这是因为见识过了猛虎的凶险，认识了这种恐惧。"如人饮水，冷暖自知。""到一地步，自见一步光景；尝一果看，自觉果看滋味。"吕坤特别强调亲力亲为的实践经验的重要性，认为可靠的知识和体验来自切身的实践躬行。而真知卓识对行具有指导作用，"下学工夫须知一寸，才行得一寸；知一尺，才行得一尺"，前有深渊、旁有虎狼，不知而行，后果可想而知；不辨南北、南辕北辙，纵使有千里马，也会愈行愈远。因此，知与行，是二而一，真知、力行在认识过程中是辩证统一的关系。

"道具于人心，散于事物，行于日用。不日用，非道也；离事物，非道也；不合于天下万世公共之人心，非道也。"从人之为人，人心之于道心的修养论这一最终道德理想旨归而言，知是知此，行是行此，也就是对天道性命的体悟，而知行的认识过程离不开对日用常行的亲身躬行，离不开对事事物物的考量探究。吕坤强调"下学是学其所达也，上达是达其所学也"，下学和上达的辩证统一关系归根到底也是在日用常行、事事物物的切身体验和认识中体悟那终极的道德价值。

当然也必须指出的是，吕坤所谓的知行合一主要是从伦理学的意义上来强调对道德的认知和对道德原则和规范的践履、实行。其主要内容就是通过下学点检省察、克己复礼，上达立乎其大、反身而诚的方式，内外兼修、敬义夹持，以达到变化气质、涵养德性的目的，最终的归宿就是"仁"，最高的道德理想境界就是"万物一体"。因而，对客观世界及其规律的科学认识并不是吕坤所谓"知"的主要内容，所谓的"行"也仅是强调个人的修身养性的实践，脱离了人的社会性以及人的社会历史发展领域。吕坤的知行观有主观见之于客观的思想意识，但这个倾向在于道德伦理领域，而不在主观世界之于客观世界以及改造这个客观世界的领域。历史发展的阶段性和时代的局限性在吕坤的思想里也有深刻反映，尽管吕坤学贵自得，也颇有新意，但并没有也不可能超越那个时代，故而相应那个时代而言其思想也具有一定的局限性。

四、语体道之学　塑理想人格

吕坤的理气合一、心性不二、天理人欲协调与统一的哲学诠释，旨在"明于恒之道，而后可以语体道之学"。吕坤的内外兼修、知行合一的为学宗旨倾向于对个体的道德自觉意识的培养和社会伦理秩序以及价值体系的维护。这些理论的阐释体现了吕坤对"内圣外王"理想人格和价值的追求，也体现了对"天人合一""万物一体"理想人格境界的慕求。吕坤以"学颜子之学，志伊尹之志"为座右铭，也的确就是他终身在理论和实践中对人生的理想、价值和境界一以贯之的追求。

仁民爱物

"内圣外王"这一概念首见于《庄子》，但却是儒家学说的基本命题。孔子强调"为仁由己""克己复礼为仁"，从而达到"修己以安人""修己以安百姓"，这是"内圣外王"含义的发轫，如此，道德与政治统一，在政治上就能达到"为政以德，譬如北辰，居其所而众星共之"的效果。孟子、荀子从人伦、王制层面进一步阐发了这一思想，孟子指出"人伦之至也""王者之师也"；荀子指出"圣人者，尽伦者也；王也者，尽制者也；两尽者，足以为天下极矣"。宋明以来的新儒家都重视《大学》这一儒学文本，将"格物、致知、诚意、正心、修身、齐家、治国、平天下"视为实现儒家"内圣外王"理想的大同世界的必由途径。这一过程就是将"圣人之道，入乎耳，存乎心，蕴之为德行，行之为事业"，就是经由"内圣"达至"外王"。将个人的修身与事功，以及道德与政治统一起来，也就是将个人的人格理想和价值统一起来，所冀望的理想境界就是"天下一家""万物一体"。这在张载仅二百五十余字言简意赅的《西铭》中得到了精辟的诠释，兹录如下：

> 乾称父，坤称母；予兹藐焉，乃混然中处。故天地之塞，吾其体；天地之帅，吾其性。民，吾同胞；物，吾与也。
>
> 大君者，吾父母宗子，其大臣，宗子之家相也。尊高年，所以长其长。慈孤弱，所以幼其幼。圣其合德，贤其秀也。凡天下疲癃残疾，茕独鳏寡，皆吾兄弟之颠连而无告者也。

于时保之，子之翼也。乐且不忧，纯乎孝者也。违
曰悖德，害仁曰贼。济恶者不才，其践形唯肖者也。

知化则善述其事，穷神则善继其志。不愧屋漏为
无忝，存心养性为匪懈。恶旨酒，崇伯子之顾养。育
英才，颖封人之赐类。不弛劳而底豫，舜其功也。无
所逃而待烹，申生其恭也。体其受而归全者，参乎！
勇于从而顺令者，伯奇也！

富贵福泽，将厚吾之生也。贫贱忧戚，庸玉汝于
成也。存，吾顺事；没，吾宁也。

张载寥寥百字蕴含着深邃的"宇宙意识"，张扬了个体的主体精神，表达了"天下一家""物我一体"的理想人格境界，彰显了儒学"仁民爱物"的核心价值理念。这既是儒学旨趣的精髓，也是儒者自强不息的人生价值诉求。

吕坤继承了张载"仁民爱物"这一理学旨趣，并且作了进一步翔实的发挥。吕坤从"天人合一""万物一体"的高度诠释了儒家"内圣外王"的理想人格精神和大同世界理想。吕坤认为"尧舜事功，孔孟学术"这八个字是任何一个有志之士必须践行的急务，也就是要通过艰难困苦、玉汝于成以修身成德的"内圣"，去建业立功成就尧舜式的"外王"事业。吕坤认为这二者不是割裂的，而是一个统一体，统一于"天人合一"的最高理念。吕坤说："以天地万物为一体，此是孔孟学术；使天下万物各得其所，此是尧舜事功。总来只是一个念头。"吕坤的所谓"万物一体"，就是强调要认识到天下国家、昆虫草木都是我身，和每一个个体的生息都是紧密联系着的；一个人只有在修养上达到了万物一体的认识高度和境界，才能与天

下万物同喜乐悲戚，如见万物各得其所，则由然而喜，见万物各失其所，则悯然而戚。陆九渊说"宇宙即吾心，吾心即宇宙"，吕坤也认为"天地万物，原来只是一个身体，一个心肠"，人与人之间、人与天下万物之间必须打破自我、自私的藩篱，才能成就一个"大公无私"的大同世界，也就是要突破"我之子我怜之，邻人之子邻人怜之"的狭隘"小我"局限，推己及人以便达到"非我非邻人之子"都能得到互相抚育的"大我"境界。吕坤主张万物并育而不相害，即使对低等的生物也要知利避害，不能随意侵夺其生命，"蜂蛾也害饥寒，蝼蚁都知疼痛。谁不怕死求活，休要杀生害命"。

吕坤的理想人格就是"圣贤"，就是要去除私欲追求大公无私的圣贤气象，因为圣贤是天理或德性的化身，他们因理以思，顺理以行，所思所为都是符合德性的；圣贤"致广大而尽精微，极高明而道中庸"，既能超脱于世俗体认玄远精微的万物一体之理，又能置身于世俗人伦日用的现实生活之中去改造这个社会；既具有超拔玄远、浑厚充盈的精神境界，又具有积极入世、勇于践行的现实品格。

圣贤皆能宁静修身、淡泊明志，不以功名利禄为念，把人的道德气节和人格精神看得甚至比生命更为珍贵，以理抗势和强烈的责任意识是他们持之以恒的精神理念，也是与现实社会中的各种丑恶和权势相抗争的精神品格。吕坤在对理想人格的追求中"学颜子之学"，体会那箪食瓢饮、顺乎自然，自我与万物一体，自我与天理合德的精神之乐，也就是体会那经由内圣外王的圣贤气象而达至天人合一的最高理想境界之乐，这是一种内外兼修、德业并济的集真善美于一体的充实的自由人格精神之乐。但在"学"与"志"的统一中，吕坤更重视"志伊尹之志"。他在从政期间以社稷苍生为己责，以救时弊为急务，不枉道求合、随波逐流。吕坤推崇张居正为学笃实，支持、赞赏张居正的改革事业，在从政期间追求实效，提出并实行了一系列救治社会弊病的方案。吕坤生性峭直、刚正不阿，时人评价他是"天下第一不受嘱托者"，说他从理不从君，敢于"以理抗势"。万历二十五年（1597），时年六十二岁的吕坤上《忧危疏》，对社会各种弊病及国家的安危严加抨击，并直接严词批评神宗昏庸贪残，置生死于度外。吕坤的人格道德气节和强烈的社会责任意识体现了儒家传统的为了真理反抗权势而杀身成仁的浩然正气和铮铮风骨。

吕坤为学强调笃实践行，注重个体道德意识和道德行为的培育和主体自觉，崇尚人格气节的浩然正气，不枉道从流；敢于以理抗势，不为了学术而学术，以学术批判政治。同时，吕坤也追求天人合一、万物一体的人与人之间、人与自然之间的和谐统一的人道主义精神境界。吕坤的"内圣外王"人格理想及其大同世界理想，从道德之于政治而言，在社会的现实中能否经由道德伦理的教化而平治天下是值得商榷的，但这种对道德理性的人格理想精神的追求是应该给予充分肯定的。因为，这一思想理念中张扬了自我在人生理想、价值、境界历程中的"自我实现"的主体性精神，自我、社会、自然的和谐统一之境是在主体的主动性和创造性中实现的，有一定的积极意义。

《闺范》与女性新道德

吕坤的哲学、伦理学思想承继程朱理学思想，更充分吸收了张载的"气学"精髓，在新的时代环境下具有一定的新意。吕坤的思想又是在批判王学末流的空疏无用、放浪恣睢流弊，以及朱学末流因循守旧、僵化陈腐弊端的过程中形成的。但明中期以来理学思潮以王学为主流，王学重视主体的自觉，蕴含着要求个性解放的思想，这一脉络中经泰州学派发展至何心隐、李贽等人，对旧道德进行了猛烈的抨击，极大程度地对"情""欲"给予了肯定和颂扬，提倡自然人性论，有强烈地冲决封建藩篱的叛逆精神。兼之明中期以来城镇商品经济的发展和市场的活跃，以及市民阶层力量的壮大，时势已经发生了很大程度的变化，使得一些具有进步意识的理学思想家开始对传统的伦理道德观念和规范加以反省和修正，吕坤也是其中之一。他极为重视主体的道德理性和人格精神的自觉，对传统的理欲关系给予更为理性的、人道的诠释，尤其是凸显了对人正当的需求和人格精神的自主的肯定。这些思想也反映在吕坤对女性新道德观念的阐释中。

吕坤于万历十八年完成《闺范》一书。这是一部关于封建社会女性伦理道德规范的书，作者以通俗的语言宣扬了封建伦理对女性的道德规范的要求，也有一些鲜明的维护妇女权益的新观念、新思想，充分体现了吕坤在伦理学思想上的特色。

传统的封建社会道德中信奉阳刚阴柔、男尊女卑、内外有别的思想，阴柔女卑不能自主，需要依附于阳刚男尊才能成就自我，女性的德性属于柔顺之德，敬慎曲从是女性的行为准则，三从（未嫁从父、既嫁从夫、夫死从子）四德（妇德、妇言、妇容、妇功）是女性应遵循的道德伦理规范的主要内容。西汉刘向撰《列女传》表彰美善，歌颂古代妇女的高尚美德、聪明才智以及反抗精神，也有相当部分是在宣扬礼法对妇女要求的三从四德等封建思想。东汉女史学家班昭曾为《列女传》作注释，并著有《女诫》，宣扬妇女的柔顺之德，也就是要求妇女们在日常生活中忍辱含垢、顺命曲从，谨守三从四德的道德规范。受刘向《列女传》影响，范晔《后汉书》专设《列女传》，以后的正史因袭成定则都设有此传。后来随着方志学的发展，地方史志中几乎都设有《列女传》，至于野史杂传中的妇女传记更是层出不穷。先秦以来这一礼法传统在宋明理学家那里再度得到了高度的认同和肯定，并在很大程度上给予了更为丰富的理论阐释，"存天理，去人欲""饿死事极小，失节事极大"，对节妇烈女的表彰愈演愈烈。据有关史料统计，宋以前历代节妇烈女总数不过187人，宋金时期骤增至302人，元代增为742人，明代则急剧上升到35 839人。在这样的环境下，刘向原是表彰一些节烈孝义的同时，更多地罗列具有美善、高尚品德、聪明才智以及反抗精神的妇女活动而成《列女传》专史的初衷在很大程度上已经变味了，成了专以节妇烈女为主要内容的《烈女传》。这些都反映了一个事实：封建专制统治日趋强化，纲常名教的束缚也愈加严酷，生活在这样环境下的妇女们的地位也就愈加低下，她们所受到的精神吞噬和身心摧残就更加残酷。

　　《闺范》顾名思义就是记述女性中的模范，树立榜样，也包括要求女性在伦理道德上应该遵循的规范、规则，目的就是整肃纲纪，扶持名教，使妇女们在社会生活的日用常行中有所遵循和规戒。但吕坤因势利导，运用理性的尺度批判了传统道德中陈旧的、僵化的价值观念，以符合当时社会的实际情况的浅显道理，教化妇女们处世立身的行为准则和方式方法。

吕坤依据实事求是、重情重义的价值观念批判了传统以来针对女性的"五不取（娶）"和"七去"的婚姻制度和道德规范。所谓"五不取"，主要是看女方家庭，"逆家子不取"，不忠不孝家庭的女子不娶；"乱家子不取"，作风不正家庭的女子不娶；"世有刑人不取"，家族中有人受过刑罚的女子不娶；"世有恶疾不取"，家族中人患有过聋哑瘫盲等难治之症的女子不娶；"丧妇长女不取"，这条最不可思议，如果是家中长女，婚前母亲死了，就嫁不出去。所谓"七去"，就是指在婚姻关系中男方休妻的七项条件，只要女方触犯其中一条就可以被男方解除婚姻关系："妇有七出：不顺父母，去；无子，去；淫，去；妒，去；有恶疾，去；多言，去；窃盗，去"。吕坤认为这些礼法和规范是针对女性单方面提出的要求和限制，很多是极不公平的。这些条目都不是从夫妇情爱和意志的角度出发的，因为在封建社会里婚姻不是个体的事情，而是以家族为中心，涉及整个宗族的利益，因而对婚姻制度的设计是牺牲个体利益而屈从于整体利益的，如此则封建礼教对妇女的摧残势在难免。吕坤则提出应该以"情"为重，具体情况要具体分析，如果女子有贤德就不能因为"乱家"而不娶，女子丧母而使终身不嫁更是不可思议，这些都不利于对人伦的教化和训诫；婚姻关系中因为女方无子、有疾病而休妻于天理人情都不相符，假使屡次休娶都无子怎么处理？这些条目完全背离常理而不通人情。吕坤的这些批判反映了他对妇女们所受到的不公平遭遇的同情，也反映了他尝试对传统道德进行修正的进步意识。吕坤热情歌颂并鼓励妇女们对真挚爱情的追求，他赞赏的夫妻关系是夫妻双方应该在"情"与"德"上互励互勉，主张夫妻之间患难相恤、携手共进：妻子要"爱夫以正"，勉励丈夫的德行，支持他的事业，做个"贤内助"；夫妻之间应该以德相求、以德相勉，建立起举案齐眉、相敬如宾的恩爱和谐家庭关系。这种基于传统美德的家庭关系于今仍应提倡。

吕坤还通过大量的历史事实批驳了传统的"女不如男""重男轻女"的陈腐价值观念。他通过诸如少女缇萦上书汉文帝救父，杨香以身扼虎救父，谢娥智杀盗贼为父报仇，花木兰代父成边十二年等歌颂了女子们勇敢、机智的壮举；通过宫闱中一些深明大义、睿智而有远见的贤德妃子对皇帝的直言劝谏，批判了对妇女们才智的歧视观念。至于节妇烈女，吕坤固然是维持封建礼教，强调女子要恪守贞节、从一而终，但他反对轻率不明智的以死殉节、以死殉夫的愚蠢行为。吕坤以"情""义"为价值取向，肯定特殊情况下的"舍生取义""以身殉情"，但极力反对不尊重生命的过分"愚节"行为，这和"饿死事极小，失节事极大"，将生命和节义作极端区别的陈旧、迂腐的理欲观和贞节观有显著差异。

吕坤的哲学、伦理学观在理学的脉络中有承继、有批判，也有一定的新意。在明中后期文化思潮中，吕坤的思想有一定的独异性，是这一特定历史条件下的时代产物，与这个时代变化和发展的脉搏息息相关。

第 5 章

政治、经济思想

明代中后期的社会形势在各个方面都发生了极大的变化，这是一个正处于急剧变革转型的时代。封建集权主义和专制主义统治日益强化，极端的集权、专制形态滋生了恶性的政治腐败，朝纲失序、党争迭起、吏治败坏，诸多因素混杂从而导致政治危机日趋严重。尽管这是一个商品经济和城市文化相当发达的时期，但在专制的政治形态下集中表现出来的却是土地兼并极其疯狂，土地高度集中到皇室、王公、勋戚、宦官以及地主、官绅手中，大量农民失去土地而沦为佃雇民乃至流离失所，从而也导致国家失去了赋税基础而财政匮乏、入不敷出，进而更加剧了赋役的混乱和严苛，经济危机也日趋严重。

吕坤的社会政治思想和经济思想就是基于这种严峻的社会形势而逐步形成的，在揭示和批判社会现实诸种弊病的同时，他提出的一些政治的、经济的思想主张既具有一定的现实性，也具有一定的进步性。在政治上，吕坤主张"以民为本""以理抗势"，认为得民心、从民欲就是"替天行道"，这也是政治的根本。他提出以"以德为主，以法为辅"为治理国家的方略，并在基层实行"乡约保甲"制度，这些都颇具特色。在经济上，吕坤提出"均平"的经济改革主张，在既定的统治秩序的序列中寻求相对的"均""平"，进而提出了一系列的"养民"策略，进一步发展了传统的"民惟邦本，本固邦宁"的民本思想以及重民、养民的经济思想。

一、"以民为本"的实政理论

以民为本

吕坤生活在明代嘉靖、隆庆、万历三朝，他的政治活动和思想形成、成熟主要在万历年间，这正是明王朝由盛而衰转变的历史时期。吕坤对所处的历史时代有着清醒的认识，他指出这个时代正处于十分严峻的形势下，人心已经浮动，乱象已经形成，只是乱机尚未萌动而已。他说，这恰似，坐于漏船，水尚未湿身；卧于积薪，火尚未及体。倘若熟视无睹而不励精图治，这"民心如实炮，捻一点而烈焰震天；国势如溃瓜，手一动而流液满地"，势必使国家内外交困，国将不国。

民心的得与失，关系到天下的存与亡。吕坤对人民群众在改造社会历史上的决定性作用有着清楚而又深刻的认识。以民为本的重民、养民思想是吕坤思想的根基，也是吕坤在实践方面的基本出发点，这一主旨贯穿于他思想理论的各个层面和社会、政治实践活动的方方面面。

民本、重民意识是儒学在政治方面的传统思想，可上溯至《尚书》"民惟邦本，本固邦宁"中认为"民"是安邦兴国根本的思想，孟子宣扬的"民为贵，社稷次之，君为轻"中的"贵民"思想，以及荀子提出的"君者，舟也；庶人者，水也。水亦载舟，水亦覆舟"中对民众伟大力量的认识。吕坤汲取了先秦以来这一民本思想资源，并作了进一步发挥和实践。

吕坤坚持理性主义和实用主义的结合，以"以民为本"为出发点，阐释了他的重民思想。吕坤对"民"的地位和尊严给予高度的肯定，认为是否能赢得民心、民意决定着天下的安危、国运的兴衰。他认为天下的存亡维系于"天命"，但天命的去就维系于"人心"，这是对《尚书》中所谓的"天视自我民视，天听自我民听"思想的进一步发挥。他认为，天意即民意，天的意志即民的意志的体现，体恤民情、体察民意、寻得民心，首先在于人民是物质财富的创造者，在社会生产中的地位和作用是不可估量和替代的。吕坤提出："盈天地间，只靠两种人为命，曰：农夫、织妇。"劳动人民是生产、生活以及社会得以正常运行的基本力量，如果不重视、不关心劳动人民的生存、生活状态，就是自戕其命、自掘坟墓。吕坤告诫统治者及其统治阶层，应该反躬自问，这衣食住行和饱暖尊荣是何人辛苦劳作得来的，是何人无私供奉的？"同民之欲者，民共乐之；专民之欲者，民共夺之"，倘若劳民伤财，致使民不聊生，无疑就是自毁根基。他认为，人民群众不仅是社会物质财富的创造者，而且是国家政权赖以存在的根基，国家的兴亡、政权的更替的操持者，君主之所以能享显赫、神圣地位的依赖者。因此，人民群众是决定君主自身安危、社稷存亡的根本力量，不顾惜民生的艰辛，肆虐横暴、贪残无度、严刑峻法，势必导致民心背离，重蹈桀、纣的历史覆辙。民不畏死，奈何以死惧之！吕坤青年时期就耳闻目睹了波及家乡宁陵的师尚诏起义，对人民群众在非常历史时期表现出来的力量有着切身而又深刻的认识，他告诫统治者们，不要平时肆意蹂躏、鱼肉压榨民众，待到人民群众起来反抗而无处逃身之时，可真就是亡羊补牢悔之晚矣。吕坤强调，要想兴国安邦、治理天下，关键点在于"只在一种人上加意念，一个字上做功夫"，这一种人就是"民"，这一个字就是"安"。也就是说，民生事务不容忽视，一切要以民众为出发点，重民、安民毋庸置疑是兴国安邦的第一要务。

吕坤不仅肯定了民众在物质财富创造上的巨大贡献和在国家兴亡上的决定性作用，而且从人性论和认识论的角度充分肯定了民众的智慧、人格价值和尊严。他说，人是理气的结合物，从人的现实性上来讲，由于"气质之性"的"异化"而有人性善恶的差异；从人的本质性上来讲，"义理之性"是人先天就具有的，这是纯粹至善的。吕坤汲取了儒家传统的"人皆可以为尧舜"的思想，提出不可轻视下层民众的智慧和价值，要尊重人的人格尊严。尽管在现实中有着权势大小、尊卑贵贱、高下地位的等级差别，但从人性来讲，即使是圣人的尧舜也和普通人有相同之处，通过后天的学习和努力人人都可以成为圣人。吕坤提出了"天地间人惟得道者贵"的思想，认为在真理面前没有什么尊卑贵贱之分，掌握了真理的人就是尊贵者，这一命题打破了权势至上性的限制。在这种意义上，吕坤强调了民众在所得认识、见闻上的真实性也往往高于统治者及其所属阶层，批判统治者不可"防民之口，甚于防川"，也就是说阻止人民进行批评和说话，必然会使见闻越来越壅塞，真知越来越少，下情不能上达，其危害可想而知。因而，吕坤充分肯定了人的价值和尊严，认为要体恤民情、体察民意，不可强夺或肆意违背民众的意志，否则就是自取其祸、自毁长城。

吕坤继承孟子"民为贵，社稷次之，君为轻"的思想，在对君主和民众的关系以及官制设置的问题的阐释中，再次申明了他的重民思想。吕坤针对封建君主极权专制作了一定程度的限定性批判。吕坤认为设置君主不是为了一家一姓的利益，根本目的是天下百姓的利益，反对把天下看作一己的"家天下"，把天下的财富看作是自己的产业而肆意挥霍，把天下苍生的生命视为儿戏而恣情肆虐，也就是不能将一己之私欲凌驾于万民公义之上，进而盘剥天下民众之利益去满足自我的穷奢极欲。吕坤深刻揭露了财富的有限性和君主的贪得无厌、天下困贫与君主独富之间的矛盾，严厉斥责神宗贪财爱货、残暴虐民的行径必然导致民不聊生、民心尽失，认为这种肆无忌惮的作为无疑是在自毁其身。吕坤认为君民之间的关系关键是要以"民之所欲"为根本出发点，"同民之欲者，民共乐之"，反之，"专民之欲者，民共夺之"。吕坤还进一步就吏治和民的关系作了一系列的揭示和批判，对官制的设置目的性问题的讨论也是他重民思想的重要发挥。吕坤认为设置官员的目的是为天下求人才，不是让他们凭借权势谋取私利而享受尊荣，也就是说，官员的设置不是为谋求富贵提供凭借，而是为国为民服务。吕坤严厉批判了当时官场风气的弊病，指责官吏们心不念民、口不谈政，只"在上官眼底做工夫"而不"在下民身上做工夫"，凡是有利于官吏私利的，天下通行，凡是有便于民、有利于国的，要么不能推行，要么推行了也不能持久，抨击官吏们将精力心思耗费在谄媚逢迎、升官发财、追名逐利上，而置公务、民事于不顾，最终是"国民两负，肥得此躬"，自身肥了，国家和民众却深受其害。这就完全违背了国家设置官吏的初衷，本为安民却变成了扰民。吕坤主张以"利于民生"为标准推行吏治改革，有利于民生的都加以恢复、推行，有害于民生的都加以取缔、扫除。吕坤对君权的批判和限制，对吏治、官风、官场心态的深刻揭露和反省，以及主张官制的设置基于为国为民的原则和以"利于民生"为标准的吏治改革都有一定新思想启蒙的价值。

吕坤"以民为本"的重民思想不仅体现在他为政的实践活动中，而且贯穿于他忧民忧国、实学实为的一生活动之中。吕坤在从政期间始终将民生问题作为第一要务，每到一方都能恪守职责、勤政为民。吕坤一生的所行所为、所思所虑表达了对民众的广泛同情。吕坤生活在一个帝国正在经历由盛而衰的历史性转折的时代，复杂的社会矛盾渐趋激化，下层劳动人民的反抗活动不断发生，统治者自然采取了残酷的手段将之镇压，并侮称之为"盗"，吕坤作为统治阶层的一分子自然也不例外，但吕坤能客观地、理性地分析和对待"盗"何以为盗的问题。吕坤揭露和斥责了统治阶级的极度贪残横暴：一方面横征暴敛，将天下财富聚敛于皇室、贵戚、官府、豪绅手中，导致民不聊生，另一方面严刑峻法、欺世盗名、丧理失义、乱杀无辜，致使民不堪命。在这种流离失所、饥寒交迫的情况下，盗也是死，不盗也是死，故吕坤对下层民众的反抗活动给予了理性的同情和理解，当然更重要的是在告诫统治者，"富民"才是古今为政的通则。他反对统治者和各层官吏搜刮虐待民众，认为"天生此民"及其应有之利益并非"士夫之鱼肉，官府之府藏"，可以任意宰割、肆意挥霍。吕坤的这种深刻认识和训诫应该作为千古从政者的警示铭。吕坤主张博施仁心，存恤佃雇民；反对放高利贷，酷刑逼债；对商贩，反对苛繁攘夺；反对劳役之苦，同情河工、采木工等的悲惨遭遇；反对盘剥虐待士卒，同情奴婢遭遇；反对苛刑峻法，重视狱情的调查，民命为先，重视人民的生命。吕坤对普通民众的生存状态和生活境遇表达了广泛的同情和关注，提出了一系列相应的"救时弊病"的措施和建议。

吕坤"以民为本"的重民思想是他讲学宗旨"天地万物一体"的具体诠释，也是他以"尧舜事功，孔孟学术"为终身急务的实际践行。吕坤认为"孔孟学术"就是以天地万物为一体，就是一个"仁"字：无毫发欠缺，仁具有整体性；无纤芥瑕疵，仁具有纯粹性；无些许造作，仁具有自然性；一心之仁，无分毫私欲；一身之仁，无分毫病痛；天下之仁，无分毫间隔；把天下看作自己的身躯，就能与万物相沟通；突破小我局限，才能四通八达。吕坤思想的最高境界和价值理念就是一个"仁"字，所谓的仁就是最高的道德理性，若将"仁"视之为"体"，那么"义"就是其"用"。吕坤认为学问的最终目的就是要践行这一体之义，就是大张无我之公义，消尽自私自利之心，敦化公己公人之念，这才是真实有用之学。吕坤极为赞赏张载"民，吾同胞；物，吾与也"之说，认为经由这至诚恻怛、恳切殷浓的自然仁心，由不得自己而亲亲、仁民、爱物，自然而然能推行许多公己公人、生息爱养的政治措施。基于此，吕坤指出作为一县之长者、一国之君者、天下之主者，胸中能有这般知痛知痒、恳切纯真之心，能急公好义、恪尽本然职分，使所治之民个个得其生，人人安其分，物物得其所，事事相协宜，也就是"使天下万物各得其所，此是尧舜事功"。吕坤的民本思想汲取了儒家传统的民本主义的资源，通过对现实的批判并赋予其一些新的内涵，具有一些值得肯定的理论价值，可视为明代晚期黄宗羲、唐甄等人反对封建极权专制的中国早期民主启蒙思潮萌芽的先声。

吕坤基于"以民为本"的贵民、重民、同情民生的思想，提出了"以理抗势""德主法辅"的政治公义原则和治国理论。

以理抗势

吕坤提出的"以理抗势"主张，不仅凸显了政治理性之于政治权势的至上性，而且充分汲取了先秦以来儒家倡导的道德优先于、顺导于政治时势的政治伦理精神，进而在极大程度上肯定了人的理性和意志在真理之于时势面前的独立和尊严。基于公理和道德的原则，对人格独立和尊严给予相当程度的肯定，是吕坤在政治上提倡"以理抗势"精神的显著特色。

在传统的政治统治模式中，道与王、道统与政统在现实政治生活中总是存在着矛盾或冲突。针对这两种关系之间的冲突和矛盾，儒家一以贯之坚持的主张就是尊道重德，通过礼制的统治模式实现王道天下。孔子提倡"为政以德"，通过"以道事君"协调道与王的关系，使王能遵道、行道于天下，通过"道之以德、齐之以礼"调和道统和政统的紧张关系，也就是经由道德教化和礼制统一来实现王道统治。孟子认为"天爵"高于"人爵"，即仁义道德高于权势地位，在二者的矛盾或冲突中，儒家的选择只能是"乐道忘势"或"以德抗位"，在不同的领域内适用于不同类型的价值标准。孟子认为，在政权系统内必然要有权势的大小和地位高低的区分，在社会生活领域则自然有血缘辈分和年纪长幼的区分，这种区分的关系中自然应运而生有尊卑之别；但在治国安民的社会的、政治的原则上，则应当以德为本，德或道才是平治天下的根本。荀子则进一步提出了"道高于君""从道不从君"的思想。这种以道德至上的政治理念和"以德抗位"或"以道抗势"的政治精神，在吕坤的"以理抗势"的政治公义原则中得到了更进一步的发挥和诠释。

在吕坤看来，所谓的理或道既有至上性，又有世俗性：作为"天下古今公共之理"具有至上性，是不以人的意志为转移的；作为"人人都有份底"的理具有世俗性，不是圣人、君王、君子等所专有垄断的。吕坤所谓的势，主要是指君主所掌握的政治权势，但也涉及变化中的时势。吕坤认为天地之间理与势是最尊贵的，但理又比势更为尊贵；势从于理，君主的权势当然也要依附于理，理是其合法性的根本依据，是否依从于理关系到君国天下的存亡，这也是"道高于君"的缘由所在。换言之，吕坤强调的"理"或"道"并不仅是高高悬置于上的、不可把握的天理，更是落实于"以民为本"政治理念实践中的人道；君王之所以能处在"权之所在、利之所归"的权势巅峰，是恃民众之力而成就的。他认为，得民心、民力则成势，失民心、民力则失势，普通民众的力量是君国天下权势存亡兴替的基础。吕坤所强调的"以理抗势"就是要坚持"理"的原则，也即"以民为本"的原则，甚至以不惜牺牲生命为代价勇于承担这一社会责任和义务去引导或限制君主权势必须服从于"理"而行仁道去治理天下；反对慑于君权神授（天子有命于天）而不敢矫正其屈直，拘守圣人之言而不敢辨正其异同。吕坤学贵自得、重实用，不人云亦云、随波逐流，他针对时势而言，合于理则顺之，悖于理则抗之，认为道没有边际，世事随时变化，理论和制度是在不断地丰富和创新中的，圣人不是真理的代名词。吕坤反对抱残守缺、因循守旧、循规蹈矩的卫道士们筑起的大堤防，主张锐意冲决它，以便"发圣人所未发""为圣人所未为"。这种不落窠臼、锐意刷新、冲决藩篱的精神，对当时流于空疏无用、僵化陈腐的学风、士风都有振聋发聩的作用。

吕坤既肯定了天地之间唯有道（理）为最贵的至上性，也阐发了天地之间唯有得道的人为最贵的世俗性。也就是说，在真理面前并没有什么尊卑、贵贱之分，谁认识或掌握了真理，谁就是高贵者和值得尊重者。因此，吕坤多次强调绝不可轻视匹夫匹妇、下士寒儒在认识真理和掌握真理方面的能力，赞扬他们在实际生活和社会实践中的真知灼见远胜过那些脱离了实际、实践而高高在上的统治者。吕坤阐扬在真理面前无贵贱、尊卑之别的人人平等的道德理性精神，无疑在政治上具有一定的进步意义，但其特色意义更在于很大程度上肯定了每个个体的人格尊严和理性自觉，因而具有一定的启蒙意义。

德主法辅

吕坤在治国方略上的核心理论继续发挥了儒家政治哲学的一贯主张和传统思想，主要观点仍是"德主法辅"。但吕坤更多地切合了他所处的时代问题和当下时弊，对传统的"德治""法治"及其关系作了相当程度的发挥，有一些颇有特色的见解，今天看来也有一定的借鉴价值。

在传统儒家政治哲学中，"德"与"法"关系的具体体现就是"礼"与"刑"的关系。孔子就"礼""刑"二者的关系谈道，"礼乐不兴，则刑罚不中；刑罚不中，则民无所措手足"。刑罚自不可缺失，但礼乐才是首要的治国方略。因而，孔子讲过"道之以政，齐之以刑，民免而无耻；道之以德，齐之以礼，有耻且格"。相对于政令、刑罚，道德教化和礼仪规约才能使民众莫不敬服，也才能使四方之民莫不来归。孔子强调德治是实现王道政治目的的根本途径，"为政以德，譬如北辰，居其所而众星共之"。整体上来看，孔子的治国思想的基本内涵是，将道德教化视为实行王道政治的主要途径，而以刑罚为主要内容的法治则是推行王道政治的重要辅助措施。孟子继孔子的"德政"之后，提出了"以德行仁者王"的"仁政"思想，反对仅凭借权势和强力的不仁不义之政，认为王道的实现，仁政的推行，主要取决于道德教化。但在孟子那里，这并不是全部，他将"德"与"法"的关系讲得更为贴切，"徒善不足以为政，徒法不能以自行"。可见，以德为主、以法为辅，德法兼用是儒家自孔孟以来传承而下入世治国的基本思想。吕坤提出的"以礼为主，以刑弼教"的治国思想以及对相关问题的讨论是对儒家这一传统的延续。

吕坤极为重视道德教化的作用，尤其重视对时代风习和世道风俗的教化和引导，以便达到移风易俗而有利于正道的目的。吕坤一生不论是在家闲居还是在外为官，都十分重视道德教化，在这方面他也撰写了许多通俗读物来宣扬之，如《四礼翼》《续小儿语》《宗约歌》等。推行利于移风易俗的道德教化被吕坤视为实行"德治"的首要任务，而吕坤所谓的"德治"就是要将施行仁义、实现王道作为政治的根本，认为天下的存亡，国运的兴衰，君王权势的消长都维系于民心的得与失，所以，"德治"首先就在于要能使下情得以上达，也就是要达民情、通民意。为政的目的应该是为民服务、为民负责。"仓廪实而知礼节，衣食足而知荣辱"，"德治"的根本还是在于上惠得以下施。物质生活是人生存的最基本需求和最基本权利，"民以食为天"，使人民物质生活得到基本的保障和满足才能赢得民心，才能使民众遵循社会的礼仪规范，与家国天下共荣辱、同患难。因此，吕坤认为"养民"——满足人民物质生活的基本需求，丰富人民的经济生活是王道政治的根本，这是关注、关心民生的第一要务，是政府政治活动的第一政务，舍此而求天下得以治理、道德教化得以推行是不可能的。吕坤继承了孔子"足食""富民"，孟子"民之为道也，有恒产者有恒心，无恒产者无恒心"的民本思想，强调为政必须使民众不饥不寒，使鳏寡孤独废疾者皆有所养，这也是王道政治的具体体现。"足民，王政之大本。百姓足，万政举；百姓不足，万政废。"这是吕坤所强调的，更是对统治者的告诫，即使是尧、舜，除此之外也没有别的更好的方法。"德治"关键体现在"以民为本"的重要性不仅是吕坤治国思想的主体，也同时体现在他为政的实务中。当然，吕坤多年的政治社会实践也使他对法治的重要性有着深切的体会、认识和思考。

中国古代的法律思想和制度、体系是以"礼义""礼制"

为基本原则和理论基础的："诸法合体，民刑不分"，刑法为主，司法行为和活动完全受制于行政，各级行政官员同时也是所辖范围内的司法官员；君主是法律制定的主体，法律以君主的意志为转移。在专制统治之下，法律就是少数统治者意志的体现，法治更无独立性和客观性可言。吕坤也无可奈何地感叹，官员如果想为有罪之人推卸罪责就引法律规定中的轻条，想加重罪责就引重条，在执法过程中处处都会受到权势者的意志干预。历代封建君王的统治都援引了法家的法、术、势理论，韩非子主张抱法处势而用术，"势"居于三者整体关系的核心，论证了君主权势至高无上的性质，把维护君主权势的理论提高到了哲学的高度。历代封建专制统治者将法视为自身权势意志的体现，看作是统御被统治者的工具，也是不断加强自身权势的政治权术。吕坤则从民本意识的角度提出了"以理抗势"的观点，同时也论证了君主的权势的消长取决于民心的得失，并不是有恃无恐不受任何牵制的。吕坤在三纲五常的社会人伦之上提出了一个"宇宙三纲"说，即王法、天理、公论。他认为君主的权势是应该受限制的，君主也有四畏：上畏天，下畏民，畏言官于一时，畏史官于后世。也就是说，上自天理，下迄民意，乃至言官的上谏和史官对君主言行和政务得失的秉笔直书都是对君权的限制，自然也是君主所敬畏的。此外，吕坤这里提及的"王法"并不是某一朝一代君主的意志体现，而是二帝（唐尧、虞舜）、三王（夏禹、商汤、周文王）时期的"圣王之法"。吕坤的主张并不是要复古，主要意在说明先圣"王法"高于"君"、高于"权势"，是法变中的不变之法，是匡正、防警暴君邪臣胡作非为的昭示。"以法抗势"，吕坤这种对法的认识和见解在专制体制下无疑是有进步意义的，是对封建专制下的法因最高权势者的意志转移而转移的限制，同时也与他所主张的从天下公义和民意出发"以理抗势"的宗旨是一致的。

儒家传统的治国理论不完全排斥"法治"思想。孔子也曾经说过，"听讼，吾犹人也。必也使无讼乎"！法律的制定和司法活动是为了达到教化的目的，而不是统治者树权立势、扰民虐民的政治权术。吕坤并不排斥韩非子等法家的治国理论，认为法治也是实现王道政治的一个重要方略，一定程度的严刑峻法是必要的，"以杀止杀"，对少数人的严惩是为了不杀，达到教化大多数的目的。当然，吕坤并不是将法视为一种纯粹的冰冷的统治工具，他认为法是本着天理、人情而制定的，自然要体现公义和公益，顾及民众的习惯、心理、情感和利益。吕坤强调在执法活动中要重视对触犯刑律者具体情况具体分析，注重对监狱情况和犯罪实情的调查，尊重生命，追求公正，敢为民命伸张正义，反对草菅人命，贪赃枉法，严刑苛法，这反映了吕坤在法治实践中的人道主义精神。有鉴于当时社会矛盾日益尖锐化，吏治黑暗腐败，民不堪命而时有起义发生的状况，吕坤立足于立法、执法的教化意义，主张不可变本加厉地滥法严刑、暴虐扰民，而要以"宽简"为主，立法不能太严苛，执法不能过于激烈，以便缓和社会矛盾。

"以礼为主，以刑弼教。"吕坤主张"德主法辅"，德治与法治从纲常伦理教化的政治意义上来看是统一的，从另一个角度来看，也就是吕坤主张的人治与法治的统一。当然，吕坤在强调法治不可偏废的同时，更为重视人治的重要性，认为在尧、舜时代可以任人而不任法，但倘若不在这样的时代，仅只任人没有不乱的，因此法治是必要的。但良法的制定、执法的公正，乃至整个法治运行的成败，又取决于立法者、执法者是否具有贤良的德行，因此德才兼备的法治人才是必备的。人治与法治之间有着对立统一的关系，如何处理好二者在治国方面的作用是一个复杂的话题。古代中国的法并不具备也没有以现代所谓的"法律"形式表现和存在，更大程度上是一种体现统治者权力或权势意志的工具，不具有任何独立性和客观性，因而在吕坤治国思想理论中法治也只能是人治（或德治）的辅助方式。儒家强调人治，古代中国的社会是一个人治的社会，吕坤的人治思想是在新的时代问题中对儒家传统治国理论的调整。吕坤的"德主法辅"治国思想尽管没有理论上的突破，但将道德教化与法制建设在"以民为本"的基础上有机地统一起来的一些颇有特色的见解仍有一定的鉴取和启迪作用。

乡约、保甲一体化的地方自治思想

吕坤主张"以理抗势""以法抗势"。他深知徒用高压的政治权势棒喝不能实现治理国家的目的，其反对君主专制统治的意向是极为鲜明的。因而，吕坤反复强调和重申儒家素来的养民、惠民、顺民、安民的政治主张：安民是目的，民以君尊而得以定；尊君是手段，君以民定而得以尊。吕坤反对极权专制，但对君主政体本身是维护的。虽然吕坤主张经世致用并积极投身于政治社会的实践之中，但他的政治理想则是要达至"无为无不为"的圣王之治。吕坤作为一个重于实践的政治家，在具体政治举措中多有建树，他的"乡甲约"合乡约、保甲为一，是一项前所未有的具有一定地方自治精神的基层管理模式。

乡约制度发轫于北宋熙宁九年（1076）陕西蓝田吕大均、吕大忠兄弟的《吕氏乡约》。北宋为金人灭亡后，吕氏兄弟的原著在关中失传，朱熹家中有此书，将其考据修订，使其逐渐流传开来。"乡约"制度，顾名思义，为乡人共同遵守的约定，是一种自发的、以地方区域宗族为单位的乡村组织，即推选德高望重者一人为约正，有学行者二人为约副，每个月另选一人当值，通过德业相劝、过失相规、礼俗相交、患难相恤以达到教化风俗为目的的乡村基层管理制度。

保甲制度为一种乡村政治制度，其最早可以追溯到商鞅变法，商鞅在秦国开阡陌，编什伍，实行连坐制，但其本质上是将军事制度应用于民间，其真正作为一种概念和基层政治制度则源自北宋时期的王安石变法。在社会基层实行保甲制度始于北宋熙宁三年：各地农村住户，不论主户或客户，每十户（后改为五户）组成一保，五保为一大保，十大保为一都保，凡家有两丁以上的，出一人为保丁，农闲时集合进行军训，夜间轮差巡查，维持治安。

乡约制通过奖善纠过、讲信修睦等措施，有利于风俗的改良，但目的在于维护社会基层宗法伦理秩序和推行特定意识形态下的道德教化。保甲制则合兵民于一，既有利于维护地方的治安，又加强了对农民的控制。这两制度在明代继续沿用并有愈加强化的趋势。这里以王守仁为代表略作说明。明正德十二年（1517），他巡抚南赣，颁布了类似于保甲制的"十家牌法"的一系列条文，以每十家为一个单位注册登记，互相之间讲信修睦、息讼罢争，负责稽查、缉捕奸盗，协助地方政府处理民事纠纷等。正德十五年又颁布了《南赣乡约》，一方面教谕同约之民孝尊敬长，教育子孙，和睦乡邻，患难相恤，劝善戒恶，息讼罢争，讲信修睦，做良善之民，形成仁厚的风气习俗；另一方面对"乡约"这一组织机构、负责人职责、活动方式、开会程序、礼仪制度等作了详密的规定。同约人中推举年高有德者一人为约长，下设二名副约长，又推公直果断者四人为约正，通达明察者四人为约史，还设知约、约赞等职，组织十分严密，各有其职权。通约之人凡有危疑难处之事，都须约长会同约的人裁处，如若曲意陷人于恶罪，则惩罚约长、约正等人。王守仁将原本民众自发的乡约活动变成了吏治的工具，把乡村宗族组织和地方政治功能统一起来，结合保甲制，加强了对乡民的监视和控制。这一制度在很大程度上正是基于他在镇压农民起义军过程中的认识的创设。

吕坤则认为乡约、保甲绝非两事，而是一体的：从治民、教民、养民相结合的角度来看，乡约和保甲都是基于基层民众管理的需要而设置的，只是二者功能稍有差别，乡约以劝善改过为主，以教化开导为主，保甲以惩恶除奸为主，以深究责任为主。吕坤将原为劝民的乡约制和安民的保甲制总为一条编，在较大程度上完善了乡村基层自我管理的制度。

乡甲制度的合一，实际上就是将治民、教民、养民统一了起来。一方面，加强了对地方的治安管理，如吕坤曾利用乡甲制镇压过白莲教起义的活动。吕坤在《乡甲约》中规定，本县及寄住的人民，在城在镇的以一百家为一单位，孤庄村落的以一里之内的人家为一单位，推选公道正直的两人分别担任约正、约副，以管理一约（一个单位）之人，再选善书能劝的两人担任约讲、约史，以办理一约之事，十家之内推举一人为甲长，每一家又以前后左右所居住者为四邻，一人有过错或有善行，四邻负有劝化和查访的职责，要据实上报甲长，甲长再转告约正，倘若一人有恶罪，四邻知而不报、甲长举报则要追究四邻的责任，四邻举报而甲长不转告，则追究甲长的责任，甲长举报了而约正、约副不记录在案，地方政府则要追究约正副的责任。吕坤将保甲纳入乡约，在劝善惩恶的民风民俗道德教化领域渗入了监督举报等政治控制性因素，使基层民众被纳入了一个相互监督的政治网络。

另一方面，乡甲制的一项主要职责就是道德教化。吕坤倡导兴复社学，以便教化百姓，净化风俗。吕坤建议在相应的地方设立社学，人口稠密的城镇二百家以上的设立一处；选拔一批贤良端正的人通过培训和考核作为师资，分配到各处社学；甲长负责查访本甲中的适龄子弟报给约正，以入社学，家境贫困艰难的可经过约正报官想办法安排；对童蒙教育要从长见闻、便日用、晓义理循序渐进，对成年人则可以通过喜闻乐见的弹唱等方式和浅显易晓的语言将封建伦理通俗化，以便百姓容易接受。吕坤在为政期间，每到一处都重视民情风俗、道德教化，对教育的重视本身就具有文化启蒙的意义。

此外，乡甲制还发挥着扶危济困的职责。吕坤主张各地普遍设立会仓和建立社会抚恤事业，以便达到赈灾济贫、抚恤孤残的"养民"目的。所谓会仓，就是根据贫富程度和人口的多寡，每月分两次将一定量粮食会集到所属乡约储备起来，每年二十四会，多积蓄的给予奖赏，不积蓄的加以督责，这样一旦遇到灾荒年便能使"家家有救命之资，人人有备荒之策"。另外吕坤还积极倡导筹建"养济院"，将六十岁以上无妻子兄弟的，十二岁以下无父母兄弟的尽数收入，他对各种失去生活能力的残疾人十分同情，给予收养抚恤。他还设立季节性的"冬生院"，内设火炕，配加草苫和棉被，从每年十月初一起至三月初一止，对凡在本区域内六十岁以下、五十岁以上的盲人都加以收容并给予衣食抚恤。

吕坤主张的乡甲制是具有一定独立性的地方自我管理特色的民间社会组织。吕坤反对地方政府无故骚扰、坏乱乡约，但从政治角度而言，强调了政府要严格控制、管理乡约，即"良民分理于下，有司总理于上，提纲挈领，政教易行，日考月稽，奸弊自革"。纳保甲于乡约之中，也就是将一种出于政治性目的的设置纳入了民间社会基层的道德教化组织之中。经明入清以后，乡约制度终于沦为政府控制乡村的一种工具了。但吕坤通过乡甲制关心下层民众的生活，注重对乡村的童蒙教育、风俗教化的推进，重视基层社会抚恤事业的建设，一定程度限制、缓和了豪强地主与农民之间的矛盾，具有值得肯定的价值和意义。

二、"以社稷苍生为己责"的济世思想

"均平"的经济改革

吕坤生于嘉靖十五年，中经隆庆朝，万历四十六年去世，作为一个从政二十余年的政府官员和有着思想新创活力的学者，他对明代中后期这一阶段以来的思想、政治、经济等方面

的趋势变化有着切身的体会和深刻的洞察。明代社会经济自嘉靖朝开始至万历朝中期，商业性农业获得了空前的发展，商业活动日益繁荣，手工业中的某些生产部门隐约地出现了资本主义生产方式萌芽，随着新兴城镇大量涌现，工商业人口大增，城乡市场的网络开始形成，海上民间贸易也得到新的发展机遇，与之相应的，张居正主持的经济赋税改革（一条鞭法）也在全国得以推广。但自万历中期开始，由于连年的战争，政局日益混乱，土地兼并因疏于节制而恶性膨胀，国家财政面临崩溃，人民群众生活更加贫困，社会生产又遭到严重破坏，社会经济开始趋向滑坡。其间，万历十年，张居正刚去世，神宗就迫不及待地扼杀了这场颇有生气的综合性的社会改革，使得一切改革成果付之东流，社会形势反复故态，各类社会矛盾再度紧张且尖锐化了。吕坤面对社会秩序的失衡和社会矛盾的激化，以及目睹人民群众生活困顿不堪、流离失所，提出了相应的经济改革和调整思想，主要体现在他"均平"的改革思想和"养民"的经济主张上。

吕坤的"均平"经济改革思想首先针对的就是土地问题。吕坤认为劳动人民是决定天下存亡的根本力量，是君国天下赖以生存的衣食父母。因此，不重视社会最底层的农夫、农妇们的生存、生活，无疑是一种自戕行为，而关心、解决农民问题的关键就是关注土地问题，使劳动民众能有一份自己的恒产。然而，明代中后期以来土地兼并愈见肆意疯狂，土地高度集中到地主、豪强、官绅、王公、勋戚、皇室等权势者们的手中了，贫富差距极其悬殊，这种不公导致社会矛盾不断加剧和社会形势的动荡不安。皇帝带头掠夺土地，大量设置皇庄，数目之多超越以往任何一个朝代的任何皇帝。神宗的皇庄达 214 万余亩。王公、勋戚、宦官通过钦赐甚至夺买等手段也大量占田。嘉靖时景王戴圳"越界夺民产为庄田"占地竟达数万顷之多。外戚如景泰时期的都督汪泉，庄田也有 16 300 余顷。神宗封藩福王于河南，一次性就赐给他 200 万余亩土地，河南不够就划山东、湖广土地过来。官僚和缙绅也通过各种手段兼并大量土地，如扬州地主赵穆一次就强夺民田 3 000 余亩归为己有。特别是乡宦，如嘉靖时阁臣严嵩在北京附近有庄田 150 余所，在家乡更是广占良田，一府四县的土地十分之七属于严家，又广置良田美宅于南京、扬州，多达数十所。首辅徐阶在苏松占田 24 万亩，拥有佃户几万人。在北方，京畿辖内八府的良田，半数被势豪所占；在南方，官绅地主占田也少者数百亩，多者数千乃至万亩。

针对如此严峻的土地兼并形势和人民少地、无地而生活艰难乃至流离失所的状况，吕坤认为天下民心、民意、民情只求一个"安"字，而治国平天下，关键就是讲一个"平"字，平则安，无公平可言则无安心可谈，天下不太平则民生难安定。因此，针对如此恶性的土地兼并趋势，吕坤认为救治的根本方法就是抑制土地兼并，实行"平均"土地的经济改革。吕坤在地方任职期间，提出地方政府的职能之一就是"地土不均，我为均之"。吕坤理想的土地制度是先秦儒家倡导的"井田制"，但这种理想化的土地制度不仅不适应春秋战国之际社会发展形势而没能实现，随着集权专制大一统社会的出现和发展以及土地私有制的变革，在明代实现这一制度也只能是一种空想。吕坤不惧于因张居正被打压而可能受牵连之嫌，极为赞赏并能勇于汲取张居正改革的成就，相应地提出既具有实际性又具有可行性的方案，也就是"清丈土地"。万历十一年，吕坤休假在家时发现土地有隐而不报偷逃赋税的，就曾力主清丈全县的土地。因为土地不清不均，赋税就不公平，尤其是乡宦豪绅地主借此偷逃赋税而加重了普通民众的负担。吕坤主张通过法律手段和劝诫方式相结合来解决土地隐匿问题，为此他曾作《戒诡地》诗劝说：

> 百亩能活八口身，立锥无地可怜人。
>
> 如何有土连阡陌，却怕当差寄里邻。
>
> 花名鬼户伤天理，跳甲埋丘昧己心。
>
> 越富越奸没尽足，分明折挫你儿孙。

鉴于实地清查土地受环境地理等因素的制约，吕坤的主张主要是通过行政手段实际均丈，除自我填报、互相监督等之外，还要设立检举箱惩奸赏报。他认为在这样的核查基础上就能很好地完成土地清丈的工作，也就能更好地实现赋税的均衡，既有利于国家财税的收入，也能相应减轻普通民众的负担，从而缓和社会矛盾和维护社会稳定。

吕坤"均平"的经济改革主要是针对赋税问题。在这个问题上，吕坤不仅探讨了如何实现"平均"赋税的问题，也较多地批判了赋税制度的弊端和政府赋税徭役的苛繁贪残。明中叶以来，由于土地恶性兼并、高度集中，政府控制下的人丁和土地的数量急剧下降，大地主们隐匿赋税，加之庞大数目的王室、官僚、缙绅赋税的优免，使得明政府财政收入逐渐减少，财政危机日趋严重，而政府的各项开支却与日俱增，皇室的奢侈糜烂和冗官冗食也极其惊人，无法克制的体制弊端导致政府不得不加重对控制下的民众的赋税负担，同时也造成了赋税的不均，沉重的赋税负担更多地被转嫁到贫苦农民的身上了。

明中后期，政府财政危机已经非常严峻了，嘉靖中期以后，财政收入已经濒临入不敷出的地步，每年财政亏空多者近白银400万两，少者也有百余万两。隆庆、万历年间，财政危机的恶化状况有增无减。隆庆元年太仓银仅存135万两，只足够三个月的开支，当时任户部尚书的马森面对如此境况无可奈何地感叹，如此匮乏的贮藏，平安无事的时候都难以应付，一旦有个什么不测的灾变，巨额的开支又将如何面对？现今，催逼急征，搜刮无度，名目滥杂，四方的百姓已经穷竭，各处的库藏空虚，如此的时势，即便是神运鬼输，也难以奏效了。万历中后期，财政危机的形势更加严峻。嘉靖、隆庆以来，地主官僚一边兼并土地，一边转嫁赋税，导致地方赋役征收紊乱，一些在明初规定永不征税的土地也开始被全部征收。万历中期起，朝廷派出大批太监为矿监、税使到全国各地督领开矿榷税，实则搜刮民膏民脂，榨取商人血汗，时称矿税之祸，导致民穷财尽，人民苦不堪言。皇室奢侈，滋生集团恶性膨胀，各级政府吏治腐败，苛捐杂税又被地主转嫁到贫苦农民身上，如此境遇下，劳苦民众在被敲骨捶髓式的盘剥下父鬻子、夫卖妻，十室九空。吕坤沉痛上书指责神宗，"地是这些地，民是这些民，又不是上天会下稻谷，大地会涌黄金"，如此涸泽而渔，导致的结局将是"失去人心，也就是破坏了国家的命脉"。明代中后期的江南流传着这样一首歌谣，揭露了当时赋税的沉重和人们生活的艰难："一亩官田七斗收，先将六斗送皇州，止留一斗完婚嫁，愁得人来好白头。"

陈继儒（1558～1639）在《吴葛将军碑》中记述了万历二十九年的一段事迹，也生动反映了当时宦官征商税扰民、坑民的实况，大致情况是：内监孙隆在江南各地遍设关卡，凡米盐、果蔬、鸡猪等无不收税。随从人员中有一名叫黄建节的人，是个极其喜欢阿谀逢迎的奸佞小人，当时正在苏州城某一关卡征收关税。一卖瓜小贩，进城初已纳税数个瓜，卖完瓜回家时换米四升，又被抽税一升。小瓜贩痛哭反抗，恰逢义士葛成等人相助，将黄建节打死了。于是葛成的义声大震，相从的人更加多了。太守朱燮元认为，兵是用来抵御外寇的，没有采纳用兵镇压的手段，而是率领属僚亲临市区抚慰众百姓。葛成后来自请入狱，万人哭送，四方商贾慕其高义，赠送百金而葛成坚拒不受，后来人们在江淮之间为葛成筑祠堂敬奉，其义举为当地人念念不忘。

针对万历中后期以来国家财政危机和赋税、徭役等的紊乱和苛繁，吕坤坚持并积极推行张居正经济改革中的"一条鞭法"，强调了税法的稳定性，主张立石碣刻定本县乡里的差粮几百、几十、几两、几钱、几分，上地每亩粮若干、差若干，中下地仿照此法纳粮出差，百年不变动，在税粮的征收上要以土地为依凭、为主，而不是以人头为主。这都有利于赋税的公平，在一定程度上减轻了普通民众的负担。此外，吕坤还强调了赋税的公开性和透明度：每年的总数要公之于众，严禁额外再加派，违者依法是问。吕坤同情贫苦农民的生活艰辛，主张对他们要适当减轻赋税，鼓励他们开垦荒地栽树种田，前三年不征税；对一般的小商贾市民，征收赋银也要适当，不能过度贪残扰民而使他们连一点锥末微利都不能获得。赋税的不均，更严重地体现在官僚缙绅不但拥有优免特权，而且勾结地方官吏，用"诡寄"（将自己的田地伪报在他人名下，借以逃避赋役的一种方法）、"飞洒"（指地主勾结官府，将田地赋税化整为零，分洒到其他农户的田地上，以逃避赋税的一种手段）等手段，隐瞒优免额之外的田地，把赋税转嫁给穷苦农民。吕坤主张通过清丈土地核查出这些隐匿的土地而避免偷税漏税，同时也在一定程度上减轻农民的负担。吕坤批评了对豪强大户和乡官的优免特权过于泛滥，指出一县之中四境之内优免者占十分之八，纳税应差的仅十分之二，下层民众敢怒不敢言，这确实是天下一大不平等的现象。吕坤还就自己家乡宁陵县为例，指出优免过滥，二十余年间，优免从不及四百顷以至九百余顷，如此下去差粮又将怎么征收？势必落在了贫苦小民的身上了。吕坤曾亲闻一贫民因不堪各种赋役重负和催逼，后来投井自杀，吕坤为之潸然泪下，痛责说，这就是替官绅们包纳优免差粮而困穷无处诉说，最后却选择了这样悲惨结局的同胞。鉴于这种优免特权的泛滥，吕坤提出了相应的限制策略，诸如乡官无论大小，庄房无论多寡，只免本身住宅一处，乡间大庄一处，其余家丁伙夫等，都必须和普通农民一样编派赋役。

此外，特别是从嘉靖到隆庆前后时期，东南沿海遭受倭寇侵扰，海外商路受到影响，商业资本转成高利贷涌向农村。万历年间，这种境况愈加严重，官商勾结大放高利贷，掠夺财富，坐收暴利，富者愈富，贫者愈贫，这又从另一方面加重了农民的负担和生存的艰难。这些放贷者一本万利，穷困的人民到期无能力偿还则反复加算，利滚利犹如滚雪球，无力偿还者往往倾其家产，或以子女代之，有甚者以死偿还。吕坤深刻地揭露了放贷者残酷的特点，试看《戒放债》一诗：

> 从来设债放羊羔，一月三分律有条。
>
> 色低数短忒残酷，坐讨立逼是豪势。
>
> 拶你家财无尽足，当你房地那宽饶。
>
> 不杀穷汉安能富，也与儿孙留下梢。

这些放高利贷者，不论是官还是商，或者亦官亦商，通过高利率、低成色、仗势威逼等手段掠夺穷人发财致富，如此吸髓敲骨般地盘剥榨干穷人的膏血，使其盗亦死，不盗亦死，落草为寇也是为生活所迫而不得已为之的出路。吕坤专门撰文为穷苦小民落草为寇的不得已辩护过，强调要惜民、爱民，首先要使民众能有基本的温饱，使他们能够生活下去，否则杀富济贫的寻求生存的绿林起义就不可能避免。他指出，不堪重负的高利贷也是一些穷苦小民被逼上梁山的原因之一。

吕坤严厉地揭露了高利贷是富人"不杀穷人安能富"的利器，深刻批判和抨击了高利贷的危害，规诫高利贷者仁慈向善而平借平还。这反映了吕坤对现实认识的深刻性和对民生的切实关注，这种思想和情怀是难能可贵的，但寄希望于高利贷者的自我道德约束却是无力的，这对于处在那个时代的他而言也是无可奈何之举。

"养民"的经济调整

吕坤的养民主张颇具特色，一方面是他的民本思想理论的具体体现，另一方面则是基于现实状况对经验事实的深刻分析。就其特色而言，从明清之际儒家思想的转移视角来说，吕坤的养民思想当是明清以降儒家的注意力从政治转向社会，藏富于民的富民论的先声，就儒家思想内在的发展而言具有极为重要的意义。

孟子曾讲过："民之为道也，有恒产者有恒心，无恒产者无恒心。"人心，是国家的命脉，要使民有恒心必使民有恒产，因此要重视养民，最起码的是要保障其有生存的基本条件。吕坤提出的以清丈土地为核心的改革，就是要在一定程度上限制和抑制土地兼并的恶性膨胀，就是要维护和基本保障小民能有自己的一亩三分地。鉴于现实中敲骨吸髓、涸泽而渔的严峻赋税状况，吕坤注重惠民，认为使民能有锥末微利可图也是养民的重要内容。孔子曾感叹"苛政猛于虎"，主张"养民也惠，使民也义"，就是要使民众得到实际的利益、好处，动用民力也要出于公义而不能为了私利肆意奴役、驱使。吕坤建议要轻徭薄赋，反对高利贷，不与民争利，他在赋税和徭役上的"均平"思想和主张以及对高利贷危害的揭露和批判，都是要求、告诫统治者不能苛繁盘剥、榨干民脂民膏而不养民，因为此举势必会影响到经济的发展和社会的安定。

"农本商末"也即重农抑商是古代中国传统农业社会里的基本经济原则，故而发展农业是养民的基本手段。农业是整个社会稳定的基础，是立国之本，发展农业自然成为历代王朝为政的基础。吕坤很重视农业生产的发展，认为这是养民、惠民、富民的根本，同时也是地方官员的基本职责。他曾写有《劝重农》诗：

天王二月便亲耕，第一生涯是务农。

地少粪多三倍利，禾少草净百分成。

人勤休靠觅中觅，牛壮还加功外功。

收得多时休浪费，口那肚攒备年凶。

吕坤劝民要勤耕细作，还要注重农学知识的普及，提倡相时相地制宜、科学耕作和管理。值得注意的是，吕坤还大力鼓励民间种植经济作物以富民，他有《劝栽树》诗一首：

> 栽树没人肯耐烦，那知树下也宜田。
>
> 核桃梨柿般般好，榆柳桑槐样样堪。
>
> 典卖也能应急曾，叶皮常是救凶年。
>
> 路边地界家墙外，多种些儿有甚难。

吕坤重视农业的生产和发展，强调要保证农时，反对政府在农忙时加派各种劳役，干扰农业的正常生产，同时还主张兴修水利推动农业的进一步发展。农业是根本，应肯定的是从富民的角度出发，吕坤能求真务实，不恪守陈规，鼓励发展经济作物。

明中叶以来，由于工商业的迅速发展，工商群体已逐步发展成为一支不可低估的力量，其社会作用也愈加显著，儒家重农抑商的传统原则也因此不得不在新的社会现实面前有所调整。吕坤从现实现状的分析角度出发，鼓励民间发展工商业，认为这也是实现养民的重要手段。吕坤认为士农工商都有养民的方式，都有助于经济的发展，主张政府鼓励和督促民间的工商业发展。

前面已经谈到了吕坤很注重民间基层社会组织的建设，他的乡甲制也是其养民思想具体实践的体现。就乡甲制而言，就是将移风易俗的道德教化和缉奸禁盗的安民实务相结合的养民举措。吕坤的乡甲约制度在一定程度上就是为基层农村社会建立了一项社会性的保障和福利事业。吕坤倡导兴复社学，还破天荒地提出选拔一批贤良端正的人通过培训和考核作为师资，分配到各处社学，建议官方扶助贫困学子，通过通俗化、多样化的方式教化民众，实质上这正是一项养民的长效性方略。传统的农业社会里，社会生产能力和技术能力相对低下，因而抗拒天灾的能力也十分有限。吕坤从政多年，对灾荒给人民群众带来的困苦和灾难有着切身和深刻的体会，因此他很重视救荒工作，在这方面的未雨绸缪的建设性工作很出色。吕坤主张各地普遍设立会仓和建立社会抚恤事业，以便达到赈灾济贫、抚恤孤残的"养民"目的：重视积贮，一旦遇到灾荒年便能"家家有救命之资，人人有备荒之策"；建立"养济院""冬生院"，存恤、收养鳏寡孤独废疾的人，使他们都能得到基本的生活保障。此外，鉴于明初于府州县所立医政的缺废、庸医横行、害人不浅的流弊，吕坤很重视民间医疗工作，主张振兴医教，将其纳入养民的举措之中。他一方面重视医学典籍的整理、鼓励医生专一而精的医学学习，另一方面重视医学人才的培养、引进和医学、医疗知识的普及。在整顿地方医疗事业秩序的同时，吕坤强调政府要经常关心民间疾病流行的情况，及时寻求治疗的对策，尤其是荒年时瘟疫颇多，要配备专医及早诊治。关心民众的身心健康是吕坤乡甲制等基层农村制度中"养民"的重要内容，很有特色。

吕坤"均平""养民"的经济调整和改革思想，既是儒家传统民本思想的延续和发展，也是在明中后期以来基于社会现实政治、经济形势的转变而引发的儒家思想转向民间社会"移风易俗"的一种新发展的体现。

第 6 章

"我只是我"：一介实儒的真精神

"我只是我"，这是吕坤对自己一生的真实写照：既是他特立独行个性品质的凸显，也是他求学、治学贵"自得"的独立性宣言，更是他求真务实处世、经世的人生态度。吕坤一生之性情，既至孝至情以推及先天下之忧而忧，也刚介峭直以推及后天下之乐而乐。反映在他为学、为政方面，突出的特点就是不隅于褊狭而特立独行的"我就是我"，为学尚自得以就"正学"，为政不屈势以求"实政"。吕坤求真笃实、学以致用的人格风范与淑世精神，确为明清之际批判理学末流、时政弊病而诉诸经世致用之学的先声。

一、吕坤自评

吕坤自谓，起初给自己取字"顺叔"，后改字为"简叔"，取意于《易》"坤以简能"。吕坤认为，"简者，造物之初，至道之精，万物之命，万事之府"，是天道造化、万事万物的本然之性。坤以简能，"地势坤，君子以厚德载物"，得之则可以御天下、养身心。"简"是人生天地间的一种至妙境界，是道德崇高、超凡脱俗、顺应自然之"至人"的独到造诣。吕坤以意简、语简、事简、欲简、知务之简为处世箴言，即以"简"养德、修身、知务、经世。吕坤很重视自我的勤修身、简（俭）养德，又自号"新吾"，即有"去新后之旧，还旧时之新"以复归纯然本真的道德修养蕴意，诚如他作的《新吾箴》云，"有天地时便有吾，则吾者，旧吾也。自吾生，而旧者新矣。身新而洁，心居新身而未变，是吾新乃吾旧也。情窦开而吾身与吾心俱染矣，日开则日染矣。至染日积，忘其为染，遂若本来时。嗟嗟！兹不知其为何如人？以为旧邪，非吾旧时旧矣；以为新邪，非吾新时新矣。余将去新后之旧，还旧时之新"。

可贵的是，吕坤重视自我磨砺、修身养德，不是局限于埋头故纸堆的经卷研习里，而是致力于在各种生活方式中自我实践磨砺。吕坤"学颜子之学"，体悟颜子在陋巷而乐仲尼之道；"志伊尹之志"，践行伊尹耕莘野（有莘，古国名。伊尹初隐之时，耕于有莘之国，后以"莘野"指隐居之所）而乐尧舜之道。他说，"天下万事万物，皆要求个实用"，为学有致于用，才是实学实用。吕坤既反对空谈性理、不痛不痒的空疏无用，也反对埋首经卷、醉心功名的褊狭迂腐。故而，吕坤能严于反躬自省、自律修身，如他在《身箴》中言及"扩那浅狭底心，定那浮躁底心，降那骄傲底心，止那贪求底心。恩没多施了底，活没少说了底，事没错忍了底，心没过慎了底"，又能于仕途之中摒绝世态而心系民生，如在《仕箴》中言及"民饥而我梁肉，如茹荼毒；民寒而我褐裘，如披荆棘；民愁而我歌拍，如闻喑咽；民劳而我安闲，如在痌瘝。既云父母，与儿女同甘苦，若痛痒不相闻，此何异于路人？"因此，他主张广布仁恩于万姓，留取清白于来者。吕坤积三十年心血成就的《呻吟语》，体现的就是他对亲历亲闻的社会、政治、世情的体验，以及在批判与自我批判中而执着于对真理的不懈求索。他在该书序文中说："呻吟，病声也。呻吟语，病时疾痛语也。三十年来，所志《呻吟语》凡若干卷，携以自药。"鉴于病语狂，不敢以其狂者惑人听闻，因而"择其狂而未甚者存之"。这是他对人世间冷暖沧桑、宦海沉浮的独特感受，也是对个人、人生、国家以及天地宇宙的各种现象的独到见解和认识。书中反思和批判的求实思想和精神贯穿始终，多有精辟之见，读其文如见其人。

吕坤不仅自己以"学颜子之学，志伊尹之志"为座右铭而终身践行，也鼓励后进者打破世俗世界中竞奔走于世态而不念民生的熟套陋规，主张能"以伊尹之所志为己任，以社稷苍生为己责"。吕坤自谓"薄命拙人，短于谋身而长于忧世"，晚号"抱独居士"。冀一生实学有志于实用，但时运不济，晚年的吕坤慨叹："今已矣！欲有所言，竟成结舌；欲有所为，竟成斋志。"他只能怅然"卷独知之契于一腔，付独见之言于一炬"，祈望"将一寸丹心献之上帝，任其校勘平生；将两肩重担付之同人，赖其挽回世道"。《老子》中言："知我者希，则我者贵，是以圣人被褐怀玉。"吕坤所号"抱独"，既有对真才实学之人命运的慨叹，也是对不拘一格降人才的期望，或许于《抱独》一诗中也可窥其心意：

骊龙有隐珠，终日惧批鳞。

鲜鲜翡翠羽，安能保其身？

薄命乃多才，高名与祸邻。

欲求怀玉者，当是被褐人。

吕坤特立独行，是一个求真笃实的儒士。他自谓平生不贪财、恋位、好名，秉公尚实而摒私去伪，勇于担当，于己"一身罪过都是我心承当"，于公"两间罪过都是我身承当"。同时，他在学术上熔铸百家、多有创见，故而他也是一个极具批判精神的实学经世的儒士。

二、实学批判的"真精神"

"我只是我"既是吕坤特立独行、为人处世的个性体现，也是他为学不偏一隅而贵"自得"、求经世致用的独立性宣言。这反映在他学术上的主要特点具体体现在，一方面敢于打破传统、不迷信权威，破除门户之见、熔铸百家，坚持了理性主义的批判精神；另一方面是极为重视学以致用，高扬了经世致用的实用主义精神。

实学的"真精神"

吕坤认为，作为一名学者，首先是要"做人"，也就是必须保持独立的人格，在学术上坚持自己的主张而不随波逐流，原则是"此心果有不可昧之真知，不可强之定见，虽断舌可也，决不可从人然诺"。吕坤反对踩着别人的脚跟走，也不主张一味跟着圣人走，提倡各人走各人的路。他在思想成熟期间著《呻吟语》时就自称："我不是道学，我不是仙学，我不是释学，我不是老庄申韩学，我只是我。"晚年注述《阴符经》时再次体现了他的这种为学方法和精神，他自述"余注此经，无所倚著，不儒不道不禅，亦儒亦道亦禅"。吕坤批评说，自有《阴符经》以来，为之注疏者不啻百家，但都偏执于或儒或道或禅一家之见，如此反倒使三方面的见解都有偏失，也就不能充分体现出该书熔铸诸家学说的"真精神"和切实功用。吕坤很是赞赏宋儒张载"民胞物与"之说，认为能说出这一番话自然是胸中当下即有这般视"民，吾同胞；物，吾与也"的着痛着痒的心，不然只是做戏一般了。他主张天下事只是要心真，真学才是真正的实学；假若一生了悟性命、洞达天人，而不关心国家之存亡、百姓之生死、身心之邪正，这只能造就一批迂腐、虚伪之徒。吕坤所坚持的儒学"真精神"，即如张载所言的"为天地立心，为生民立命，为往圣继绝学，为万世开太平"，是兼具"内圣外王"而合一的救世精神。也正是这种济世利民的求真务实态度和坚持真知灼见的实学精神，使得他能勇于冲决传统弊规时套，批判百家，力倡经世致用之学。

吕坤力倡实学，反对靡文淫巧的风气。他认为天下万事万物都求个实用，这与个人的身心修养息息相关。他认为，作为一名儒者，当下的急务不专在谈性理、天命，讲玄理、阴阳；真正的儒者，须投身于能建功立业的学问，即真正的学问，这既是急务也是难事。吕坤指出，古时强调的"格致诚正修齐治平"八大进学纲目合起来一起作，其实"格致诚正"修养身心的目的就是作用于天下国家。因而，他毫不客气地批评当时的一些不良学风，斥责某些学者拾人牙慧余唾，空谈性命玄理，

"念不及民物，口不谈经济，学不本诚敬，心不存惕励忧勤"，无疑是"为晦夜布浓云，砌康庄为鸟道"，于世教毫无补益，即便是聚会讲学，也不过是理会古人多年来的卷宗，拾将起来详加研磨，深入探究，没完没了，终究不过是在"性理书上添了'某氏曰'一段言语，讲学衙门中（又）多了一宗卷案"而已，但当其身入仕途却只是一介迂腐之儒，唯一利处也仅是成就了一己之身的私德罢了，于世功亦无补益。因而吕坤提倡，"非常道不由，非日用不谈，非实务不求，非切民生国计不讲"。吕坤对平时袖手空谈性理、狂放恣肆的人，皓首穷经、书痴不化的书呆子，以及全身心醉意于功名利禄之中的人深恶痛绝，因为这些人全然不尽心于甚至无知于"治国平天下"的经世事业，一旦面对严重的社会现实问题乃至攸关存亡的危机时，不是空发牢骚、束手无策，便是不痛不痒、退避三舍。吕坤所持经世致用的批判武器，确实是"先天下之忧而忧"的深思远虑。明亡之际即有《甲申殉难录》中某公诗曰："愧无半策匡时难，只有一死答君恩。"吕坤对这种空疏、迂腐学风的批评，实为明亡后处处可闻可见的讥刺明儒"平时袖手谈心性，临危一死报君王"之先声。这也充分说明了自明中后期以来确实存在严重的学风问题。诚如吕坤所指出的："世之病讲学者，其学有二：曰伪；曰腐。伪者，行不顾言；腐者，学不适用。"此即批评伪儒言行不一致，说得头头是道，行为却与之相乖；批评腐儒纸上谈兵，虽口若悬河、天花乱坠，一旦临事，束手无策。吕坤认为，"宇宙之内，一民一物痛痒，皆与吾身相干"，因而使得天下万物能相安相养、各得其所，也是每一个人的本分、职责。吕坤所强调的是实学实功、经世有为的精神，批评的是终日碌碌只为一己之私而将圣贤垂世立教之意，也即将合内圣与外王于一的价值追求辜负殆尽了的不实学行。天下事只要个心真，有着一颗着痛着痒、求真务实的真心，建业立功对于真正的儒者又何尝是一件难事！唯真求实、经世致用，这是吕坤投诸各方面批判的武器。

经学批判

吕坤首先（注：这种排序仅为叙述方便，下同）将批判的目光投向了经学。经学是我国思想文化的源头，在文化史上占据着极为重要的地位。自汉代以来，一些儒家学者与统治者的合力使得经学越发教条化，同时兼具神圣性与一定的法律性。学术与权力联袂形成了一张坚而难破的网纲，自然严重地束缚了学者们的思想。吕坤曾就经学的权威及教条化弊病有所描述，指出对经学敢于质疑者、意欲冲决者虽颇有人在，但终在被冠以"诋诃先贤、变乱成法"的罪名中销声匿迹了。尽管如此，吕坤还是本着唯真求实的态度，提出了自己对经学的独立看法和观点。吕坤赞赏自得学问，目的就是不要踩着别人的脚跟走。他对株守秦汉以来的见识而与人争论是非不休很是不以为然，认为学识应当从三代以上而来，甚至提出"越过六经千圣"直接体悟天道的方法。在吕坤看来，道是天下公共之理，既具有至上性，也具有世俗性，是人人都有份的，不仅圣人对道没有垄断权，也不能将经书直接与"道"等同划一，这即是他提出的"道不自私，圣人不私道"与"言语者，圣人之糟粕也。圣人不可言之妙，非言语所能形容"命题所蕴含的内容。这既体现了吕坤不恪守圣人、经书的离异态度，也体现了他对言语局限性的洞见，以及对后人必有度越前人的创新能力的肯定。鉴于此，吕坤深刻批判了汉宋以来解经诸儒，泥文拘字，破碎牵合，不近人情，不合物理，偏失于天然自得之趣、本然自在之道，反而成为后世学者为学藩篱。言不尽意，经书之文并不是天道的穷尽。在对经书的处理方式上，吕坤也有自己的独到观点。一是"穷经"，就是所谓的文本研究，重视的是对文本的注疏、考据，力求逼近真理；一是"引经"，就是所谓的义理诠释，重视的是对文意的阐发、广义，海阔天空而有所破界。吕坤指出，能"穷经"则使理益加精细，能"引经"则使理愈加通畅。从求真的角度来看，吕坤并不排斥"穷经"，但他更青睐"引经"，曾明确提出对经学可以"断本章而取他义"。这种不循规蹈矩的"破界"式经学态度大有"六经注我"的风格，其更深层的现实意义多是基于使学术能有功于经世致用而对当时僵化、空疏学风的批判。

吕坤对《春秋》是非观的质疑即是一例。司马迁说，"孔子厄而作《春秋》"。孔子生逢变革之世，身处困厄之时，所编订的《春秋》句词质简，字字针砭，其微言大义的风格被称之为春秋笔法，该书也成为代天讨罪之书。但吕坤就《春秋》"是非其是非而讨之"，意即对《春秋》所秉持的是非观本身提出了质疑。吕坤认为，是非之权大于天、大于君，而《春秋》代天讨罪，可谓之为既定之天，扮演有天之天的角色，但《春秋》因犹有徇爱憎之情而有所私，亦因犹有趋避毁誉而失于公。也就是说，《春秋》的微言大义，字字针砭的是非并没有完全做到求实唯真、公而无私，因而就其是非本身的质疑是可行的。朱熹曾著《资治通鉴纲目》，被比拟为《春秋》而具有一定经典的神圣性意义，后人对此噤若寒蝉，莫敢质言，吕坤却撰写了《纲目是正》以纠其错失，认为朱熹宗奉、拘泥孔子笔法而仍有所避讳，自然失去了对历史本因无所忌讳的真义。

再如，吕坤对"三礼"的态度，尤其是针对《仪礼》中一些烦琐、褊狭的礼仪制度提出了批评。中国素来谓之"礼仪之邦"，诸种"礼仪"在封建时代的中国都具有维护等级制度和社会统治秩序的基本作用，并被制度化乃至法典化。于是"礼"在一定意义上就是"法"，但本质上传统中国依然是"人治"社会，并不是现代意义上所谓的法治社会。老子《道德经》有言，"为学日益，为道日损"。吕坤不可能否决等级制度，当然对礼仪制度也并不是全盘否定，只是对因偏执于烦琐、貌似于近古而使之流于形式主义的礼仪提出了批判。他认为偏执于绝对、烦琐的礼仪不仅起不到规范、调节个人、人与人、人与社会的作用，反而严重地压抑和束缚了人的情感和个性，也就失去了创制礼仪的初衷。吕坤认为制"礼"本于"人情"，人"情"本真、本自然。因而，礼仪过于烦琐必使情脱离自然而必然会导致种种违背常情之事发生，流于形式主义而以文饰情反而不近人情，乃至必丧真情。吕坤晚年曾针对朱熹的《家礼》作《四礼疑》，对宋儒"不察礼之情"而使之愈加烦琐提出了诸多批评，主张礼要本之于真情、自然，要去繁就简。吕坤还对当时解说《中庸》《易》流于神秘主义的风气给予了批评，称为"晦夜添浓云"，主张要"似青天白云"，也就是要用理性的、开放的视野来看待经典文本，注重其常识性和实用性，而不是沉溺于奥妙玄谈。这种勇于冲决经典教条束缚的学术怀疑精神是难能可贵的，于彼时冲决经学藩篱有很强的冲击力，于当下也有深刻的鉴取意义。

诸子学及释道二教批判

　　吕坤接着对先秦诸子学说以及释道二家学说提出了自己的看法。诸如他把老子的"不见可欲，使民心不乱"称为"闭目塞耳之学"，认为这种对"可欲"之物视而"不见"、听而不闻的逃避主义无疑有些掩耳盗铃、自欺欺人的意味，真正的圣贤功夫正是在"可欲"上做到了"把持"乃至"两忘"。这充分体现了吕坤对人欲的关注和思考。重视人欲就得关注人的当然之则（社会规则），如人伦、事理等社会性因素。但人类群体的社会性和自然性是不可分割的统一体，其自然性，即自然法则必然不可忽视。吕坤批评了庄周、列子不尽人事而一任自然的观点，责难道，如舍弃了人类的社会性，人类何以成为人类？在吕坤看来，理是当然（人伦）和自然（物则）的统一，"理所当为则自强不息，所不当为则坚忍不行"，就人类社会而言，当然之中已经预设着人为的自由（自然），因而真正的圣人之道是，"只说个当然，听那个自然"。也正是在这个意义上，吕坤严厉批评了那些隐逸之士，"洁身娱己，弃天下理乱于不顾"而遁世逃避，虽自命不贪荣华恋权位而一任自然，但于世无补。吕坤虽致力于恪守儒家正统之说，但其治国济民立足于求真务实而不墨守成规，认为儒家王道之治也是融合了数家之精华，诸如申不害、韩非的刑名之学也是王道之治综合体中的一部分，不可偏废。吕坤在政治思想上并不排斥法家，对管仲、范雎、苏秦、张仪等所谓的"下等事功"也极为肯定，认为他们"趣向虽不正大，手段都是现成"，但确确实实都拿得起放得下，作出了相应的成就。

　　吕坤对经学及诸子是以一种开放式的态度来评述的，批评、肯定之间更多的是吸收，也正是有这种熔铸百家的气度，才使后人称他学术上多有创见。吕坤在学术上也很重视正统和异端之别，自然对释道二教之学也多有评述，但他坚持的批判武器仍是求真务实、经世济民，用他自己的话说就是"明体全为适用"。吕坤从多角度评判了儒释道三教的相异：在本体论上，儒家讲一，一即理，理无形而蕴含于气之中，本体实理实存，释道两家也讲一，但一之上有无，无着无落，本体归空蹈虚；在方法论上，儒家体用不二，重在用一，释道两家只是守一；在修养论上，释道绝情去智，出世离伦，是要灭绝人的一切欲望，儒家却是要以理摄欲，使之合乎不偏不倚的"中道"。吕坤认为，"天理人欲，同行异情；道心人心，本同一贯"，没有人心不可以为道，离却人心也不能见道，道心寓于人心，本人情才能求得天理。因而，他批评了释道二教专一留心于道心而去人心，灭绝百欲而归于无欲，也就是绝情去智、出世离伦。吕坤肯定人情、人欲的正当性，但反对纵情、纵欲于声色货利。他认为，在修养方法上，儒家注重敬义夹持、内外兼修而随时用功，即于日用常行中随时随处体贴、领悟，佛教则脱离日用，瞑目端坐，却在禅定、顿悟之中归于空寂。在这方面，吕坤认为身心的修为只能从其邪正方面下手，如果不论心的邪正而仅谈心的出入，就易于滑向禅定之学，失去了实存的本根。当然，吕坤对释道二教的批判并不是绝对的，他也能在异中求同，汲取其中有益的养分。吕坤肯定了儒家的节欲观和释道的无欲论在境界修养上的诉求可谓殊途同归、百虑一致，有相通之处。再如吕坤在为学功夫上对"静"的肯定，在礼仪制度上对"简"的主张，诸如此类都蕴含有一定释道思想意味。

理学批判

不过更应值得我们关注的是，吕坤对学术求实务实的批判精神更多地体现在他对理学的批评上。吕坤的主要思想前面章节已经大略叙述过了，他批评理学并不是反对理学，在思想体系归属上可以将之划入程朱学派范围内。因而，吕坤批评理学从本质上来看，仍然是理学内部学术径路分歧的问题；从意义上来看，其现实批判大于学术批判。吕坤曾强调过："有异端之异端，有吾儒之异端。异端之异端，真非也，其害小；吾儒之异端，似是也，其害大。有卫道之心者，如之何而不辩哉?"如此看来，吕坤对理学的批评是从经世致用的现实基点出发的。就理学内部而言，吕坤批评的是程朱、陆王诸学派末流的那种僵化、迂腐、空疏、放浪的"异端"学风，指向的就是那些"学不适用"的"腐者"以及"行不顾言"的"伪者"。

前面已经提过，吕坤认为学术如果不关心国家之存亡、百姓之生死、身心之邪正，只管信此驳彼、服此辟彼，抑或横说竖说、聚讼无息，即使汗牛充栋也只不过是使讲学衙门中多了一宗卷案，使陈旧卷册中多添了些故纸。也正是在这个意义上，他批评汉代儒者粗浅世俗，尤其是魏晋玄学"清空自贤，著色为污；口吻相高，犯手为俗"，结果导致"人废职业，家尚虚无，不止亡晋，又开天下后世登临题咏之祸，长惰漫放肆之风，以至于今"。吕坤特别指责了当时学风"不归陆则归朱，不攻陆则攻朱"，不是相互标榜门户，就是拾人牙慧，完全脱离了攸关社会现实的"今日急务"。吕坤一反宗派、门户局限，于纷繁聚讼中自觅路径而提倡学贵自得，因而他的自得之学特色并没有流于猵狭或独断，而是在开放、融合中归于求真务实。

吕坤对宋儒周敦颐的"圣人无欲"观点提出了责难，认为"欲"只有公私之分，并没有有无之别；圣人可以说是大公无私，若说无欲则会坠入释道二教之中。他还批评了程颐的人性论不透彻，有将天地之性与气质之性对立为二的缺点，推崇程颢的性是天地之性与气质之性的统一的观点。他认为，意即善是性，恶也不可不谓性，天地之性寓于气质之性，气质之性并不就是恶，恶之所以为恶，是气质之性的偏失所致。吕坤对张载的思想多有汲取，他极为赞颂张载"民胞物与"实心实作的思想。他还就朱熹的"圣人生知安行，更无积累之渐"的理学观点提出责难，认为圣人自有其自身的积渐，只是不为一般人所测知而已，并非生而知之。

吕坤与之交游并批评最多的是阳明学派中人。前面章节多有提及，如"北方王门"的孟我疆、杨东明，"江右王门"的邹元标，"浙中王门"的张元忭，以及学宗阳明的孙丕扬等人，此处不再赘述。这里仅简述吕坤从学理上对王学的一些批评。在本体论上，吕坤将批评的锋芒直指王学的"良知说"，认为王阳明所说的"良知"是在情上立脚跟，是把意念发动的端绪认作了根本，也就是在萌芽上着力，倘若本枯根断，还有什么"良知"可言？就其功夫论而言，吕坤认为阳明学的"致良知"也仅是用力于离弦之箭，即使能发见"良知"，然而没有根本，其结果也只能是随发随散了。在人性论方面，吕坤批评了王阳明所谓的"至善者，心之本体"，意即良知就是人的本性，良知是至善的观点，认为现实实存的只有"气质之性"，是有善有恶的，"天地之性"（抑作"义理之性"）虽为人性的根本，但不能脱离气质之性而谈抽象的义理之性，倘若没有气质，只是一个德性，人人岂不都是生而知之的圣人了？吕坤认为情（良知）之上有性，性之上有天，以天为道，道之大原出于天。他这是运用程朱的"理本论"人性观来批评王阳明"心本论"的先验的道德本体"良知"的，势必存在着很大的误解，将王阳明的"良知"等同于"情"就完全误读了王学最基本的概念。尽管吕坤对王阳明之学的批评存在很大的误读，甚至降低了其理论深度，但其批评更多倾向于对理论认识的去神秘化，倾向于对修养功夫的可把握性和可操作性。这一点鲜明地体现在吕坤对王学"知行合一"观的批评上。王阳明反对朱熹的"知先行后"观点，认为这是将知行分作了两件，也就是将道德认识和道德实践割裂开来了。因而，王阳明提出"我今说个知行合一，正是要人晓得一念发动处便即是行了"的"知行合一"观点。王学的知行观立基于其"致良知"之说，将人的道德认识和道德实践关系问题从（客观）外部世界扩充到（主观）内部世界，赋予了"行"新的内涵，即"一念发动处"，也就很高妙地解决了知行的对立统一问题。当然，理学中的知行观有其特定的讨论范围，重视的是伦理生活的问题，并不是泛指人的一切行为或社会实践。在这个意义上，朱熹的"知先行后"讨论的是行是知的现实，行必须接受知的指导，这在伦理生活中也是有其合理意义的。吕坤对王学的知行合一论不以为然，认为这种观点是知行不分，抹杀了知行的分界。吕坤指出："工夫就是两项。""知是一双眼，行是一双脚。知也者，知所行也；行也者，行所知也。知也者，知此也；行也者，行此也。"他的知行观在强调知行即道德认识和道德实践的主客观区别（或谓之"对立"）的同时，在主观见之于客观的过程中实现了知行的统一。吕坤的这一辩证的论证确实非常精到，"工夫就是两项"，但知行"原不是两个"，是理学知行观在理论上的进一步深化，更彰显了其求真学、重践履的精神。

此外，吕坤对明中期以来王学后学中的空疏放浪者给予了尖锐的批评。他批评王阳明的门人周伯时说，"刻意讲学，尚是傍人脚跟走，无一副自家天趣"，所谈内容也多是天道玄理，不能接引后学。他批评王阳明门人泰州学派的王艮，说他"每以乐为学。此等学问是不曾苦的甜瓜。入门就学，乐其乐也，逍遥自在耳！不自深造真积、忧勤惕励中得来"，认为为学如此刻意学乐，易使心念散失难收，势必流于猖狂自恣。他对李贽的"童心"说批评得更加尖锐，认为"童心是作人一大病"，"童心、俗态，此二者士人之大耻也。二耻不脱，终不可以入君子之路"。李贽提出的"童心"就是真心，即所谓的"一念之本心"，实质上是个体真实感受和真实情感的"私心"的体现，而这个"私心"恰是个体心之真、人之真得以成立的依据。李贽的"童心"彰显的是个体"私心"内在真实的情感和欲望。吕坤将之视为声名、货色，等同于种种俗态而加以严厉批评，这也反映了他在学术思想上的局限性。尽管他力主打破各种形式主义或教条主义的羁绊，但维护正统的卫道意识使他在冲决藩篱的路上较之王门后学所行并不远。

吕坤力图突破经学藩篱，评判诸子百家、释道二教，批评理学末流，一方面旨在求真学、实学以维护正统之学的纯洁性，另一方面则熔铸百家、博综贯通而自得其学。吕坤的实学批判体现的是一种求真、求实、开放的、融汇的理性精神。他评估众学并不是要一言独断，而是冀望皆得纯正自然，各鸣其声。吕坤主张："万籁之声，皆自然也。自然，皆真也。物各自鸣其真，何天何人？何今何古？六经，籁道也，统一圣真……故见各鸣其自得，语不诡于六经，皆吾道之众响也。不必言言同，事事同矣。"可见，吕坤主张百家争鸣，"各自鸣其真"，主张自得为宗，"各鸣其自得"。他曾自谓，"不儒不道不禅，亦儒亦道亦禅""我就是我"。吕坤的这种为学精神对于打破学术垄断有着积极的意义，同时在思想上也潜隐着打破传统羁绊的启蒙意义。

无神论及历史发展观

最后，谈谈吕坤立足于求真学、实学而高扬的理性主义批判精神在其无神论思想及社会历史发展论方面的特点。吕坤的无神论思想继承了王充的"人之所以生者，精气也，死而精气灭"，以及范缜的"形存则神存，形谢则神谢"的传统，并坚持用理学元气聚散的学说解释人的生命现象，提出"形神一息不相离"以及"气存则神存，气散则神灭"的观点，从理论上得出人死并不为鬼神的结论。吕坤指出世俗社会中的鬼神迷信思想实质上是一种虚妄的认识，这种认识的根源在于人对生死运动现象神秘莫测的心理恐惧。这里仅录吕坤《反挽歌》诗二首再作说明：

> 万物生两间，积苑无重数。
> 各欲遂生成，天公良亦苦。

域中只一世，泉下销千年。

惟有代谢法，消息此逆旅。

成功不肯去，来者无缺补。

吾生行已休，何必恋此土？

一气那不容，行行归故所。

（此篇言：老者不死，生者安容。）

有形无不毁，乾坤竟若何？

彭殇垂尽时，回顾不争多。

况此血肉躯，仙佛亦消磨。

帝王与贤圣，抔土也嵯峨。

一气为聚散，环转更无他。

安知来生人，不从今世过？

如何恋革囊，临终作挽歌？

所愧在人间，百年空蹉跎。

（此篇言：有必归无，死何足悲。）

吕坤崇尚真实、理性，反对虚妄、迷信，对世俗社会中风行的风水、卜筮、灾祥等迷信活动也给予了深刻揭露和批评。吕坤批评阴阳、谶纬征应某灾祥、福祸是汉儒的穿凿附会，这是一种极为迂腐的思想，并征引史实力批风水迷信欺世愚人，"彼布衣而得天子，其坟何应？乃天子世世择地，终亦革命"。吕坤指出，"死生有命，富贵在天之说，皆荒诞而不情"，强调"造化之权在人，天将安用？我闻为恶降殃，作善获福"。尽管在吕坤的思想中并非完全摒绝"神道设教"在道德教化上的作用，但他始终能坚持用儒家的道德理性主义态度来看待问题、解决问题，对世俗迷信的批评就在于强调人自身的主体精神，凸显的是一种"我命在我不在天"的个体道德自我修为能动精神。

在社会历史发展观方面，吕坤反对泥古不化、固守传统，提倡因时顺势、社会变革；反对是古非今，肯定今人自有精于古人处。吕坤认为社会历史是不断向前发展的，人类的文明和生活习俗也在这个历程中不断进步，因而主张顺应时势，采取相应的社会变革，但他认为"变法者变时势不变道，变枝叶不变本"，并不主张从根本上进行社会变革。事实让我们看到的是，他所主张和践行的变革也仅是在不触及封建专制统治的根本体制范畴内进行的，变是为了不变，本质上甚至更倾向于维护这一专制统治体制。尽管吕坤反对是古非今，但在社会道德史观上，吕坤认为这一历史进程呈现的是一种退化的趋势。他指出："三皇是道德世界，五帝是仁义世界，三王是礼义世界，春秋是威力世界，战国是智巧世界，汉以后是势利世界。"吕坤身处一个变革的时代，体现在其身上的思想多有矛盾、徘徊的特点也不足为怪，这既是一个思想家应有的思想敏感性的体现，也恰是那个时代的时势变化在他思想上刻下的深深烙印。

三、后人评述及其影响

吕坤一生经历了明代嘉靖、隆庆、万历三朝，这一阶段正是明王朝由盛而衰的转变时期，也是中国历史在漫长循环渐进的过程中发生某种转型的活跃时代。吕坤作为一个有抱负的政治家和思想家，他的一些政论和思想很具有现实批判性和一定程度的历史前瞻性，其进步的思想在当时及后世都产生了深远的影响和意义，这里仅简要叙述一二。

吕坤为人求真，为学求实，为政求治，秉承儒者理想的人格精神，坚持儒家理性的经世精神，尽管身处封建集权专制统治日益强化的时代，但在学术上不盲从经典、权威而贵自得，在政治上不屈从于权势而主张"以理抗势"。他的这种勇于寻求真理、坚持真理的独立人格精神是难能可贵的，也是值得发扬传承的。但在封建时代的中国，吕坤的这一思想也为人所批评。清代著名学者焦循在其《论语通释》中就有直接的批评："明人吕坤有《语录》一书，论理云：'天地间惟理与势最尊，理又尊之尊者也。庙堂之上言理，则天子不得以势相夺，即相夺而理则长伸于天下万世。'此真邪说也！孔子自言事君尽礼，未闻持理以要君者。吕氏此言，乱臣贼子之萌也。"

焦循以"事君尽礼"批评吕坤"以理抗势"，这种言论在焦循所处的历史阶段（康乾盛世下的清王朝）有其存在的合理性。清王朝自康熙、乾隆以来就极为重视政权向文化领域的渗透，积极主动地登上文化的舞台，有意识地推动了治道（治统与道统）的合一。康熙帝曾言："朕惟天生圣贤，作君作师，万世道统之传，即万世治统之所系也。"治道合一的文化政治策略使清王朝的统治者在专制统治上取得了近似完备的成就，也使得儒家自恃承担的传道责任以及对政治的批判力被解除了。因而，焦循的言论恰能说明这是一个治统与道统合一的十分专制的时代，儒者、儒学本应肩负的批判力被削弱了。在历史上，自孔孟以来真正的儒者都坚持"道"对政治的导引、监督作用，道统象征着儒家的文化权力，是用来评价政府政治体制合法性及其运作能力的标准，"道"独立于"治"之外，具有监督政权、制约专政的政治意义。吕坤的思想则是真正地继承了孔孟以来儒家道统所承担的政治批判功能，在这个专制日益极端化的时代，吕坤对真理与权力之间关系的认识确实有些不合时宜，但当这个专制时代走到穷途末路之时其真正的意义自然就会被发掘出来。

但更多的是对吕坤学宗自得，力求经世致用的肯定，其进步的思想对当时及后世都产生了积极的影响。万历二十六年（1598），吕坤六十三岁，时任湖广监察御史的赵文炳在汇集校刻《吕公实政录》的序文中，对吕坤的思想及为政特点给予了很高的评价："吕先生天中大贤，得伊洛真传。所著《呻吟语》，发明六经、孔孟之学，天德王道，渊源于中。居恒慨然以天下为己任，一念民物胞与，真可盟幽独而格鬼神者。比其在铨部也，操人伦之鉴，式序在位，至贵要矣。乃慨叹曰：'吾人济时行道，必先亲民。'遂力求外补，一意安民政。"

明崇祯时期的汪永瑞，在为吕氏祠堂撰写的《吕沙随先生祠记》文中，对吕坤的学术思想的历史地位给予了肯定。文中指出儒学自秦汉以来不明于天下，自宋诸儒才开始大明于天下，"自元及明，能起而修明之者，数人而已。然而程先生既奋兴于宋，吕先生复继起于明"。同时他在文中对吕坤学术思想的特点作了精练概括和高度评价，认为"吕先生之学，以自得为宗，不切切训诂，而于古六艺之旨博综贯通，驰骋上下，皆有以穷其旨趣而通其大意，至于天地鬼神阴阳之变，山川风土之宜，兵谋权术，浮图老子之所记载，靡不抉择而取衷焉，盖合内外之道也"。"自得为宗""博综贯通""抉择而取衷"都是对吕坤为学特点和精神的恰当认识和评价，这些特点和精神也体现了吕坤在学术上的独立品质。

清初大儒孙奇逢在《理学宗传》中盛赞了吕坤的勤政为民的功绩，对吕坤的学问更是倾心赞誉，自述云："予弱冠，闻公名。后读《去伪斋集》《呻吟语》，益向而慕之。公之学曰：穷理尽性，以至于命。学至于是，又何憾其用于不用哉！"

清初杰出思想家黄宗羲在《明儒学案》中评价吕坤为学特点是心头有一分检点，便有一分得处，都是从忧患中历练而来，因而不敢任情散放。黄宗羲对吕坤的为人、经世及思想都给予了相当公允的评价。前面提过，他曾为吕坤被无端牵涉进"妖书案"一事辩护过。

清初儒者颜元也是一位实学思想家，他对吕坤极为称道，称之为近世大儒，有"大学术、大经济"，曾将吕坤所著《闺范》《宗约歌》《好人歌》《闺戒》《小儿语》等歌六种汇刻为《通俗劝世集》，并为之作序后刊行于世。

道光六年，清王朝将吕坤从祀于文庙，认为他能"发明圣学，卫道宗经，实于人心学术有裨，转为后世龟鉴"。官方对吕坤学术价值的肯定也体现了其学术思想在清代的影响不浅。

近代著名学者梁启超对吕坤的学术思想特点及地位也给予了相当公允的评价，详见《饮冰室文集》之《近代学风之地理的分布》，谨摘录如下：

> 河南，中州也，实全国文化最初发源地。至宋，康节、二程生焉，于是有"洛学"之目。元则许鲁斋，明初则薛敬轩，咸以乡人衍其绪。故中州称理学之府焉。姚江、白沙之学兴，学界重心移于东南矣。及晚明则有宁陵吕新吾坤复兴洛学。宁陵故沙随，即

二程故里。故明道、伊川与新吾亦称"先后沙随先生"云。新吾之学，持养绵密，而专向平实处致功。善察物情，而勇于任事，妙于因应。于当时王学末流之好高谈大言者异撰。然亦受时代影响，持论不如二程之迂。新吾之洛学，盖新洛学也。

梁启超称吕坤之学为"新洛学"，既是对吕坤求真务实、实学实为的"新"精神的肯定，也是对他在学术思想史上的历史地位的中肯定位。

纵观吕坤一生，其为人、为学、为政皆力求个"真精神"。他为人胸襟博大而又特立独行，于至情至性之中而长于忧世，于刚介峭直之中而有大气节，于简淡平实之中尽显真性情。他为学、为政求真务实、学行兼及，学术上坚持自得，力图打破传统、熔铸百家，视仁爱为核心、万物为一体；在实践中仁民爱物而能以民为本，同情民生的疾苦、重视民众力量；明体达用、言行一致，将学术与事功并举，既能秉承儒者对社会政治应有的批判责任，又能实施诸多实政措施而履行应肩负的社会责任。吕坤的思想在当时就产生了很大的影响，尤其是对君主专制的理性批判以及学术、事功并举的实学精神对明清之际的思想转型多有启迪。

吕坤是一位极具特立独行品格的人，在学术思想上也多有创见，他的实学思想及思想上的敏锐性对当时及后世都有很大影响，也奠定了他在思想史中的历史地位。如果今天的我们能以吕坤的学术态度和方式来看待他的思想，一定也会从其经世济民的实学思想中、从其求真务实的理性批判中获益良多。

附　录

年　谱

1536 年（明嘉靖十五年）　十月初十生于河南开封府宁陵县。

1541 年（嘉靖二十年）　始入里塾就读。

1547 年（嘉靖二十六年）　八月，母李氏病目，旋失明。是岁，曾就试于县，"邑侯奇之"。

1550 年（嘉靖二十九年）　作《夜气抄》和《招良心诗》。

1551 年（嘉靖三十年）　就学于其甥王懿家，凡二年。娶本邑城南于氏为妻。

1553 年（嘉靖三十二年）　七月，柘城（今河南属县）师尚诏起义，波及宁陵县。

1551 年（嘉靖三十四年）　入宁陵县学。始读医籍。

1556 年（嘉靖三十五年）　有涟川之行，与永城李良知相交。

1557 年（嘉靖三十六年）　得识永城县（今永城市）胡锦屏，相与知交。就馆于永城李孀野家，教授其次子李晢。

1558 年（嘉靖三十七年）　秋，父得胜撰成《小儿语》上、下二卷。后又以其未备，命吕坤续作上、中、下三卷，曰《续小儿语》，刊刻而流布之。

1561 年（嘉靖四十年）　秋，中河南乡试第三名。

1562 年（嘉靖四十一年）　春，赴京会试于礼部，未中。得识马定宇。马登进士第，后仕至江西巡抚。

1563年（嘉靖四十二年）　始撰《呻吟语》。

1566年（嘉靖四十五年）　参与创修《宁陵县志》，任执笔。始作《省心纪》。

1568年（隆庆二年）　正月，父得胜病殁。吕坤因而未赴当年礼部会试。

1571年（隆庆五年）　母李氏病愈笃，强促坤赴京应试。主考为大学士张居正及吏部左侍郎兼翰林学士吕调阳，分房考官为沈鲤等。吕坤试毕返抵原籍，母李氏已先期病故。故是岁虽中礼部试，因在籍守制，未与廷试。

1572年（隆庆六年）　六月，神宗即位，张居正任首辅。吕坤撰《隐君殷西池墓志铭》，称赞殷氏赡养其乳母及岳父母之"义而仁者"，遂撰此《志》而乐道之。

1573年（万历元年）　五月，小女生，坤妻于氏名之曰"两"。撰成《四礼翼》四卷，八月，为之作序。

1574年（万历二年）　春，入京应殿试，以三甲第五十名赐"同进士出身"，被任为山西潞安府襄垣县知县。八月，抵襄垣县就任。

1575年（万历三年）　在襄垣县任职期间，撰《僚友约》。

1576年（万历四年）　春，调任知大同县。秋，在省城太原充乡试同考官。

1577年（万历五年）　在大同县。撰《襄垣县乡约所碑》，请改该县所建吕之生祠为乡约所。

1578年（万历六年）　升任吏部文选司主事。父得胜诰赠同官，并建坊于宁陵城内。又以俸金及升任吏部郎官所得建坊金各百两，买常稔田五百亩，以"祀先人，恤同姓"，名之曰孝睦田。

1580年（万历八年）　在吏部任职。正月，撰《省心纪序》，并刊刻《省心纪》而公售之。

1581年（万历九年）　在吏部任考功司郎中。

1582年（万历十年）　识杨东明，并以长子知畏与杨之女宜家缔婚。

1583 年（万历十一年）　　夏，"清沐归里"。自此居宁陵原籍三年，其间尝究音韵之学。又"痛地粮诡隐，均丈数番而不清"，力主清丈全县地粮。

1585 年（万历十三年）　　《荒莹图》《莹训》为在籍时所作。

1586 年（万历十四年）　　自原籍返京师吏部原任。于途中所过州县，曾访查官之贤否。与邹元标相识于吏部，曾相与往复论学。

1587 年（万历十五年）　　初在吏部继续任稽勋司郎中。四月，出任山东济南道右参政。是岁京祭中，吏部稽勋司署员外郎主事顾宪成上疏论执政，得罪被谪。三月，吕坤为之撰《赠顾叔时出判桂阳序》以慰勉之。

1588 年（万历十六年）　　春，山东大饥。撰《毒草歌》《靳庄行》以哀饥民。

1589 年（万历十七年）　　后任山西按察使。十一月，前户部郎中姜士昌疏举吕坤"素著直谠，宜拔擢以励士节"。

1590 年（万历十八年）　　七月，科臣以吕坤"为材"，上疏荐举之。撰成《闺范》四卷，初次刊行于太原。先后撰成《风宪约》《刑狱》，是为吕坤于按察使任内据其观察而告诫州县吏之约束。

1591 年（万历十九年）　　初在太原任山西按察使，后升陕西右布政使，任半年。八月，任陕西乡试提调官。十二月初四，升任右佥都御史提督雁门等关，巡抚山西。

1592 年（万历二十年）　　六月，召太原所属州县掌印正官而谕之。八月，移驻代州，谒孔子庙，试讲，并训在学诸生。是月，为所撰《明职》一卷作《引》而刻之，行下所属诸地方官吏。同月十五日，以所撰《安民实务》行下三关（雁门关、宁武、偏头三关）将士，以"振刷边务，以固疆防"。妻于氏病故于太原。吕坤以"病湿痰，具疏乞休"，未获允准。

1593 年（万历二十一年）　　三月，撰《呻吟语序》，盖为此书刊行而作。

四月，升都察院左佥都御史。八月，自巡抚山西离任赴京，回都察院任左佥都御史。

1594年（万历二十二年）　九月，升任刑部右侍郎。十月，自刑部右侍郎转左侍郎。

1595年（万历二十三年）　二月初三，以在山西巡抚任内劳绩，得升俸及银币之赏。七月十五日，皇贵妃郑氏以吕坤所辑《闺范》为基础另成书并撰写序文，由其伯父郑承恩重刻行世。八月初十，因大理寺少卿江东之疏论坤"阴主邪正"，吕坤上疏乞罢。疏留中。九月二十一日，吕坤因疾乞休，撰《告病初疏》和《告病再疏》，不允。

1596年（万历二十四年）　五月，参与九卿科道"朝廷之议"。

1597年（万历二十五年）　四月初，上《忧危疏》。四月十六日，吕坤以病乞归，许之。

1598年（万历二十六年）　在原籍宁陵家居。三月十二日，上《辨明心迹疏》。春，湖广监察御史赵文炳校刻《吕公实政录》。秋，上《辨〈忧危竑议〉疏》。七月二十二日，山西巡抚吴楷上疏荐举录用逐臣，以弘治理，内有吕坤，不报。

1599年（万历二十七年）　二月十八日，帝命内臣鲁坤带征河南税课。鲁坤过宁陵，坤忧其不法，先期走告临德知府王思泉设法应付，民得不为所忧。

1601年（万历二十九年）　正月，撰刻《展城或问》并分送亲友。河南参政徐即登讲学于睢、陈（今河南睢县、淮阳），命宁陵县教谕任朴率县学诸生从学于坤。

1602年（万历三十年）　阁臣曾议起用吕坤，但终作罢论。

1603年（万历三十一年）　五月至八月，撰成《交泰韵》凡例与总目，并于七月十五日为文自序其研治韵学之历程与造诣。吕坤尝于壁间题词云："癸卯天，杀人天！瘟疫死一半，麦秋尽水淹。挑河苦累死，天灾又那堪。雨泪向谁落，肉食人不觉！"

王宏没有辜负家族对他的期望。王宏在魏国担任过尚书郎、给事中，东晋初年为汲郡太守，后迁卫尉、河南尹、大司农、司隶校尉、尚书。王宏担任汲郡太守时，对待百姓像家人一样，他亲自指导农业生产，事无巨细一一操持，取得了良好的政绩。晋武帝司马炎下诏褒扬王宏，说他："勤恤百姓，导化有方，督劝开荒五千余顷，而熟田常课顷亩不减。比年普饥，人食不足，而宏郡界独无匮乏，可谓能矣。其赐宏谷千斛，布告天下，咸使闻知。"晋武帝认为，王宏督促开垦荒地，扩大了土地的利用，增加了粮食生产，在遇到饥荒的时候其他郡县都粮食缺乏，唯独王宏治理的汲郡丰衣足食，王宏的经验值得全天下的官员好好学习。能受皇帝如此推重，王宏可谓得偿所愿。王宏的事迹被载入《晋书·良吏传》。《良吏传》是史书专门为那些为官清廉、治理有方的官员所设的传记，王宏能被列入其中是非常不容易的事情。

但王弼并未像家族期待的那样，成为与兄长类似的人物。他不善为官，却一心投入哲学思辨的长河，开辟了另外一番人生境界。

哲学天才，纵横谈场

王弼出身世家名门，其优越的社会地位与优厚的家庭条件并非寻常人所具备。又加上他天姿极高，悟性超强，聪慧无比，能融会贯通，左右逢源，辟开新路，终在哲学思辨的战场上打出一片天地。

王弼之前家族已经五世显贵，成为汉晋时期名副其实的大家族。祖上不论是为官理民还是致力学问，均有重量级的人物产生，为史家所称扬。单就学问一方面来说，四世祖王畅、外曾祖父刘表、叔祖王粲诸人均甚有学养，并在社会上有很好的名望。这里面影响比较大的是外曾祖父刘表和叔祖王粲等人的荆州新学。

东汉末年，天下大乱，王弼的外曾祖父刘表做荆州牧，优待士人，奖掖学术，一时形成具有崭新思想特质的荆州学派。刘表团结学者宋衷、司马徽、王粲、綦毋闿等人，研习经典。他们摆脱汉儒的烦琐习气，采用清晰、简洁、明了的方法释读典籍，给学术界带来了新风。这种风气影响了王弼的思想，他也是用以简驭繁的态度对待各种学问。当时著名学者蔡邕曾经把自己的藏书悉数赠予王粲，因为王粲绝后，王凯的儿子王业过继给王粲，蔡邕的藏书也就转移到了王弼家里。这一因缘非常重要。因为古人读书学习并非易事，东汉末年造纸术虽有改进，但是尚未大规模的普及开来，其时的书籍主要还是以简牍的形式流传，就是把文字刻在竹简、木牍上进行阅读。简牍制作费时费力，竹简、木牍先烧烤，再制成一定的尺寸，然后用毛笔在上面书写，如果文字书写有误，还要用书刀对简牍上的文字修正。碰到小部头的书还好，如果碰到大部头的书，工作量是非常惊人的。而一片简牍也就书写十几、二十几个字，要完成一部书，需要大量的简牍，其代价当然不菲。如此看来，拥有大量的藏书绝非一般人所能承受。蔡邕藏书有数万卷，这恐怕不是普通人所能办到的，即使富贵之家，也不一定能够搜罗如此数量的书籍。所以蔡邕的藏书流入王家对王弼来说就省去了聚书之烦。另外，因为蔡邕是著名学者，所藏之书从种类来讲比较丰富，从质量来讲更是精益求精，这就使得王弼可以阅读非常多的好书。蔡邕所收藏的书籍还应该有很多珍本秘本。比如，东汉会稽（今浙江绍兴）人王充的《论衡》，本来不受中原士人所重，但是蔡邕把此书携带收藏并向人推荐，终于使此书渐渐流行。可见蔡邕藏书之富以及藏书之精。

除了祖上遗留的书籍，王弼的家庭教育也应该是非常好的。因为王家世代为官，学问出色，其对子孙的教育更不会有须臾放松。王弼的早期教育情形，没有留存很多直接的资料。但是，我们可以根据同时代较为类似的士人的状况，间接地考察王弼所接受的家庭教育特别是在读书方面所受的影响。

钟会（225~264），字士季，颍川长社（今河南长葛）人，著名书法家钟繇的儿子。钟家是颍川望族，与山阳王氏门户相当。钟会比王弼长一岁，二人年龄也相近，属于同时代人，正好可以拿来做对比。《三国志·魏书·钟会传》注引钟会母传曰："夫人性矜严，明于教训，会虽童稚，勤见规诲。年四岁授《孝经》，七岁诵《论语》，八岁诵《诗》，十岁诵《尚书》，十一诵《易》，十二诵《春秋左氏传》《国语》，十三诵《周礼》《礼记》，十四诵《成侯易记》，十五使入太学问四方奇文异训。谓会曰：'学猥则倦，倦则意怠；吾惧汝之意怠，故以渐训汝，今可以独学矣。'雅好书籍，涉历书，特好《易》《老子》。"这份材料异常宝贵，提供了魏晋士人读书治学的第一手资料。从中可以看出，钟会的母亲对待儿子的学习非常重视，严格要求，时时督促教诲。钟会十五岁之前，主要学习儒家经典，围绕五经进行，辅之以史事了解。十五岁之后，就可以自由读书，博览群观，广泛涉猎。因为十五岁古称"束发"，开始向成人迈进，是人生的一个重要阶段，可以尝试发挥自己的主观能动性。钟会特别喜爱儒家经典之中的《周易》以及道家的《老子》，从而打下了他的学问基础。可以推想，王弼的家庭教育应和钟会类似。父母对其一定分外用心，勤于教导，时时点拨。十几岁之前，王弼也应该主要学习儒家经典，之后开始博览群书，就自己喜欢的典籍做更加深入的研读。正因为有如此用心、严格、规划性的教育，当时的士人才能打下良好的基础，对各种典籍无不精熟于心，从而为以后的学问升华埋下伏笔。

作为活生生的一个人，除了读书治学，王弼也有自己的一些个人爱好。何劭《王弼传》说他："性和理，乐游宴，解音律，善投壶。"王弼喜欢游宴，即喜欢出席大规模的酒席聚会，这种聚会名士众多，每个人都有自己的风采，王弼正好可以借此认识同道中人，并在这样的场合上展现自己辩才无碍的能力。王弼还精于音律，对音乐有很高的鉴赏能力，甚至也可以自己弹琴。魏晋时期精于音律的名士很多，对此的修习也是名士的必修课。比如，三国孙吴的大都督周瑜（175~210），他的强项当然是运筹帷幄，但在音乐鉴赏水平上也很专业，当时有"曲有误，周郎顾"的谚语流传，就是说如果谁的曲子弹奏得有问题，只要被周瑜听到马上就可以发现，然后善意地看你一下。名士中音乐水平登峰造极的是嵇康（224~263），他善于弹琴，《广陵散》弹得最好。不但如此，他还有专门的音乐论文《声无哀乐论》。王弼精于音律，音律也是魏晋名士所必备的才能。他还擅长投壶。所谓投壶，是在宴席场合的一种助兴游戏，就是把箭矢往较远距离之外的铜壶里投，按照投到铜壶里箭矢数量的多少决定胜负。有时为了增加难度，就在投壶者和铜壶之间拉起一道屏风，实行盲投，甚至还有背对铜壶从前往后投之举。王弼对投壶游戏情有独钟，可能还是此游戏的经常取胜者。如此看来，王弼虽然一心投入思想的探讨，但绝对不是一个学究型、沉闷型的人物，而是有较多个人爱好的一个人。

经过了条理系统的学习和个性修养的锻炼，王弼的学问已经有相当深的造诣。他可能比当时的很多同龄人走得更远，就是他天资聪颖，能够把所学到的知识融会贯通，然后在更高的程度上把握这些知识，从而总结出一般规律性的东西。在哲学思辨的广度和深度上，王弼往往非常人所能及，也非普通的名士所能比。

王弼开始以自己博学的知识、深透的思辨、清晰的语言、锐利的词锋崭露头角，博得士人们的一致推重和喝彩，成为当时谈场上冉冉升起的新星，他的熠熠光辉已经闪现在人们的面前。

何劭《王弼传》载："弼幼而察慧，年十余，好老氏，通辩能言。"这句话是说，王弼从小天资聪颖，能够认识事物的内在本质，当他十余岁时，就已经辩才无碍、口若悬河了。少年天才的形象跃然而出。王弼曾先后与数位名士做过理论探讨，和他们辩难往复。王弼在这种清谈的场合，总能以自己深彻的理论功底和对问题独到的认识，使对方心悦诚服。在与他们的清谈中，王弼从未输过，显示了他无与伦比的思辨和口才。

王弼和钟会年纪相仿，钟会本人对理论问题也作过研究，并且思维也很缜密有条理，还写过名为《道论》的书，但钟会对王弼却佩服得五体投地。在王弼面前，钟会每每为他精彩的议论倾倒，对他心悦诚服。

王弼第一次公开的辩论大约在他十七岁时。当时，王弼的父亲王业任曹魏尚书郎，裴徽任吏部郎，两人之间因为工作的关系有所来往，王业就把儿子王弼引荐给了裴徽。裴徽，字文秀，河东闻喜人，曾任魏国冀州刺史，金紫光禄大夫，封兰陵武公。裴徽善于玄谈，当人们争论不休的时候，裴徽出来谈起自己的想法，人们都很敬服，表示接受。这样一个有才智的人，一见王弼甚是喜欢，大有相见恨晚之意，马上就自己关心的也是当时士人普遍瞩目的"有无"问题提出来和王弼商讨。因为这种关系，王弼和裴徽之间留下了一段精彩的对话。裴徽首先提问："夫无者诚万物之所资也，然圣人莫肯致言，而老子申之无已者何？"无确实是天地之本，我们都赞成，但是圣人孔子从没提及无的问题，而老子却翻来覆去地谈论它，这是什么原因呢？这个问题有相当的难度。一难：无这个问题很重要，但是孔子却没谈过，那孔子对无有没有自己的看法。二难：孔子是圣人，他不谈的东西而老子在谈，是否老子比孔子更高明。如果没有圣人的肯定，无还有价值吗？如果老子比孔子更加高明，孔子又怎么能称为圣人？裴徽所问，实在包含了很多的含义在里面。许多名士对这个问题也作了很多思考，但也没有最终结论，甚至讨论得越多越感到更加困惑。王弼对此的认识言简意赅："圣人体无，无又不可以训，故不说也。老子是有者也，故恒言无所不足。"王弼认为，圣人体察到无的存在，但是无又不能通过具体的言辞来描述，因此干脆不说它；而老子之所以反复地、不厌其烦地谈无，是要掩饰自己对无的不了解，这样看来，老子实际上不是一个重无而是一个重有的人。这样的解释可谓石破天惊，独含只眼！根据王弼的看法，圣人不是不知道无的价值，不去了解无的意义，正因为他们太清楚太明白无的作用，因此根本不用多费口舌去谈它，而把它贯彻到自己的生活之中。像老子这样喋喋不休地谈无，表面上看他很重视无，实际上透露出他的心虚，他想通过这种外在的表演，遮盖自己不懂无的短处。为了理解王弼的话，可以做一个不是非常恰当的比喻。假设有两个人，我们分别以甲、乙称呼他们，甲、乙二人都觉得人应该有道德，甲从来不在口头上说道德有多么多么好，从不去张扬，他只是默默地按照道德标准行事，以致人们平时都没有感觉到甲的存在。乙平时大力向众人宣传道德的好处，还到处对人说自己如何如何高尚，很多人认为乙真是一个道德楷模，但是乙在实际的行动之中却完全没有做过有道德的事情。王弼所说的圣人就是甲，他所说的老子就是乙。众人只知道乙是道德楷模而不知道甲才是真正的道德模范。以此类比，圣人真正体察到了无，但是众人不觉；而老子没有了解无的本质，却被认为是体无的高人。王弼的论断，廓清了无与有问题上的迷雾，解决了裴徽提问的两难。其一，无是本质，有是现象；现象清楚易见，本质微妙难识。无能超越有，有不能超越无。认识问题，不能停留在现象而被迷惑，应该透过现象抓住问题的本质。圣人懂无而不谈无，老子不懂无而强谈无。其二，圣人孔子比老子更高明，不能因为圣人不谈无就认为他比老子差。当然，仔细寻思王弼的论说可以发现，他并没有否定老子，老子提出无的价值毕竟是圣人指示的方向。王弼与裴徽关于有无问题的讨论，展示了他论辩的深刻、理论的精辟。这次讨论，使得只有十几岁的王弼名声大噪，神童的形象已经呼之欲出。

后来，王弼参与何晏主持的清谈，使他声名鹊起，士林为之一振，王弼也借此登上了魏晋玄谈的高峰。何晏（196～249），字平叔，南阳宛（今河南南阳）人，比王弼大三十岁，是大将军何进的孙子，曹操的义子，曹爽当政的正始时期担任吏部尚书。何晏当时乃清谈领袖，引领一代新风，他风姿优美，文辞斐然，谈吐清晰，是当时士人瞩目的焦点人物。王弼大约在十八岁的时候参加了何晏举行的一次清谈活动，其实是一场大型辩论会，与会者多王公大臣、名流佳士，在何晏的主持之下进行他们喜爱的哲学问题的探讨。王弼到场的时候，众位名士已经就某些问题热火朝天地讨论一段时间了，并且出现了辩论胜利的一方，大家认为他的观点很有说服力。何晏早已听闻王弼的名声，见到王弼到来感到分外欣喜，就把刚才辩论胜利一方的观点讲给王弼听，说："这个观点我认为已经非常圆满融洽了，你还能就此进一步讨论下去吗？"王弼不紧不慢，一步步地反驳刚才胜利者的观点。他徐徐而谈，不急不躁，在座的人都是清谈好手，场面可说是见得多了，但是他们听了王弼的驳论，都提不出反对意见。在没人能和自己辩论的情况之下，王弼就和自己辩论，先是反驳自己的观点，然后再肯定自己的观点，如此循环往复。结果，辩论清谈成为王弼一人的独角戏。王弼清晰的言辞、严密的论证、投入的神情，都让大家如痴如醉、目瞪口呆，惊王弼若天人。何晏叹道："仲尼（孔子）称后生可畏，若斯人者，可与言天人之际乎！"真是一场愉悦的精神享受！在那一刻，大家的目光都在王弼身上，时间仿佛也在为王弼停留。清谈领袖何晏主持的这次大规模的辩论会上，王弼可谓一鸣惊人，从此声名远播，牢固树立了清谈大家的形象。

王弼与何晏还曾隔空对招，这就是关于圣人有情无情的讨论。何晏认为，圣人是没有喜怒哀乐的，并对此作了详细的论述。何晏的论证逻辑可能是这样：圣人是不同于凡人的，凡人具备感情，那圣人自然不能像凡人一样有感情，否则圣人就与凡人没什么区别了。何晏的这个论证思路存在问题。圣人不同于凡人自然是对的，但不论圣人还是凡人毕竟都是人，是人就都有感情，如果圣人没有感情，那圣人还是人吗？圣人不是人，难道是木头、石头？显然，何晏以感情作为圣人与凡人的区别，是找错了方向。因此，何晏论证的最终导向是有危险性的。王弼听闻了何晏的圣人无情论之后，感觉不够满意，因此阐述了自己的观点："圣人茂于人者神明也，同于人者五情也。神明茂故能体冲和以通无，五情同故不能无哀乐以应物。然则圣人之情，应物而无累于物者也。今以其无累，便谓不复应物，失之多矣。"王弼认为，圣人与凡人的区别在于"神明"（智能），正因为圣人"神明"所以能体察到"无"，凡人不具备这一点；两者的相同在于感情，圣人与凡人都具备感情，所以在应对事物的时候必然都存在喜怒哀乐。圣人与凡人虽然在应对事物的时候都存在感情，但是，圣人的感情能够不执着于具体的事物，不会被它牵着鼻子走，而凡人在感情上就不能自由控制，从而使之走向泛滥。王弼的观点真是胜义迭出，他指明圣人与凡人的真正区别，否定了何晏的逻辑前提；又指出圣人与凡人情感的差异，细化了圣人情感的问题。王弼主张，圣人不是无情而是有情，但圣人之情不会被情所误导。王弼的思辨还是那么清晰，还是那么有理论的穿透力，要言不烦，一针见血，字字珠玑，就像一团乱麻被解开，就像一池浑水被澄清，如同夏天洗了一个凉水澡，清新自然，分外爽快！他的论证还是那么透彻，还是那么步调紧凑，始终保持着严密、坚实、沉稳，在最关键的时刻让人豁然开朗。

王弼以思辨的深度提升了玄学水平，和何晏一起促进了魏晋玄学大潮的到来。在此之后，何、王两人的名字就紧紧地联系在了一起，成为正始之音巍然耸立、互相辉映的两座高峰。

参与何晏主持的清谈之后，王弼的声名如日中天。他后来又碰到一个辩论的对手，那就是刘陶。刘陶，字季治，淮南人。他有极好的口才，游说诸人之间，被视为纵横家一流的人物。刘陶做过曹爽时期的选部郎，当时何晏主管选部，王弼大约在二十岁被何晏推荐为尚书郎，同在中央为官，所以王弼和刘陶能够有机会经常讨论问题。刘陶特别喜欢和王弼谈论，可能他认为王弼是一个极好的辩论对手，但是刘陶在王弼面前往往铩羽而归。王弼长于思辨，他认为正确的东西，别人是很难在语言上打败他的。对此，刘陶只能甘拜下风。

拙于用事，仕途崎岖

王弼以极富启发性的思辨，给当时的理论界带来一股清风，影响一时蔓延整个学术圈，故王弼被视为当之无愧的天才少年。以他的学识、风度、人望，有谁不对之倾慕呢？

但是，天才毕竟不是"全才"，什么都能懂，什么都会做，更不是样样精通。也可以这样说，大部分的天才都是"偏才"，他们往往在某一方面特别出色，特别有成绩，沉浸其中不能自拔，在这方面他们是独一无二的人选，是众人惊叹的人中龙凤。可是，一旦离开他们熟悉的领域，他们往往就左支右绌，不能应付。再者，天才人物往往自视甚高，有舍我其谁的气概，一般人都轻易看不上，性格带着固执、偏激，甚至脾气大到让人难以想象。天才固然可以羡慕，但如果让你和他整日生活在一起，你可能绝对忍受不了。

作为天才的王弼，也有自己的某些弱点，比较突出的就是他不太会处理人际关系，有时候看不清政治的微妙，对于实际的事物，他的动手做事能力也比较差。这样的情况导致他仕途不顺，学问达到了顶峰，但是仕途却跌落低谷。

曹魏正始年间（240~249），魏明帝曹叡遗诏让大将军曹真的儿子曹爽辅政，帮助皇帝曹芳处理政事。曹爽起用了一批人来巩固统治，这里面就包括何晏。何晏当时做吏部尚书，主管人才的选拔。何晏是清谈领袖，因为王弼在何晏主持的清谈活动中表现出的过人才华，何晏对他非常欣赏，不遗余力地想提拔扶持王弼走上仕途。当时，何晏用贾充、裴秀、朱整做了黄门侍郎，人数还不够，何晏就想用王弼。黄门侍郎这个位置非常要紧，因为它接近皇帝，传达诏命，沟通皇帝与臣僚之间的关系，是士族子弟上升的一个重要阶梯。接近皇帝就接近了权力核心，是很多人梦寐以求的机会。何晏任王弼为黄门侍郎的想法遭到尚书丁谧的反对，因为丁谧与何晏进行权力争夺，不想让何晏信任的人得到重任。丁谧向大将军曹爽推荐王黎任黄门侍郎，并被采纳。曹爽是辅政大臣，又是皇亲国戚，他作出的决定何晏也没有办法改变。但是为了补偿王弼，曹爽还是给了何晏面子，让王弼任尚书郎。尚书郎是政务执行机构尚书台下面具体部门的低级官吏，虽在中央，但没有实权，只能做些实际性的政务工作，与黄门侍郎根本不能相比。王弼只能勉强答应。在任命王弼为尚书郎的仪式上，按照惯例，他应该拜见曹爽，听受曹爽的训令。能够见到曹爽本来是一次极为难得的机会，如果王弼善于做官，他可以当面向曹爽陈述自己对政治问题的看法，贡献自己最为得意的建议，或者适当地拍拍曹爽的马屁，说不定能够给曹爽留下很好的印象，还有继续升迁的空间。但是，王弼的做法是谁也没有想到的。他见到曹爽之后，请求曹爽给他一个单独谈话的机会。曹爽暗自高兴，以为王弼要给自己提出有建设性的想法，因此他让左右人等都退下，要仔细听听王弼的观点。众人告退，只剩下曹爽和王弼在场了，这个时候，王弼开始向曹爽谈起哲学问题，讲什么是"道"，并且滔滔不绝，谈兴很浓，其他一概不顾，以致时间很快就过去了。王弼以为曹爽是何晏，能够欣赏自己的清谈，能够对自己另眼相看。但是，事实证明王弼完全错了。曹爽听了王弼的谈话，感到比较郁闷，不但没有获得高见，反而浪费了不少时间，因此很不高兴。曹爽不高兴，后果很严重。他认为王弼根本就是一个书呆子，没有实际的才能，结果很看不起王弼，以后王弼的日子可想而知。其实，王弼也很郁闷，他向曹爽展示自己的长处，结果别人却看不上，真有点"对牛弹琴"的味道。王弼确实是书生气太浓了，在了解、知晓他的人眼里，这是他的可爱，但对陌生人来说，其做法根本就是迂腐。

经过了以上的教训之后，王弼还是我行我素，一副游戏人生的样子，对什么都不在乎，也不善于和同事们处好各种关系，更不会为自己争取晋升的资本，显得潇洒超脱。所以，即使还有机会，王弼也很难在仕途上继续前进一步了。不久，担任黄门侍郎的王黎病死了，何晏还想任用王弼，但是曹爽因为对王弼印象恶劣坚持用王沈。这次机会王弼又错失了，以致何晏很为王弼叫屈，但也只能叹气几声了事。在担任尚书郎期间，王弼消极怠工，他基本上做不了或者不屑做实际的事务，这个位子对他来说就是闲职，混混日子而已。由此看来，王弼是语言（清谈）上的巨人，行动（做官）上的矮子。在对待政治问题上，王弼根本就是一个孩子，他太任性，太顾及自己的感受，他不懂政治的复杂，不知道政治需要平衡的艺术，更不了解政治应该具备一定的技巧。这也是很多天才人物的共性。

史书上说王弼"为人浅而不识物情"可能是正确的。"为人浅"就是没有心机，很单纯，显得不成熟，较为幼稚；"不识物情"就是对社会的复杂性、多样性认识不够，更不会处理人际关系，甚至搞得一团糟以致得罪人。所以，王弼的性格是有缺陷的。曹爽用王黎而不用王弼担任黄门侍郎，王弼对此愤愤不平，由此对王黎产生不满情绪。王黎得到黄门侍郎的职位之后，大喜过望，《傅子》载："王黎为黄门郎，轩轩然乃得志，煦煦然乃自乐。"一副志得意满、春风无限的样子，这可能让竞争失败的王弼感到心里不是滋味。其实，王弼和王黎以前的关系是非常好的，就因为一个职位的抢夺而产生龃龉。如果王弼想得开一点，或许他就不会这么不高兴了。尚书郎其实也不差，但王弼似乎更钟情于黄门侍郎这个职位。

王弼与荀融也没处理好关系，最后也闹僵了。荀融，字伯雅，是颍川荀氏家族的成员，曾经做过洛阳令，参大将军军事。他与王弼、钟会齐名，还曾经与王弼、钟会讨论《周易》与《老子》的问题。因为有共同的爱好，王弼与荀融起初的关系也是很好的，但是善始不能善终，最后只得分道扬镳。至于两人是由于什么原因导致关系破裂的，史书上没具体讲，只说了一句"（王弼）与融亦不终好"。

以上可以看出，王弼虽然是天才哲学家，但是在个性以及为人处世方面是有一些欠缺的，这导致他仕途不顺，未能达到自己所期望的理想程度。

天不假日，年少早殂

王弼在理论上的精深造诣，铸造了他哲学天才的形象，人们普遍认为，王弼是能继承何晏开创的玄学而又可以使之发扬光大的人。他年少即得大名，甫弱冠就誉满士林，其将来的成就以及地位不可限量。正当大家瞩目，王弼本人也想继续扩展自己学术事业的时候，死亡却在不远处向他招手。其死亡的威胁来自政治和疾病。

曹魏正始年间，皇帝是曹芳，但实际权力掌握在曹爽手里，因为曹爽是曹芳父亲曹叡指定的辅政大臣，并且还担任大将军的职位，是军事上的最高领导者。曹爽是大司马曹真的儿子，他既是将门之后，又是皇亲国戚，身份高贵，地位特殊。但是，曹爽不学无术，又缺乏政治斗争的经验，主政期间危机四伏。这个危机主要来自司马懿的挑战。司马懿是曹魏重臣，曾经跟随曹操做事，后来受到魏文帝曹丕重用，曹丕儿子曹叡临终之前让他和曹爽一起辅政。司马懿有很高的才能，又在屡次带兵打仗的过程中控制了军权。一山不能容二虎，他与曹爽的矛盾开始逐步加剧。司马懿做事严密，谋略过人，又有两个儿子司马师和司马昭的协助，势力已经难以撼动。在曹家与司马家权力争夺白热化的时候，司马懿趁曹爽等人陪皇帝曹芳到洛阳郊外祭扫曹叡高平陵的时候，发动了政变，一举消灭了曹爽，夺取了政治控制权。跟随曹爽的很多人都受到了严厉整肃，被夷灭三族，包括名士何晏、邓飏、丁谧等人。正始时期，王弼任尚书郎，是受何晏保举上去的，曹爽虽然不大喜欢他，毕竟还是对他留用，这样，在司马氏的眼里，王弼也是曹爽一党。敌人的朋友还是敌人，王弼受到处理是理所当然的了。所以，"高平陵政变"之后，王弼被免官。与何晏等人的被诛夷三族相比，王弼未遭杀身之祸，还算是幸运的。但因为司马氏磨刀霍霍，鲜血成河，这对既年轻又没有政治经验的王弼来说，已经足够刺激了。血雨腥风的现实，以及可能存在的殒命危险，对他无疑是一个重大打击。那段时间里他一定忧心忡忡、满腹愁肠。

王弼得的是"疠疾"，就是瘟疫，属于恶性传染病的范畴。这种病在古代很难医治，无论谁碰上了，都不会有太好的结果。不幸的是，王弼身染此病，以至于病不能起，最后被夺去了生命，哲学天才之星从此陨落。王弼卒于正始十年（249）的秋天，只活了短短的二十四个年头。王弼之死，连他的政敌司马师都唏嘘不已，感叹了许多天。

王弼少年聪慧，为人倾倒，使人欣羡。像王弼这样如此早熟的少年，在魏晋时期还有很多，这是一个值得研究的文化现象。他们如满天星斗，灿烂了整个魏晋时代。我们可以举数例来看看这些与王弼一样的神童。比王弼大的何晏，"七八岁便慧心大悟"；卫瓘（220～291），"少为傅嘏所知。弱冠（二十岁）为尚书郎"；"竹林七贤"之一的嵇康，"少有隽才，旷迈不群"；同是"竹林七贤"之一的向秀，"弱冠著《儒道论》"；裴秀（225～271），"幼有风操，八岁能属文"；钟会，"少敏惠夙成。年五岁，（钟）繇遣见（蒋）济，济甚异之，曰：'非常人也。'"钟会的哥哥钟毓，"年十四为散骑侍郎，机捷谈笑，有父风"；郭象，"少有才理，好《老》《庄》"。可见，魏晋时代，是一个才俊辈出，让人目不暇接的时代，这样的现象在中国古代史上的其他朝代是很少能看到的。

出现这种现象的原因，与家族文化的影响有很大关系。魏晋时代，政治比较动荡，学术文化很大程度上是由家族保存和传承的，祖上研习某种文化，后代会接着继续下去，后代子孙深受祖上学术文化和家族风气风尚的影响，这样经过若干代之后，就会形成文化世家，他们以保存传统文化、发扬传统文化为己任。出生在这样的家庭，从小就接受严格的教育，浸润在学术文化的氛围之中，经过日积月累的熏陶，自然就会熟练地掌握它，并且能够融会贯通地体认它。家族的文化烙印会深深地铸刻在后代子孙的身上，绵延不绝地流淌在后代子孙的血液里。他们是名家之子，贵族之后，谈学论道，举止优雅，因此往往能出类拔萃，一鸣惊人。王弼家族是五世显贵，先祖学习的知识，他照样在学习，并且有创新，其家族文化以及家族教育对他的影响显然是不能否认的。

魏晋时代天才如此之多，也与当时的政治环境是有关系的。魏晋选官体制是九品中正制度，这是由察举制发展而来的。察举制是一种自下而上选拔官员的制度，由地方官考察各种人才，然后推荐给中央任官，其标准就是看重人的道德与才能。而道德与才能的判断主要依靠乡论，就是地方上对某个人的评价。如果一个人在地方上评价很高，那么他就很容易被地方官选中而往上推荐。反之，就失去了上升的机会。假使地方对某个人负面评价很多，那么这个人可能终生都不会等到做官的机会。曹魏实行九品中正制度，任用中正官在地方上选拔人才，并且把人才分为九个层次给予等级划分，然后再依据这个层次划分规定升迁的先后。这样做，其实就是把以前察举制下地方舆论的决定权收归中央，由中央来管理，其实是察举制的变形。能够获得好评被中正重视的人，往往是地方大族，因为这些大族在地方上很有威望，实力雄厚，普通人无论在学问还是人际关系上很难与他们竞争。大族出名士，名士出大族，当时已经成为一种普遍现象。大族为了获得好评，造成舆论，以进入选官体制，必须要适时地推出自己中意的家族人物。当王业带着王弼拜见吏部郎裴徽，裴徽在和王弼关于有无问题的谈话之后，非常赞赏王弼。裴徽的称扬，实际上是对王弼的宣传，王弼由此获得了以后上升的舆论基础，当时王弼才十七岁左右。后来，何晏给了王弼更高的评价，已经给王弼造成很大的正面社会影响，王弼由此名扬士林，天才少年的形象已经形成。可见，选官体制对于少年天才的诞生有促动作用。

作为天才少年，其实是把一生的能量聚集在较早的时段爆发出来，他们专心投入，智力远高常人。但是，中国有句古话，"过犹不及"，智力过于超常，精神、智能发挥过盛，某种程度上可能会对体质形成一些损害。所以，魏晋时期的天才名士体质都比较羸弱。比如，晚于王弼的名士东晋人卫玠（286～312），字叔宝，河东安邑（今山西夏县）人，史书上说他："年五岁，风神秀异……及长，好言玄理。其后多病体羸，母恒禁其语……京师人士闻其姿容，观者如堵。玠劳疾遂甚，永嘉六年（312）卒，时年二十七，时人谓玠被看杀。"卫玠诚然是王弼一流的天才人物，甚至风神超越王弼，但他身体素质很差，结果在二十七岁的时候就去世了。史书上说他是美男子，整天有人想一睹他的风采，结果为了应付众多"粉丝"的要求，卫玠这个当时的大众偶像竟为此而劳碌丧命。再比如，东晋的谢朗，字长度，是"风流宰相"谢安的侄子，史书上说他："善言玄理，文义艳发，名亚于（谢）玄。总角时，病新起，体甚羸，未堪劳，于叔父（谢）安前与沙门支遁讲论，遂至相苦。"谢朗"总角"（八九岁到十三四岁）就能清谈玄理，自然也是天才名士了，但他的身体素质同样不怎么好，甚至不能做剧烈的活动。史书上没有讲他具体的年龄，只说他"早卒"。通过卫玠与谢朗的例子推断，作为天才名士的王弼身体可能也比较孱弱，所以未能抵抗疫病的侵袭。据《列子》张湛序所言，王弼亡后，留下一女嫁于赵季子。

王弼虽然年少早逝，只活了短短的二十四个春秋，但是他著述宏富，给自己的人生创造了无比的辉煌。这些著述包括《周易注》《周易略例》《老子注》《老子指略》《论语释疑》《周易大衍论》《王弼集》等。中国古人讲"立德""立言""立功"为"三不朽"的盛事，王弼起码做到了"立言"，可以不朽是显然的。现在王弼文集比较好的版本是楼宇烈先生的《王弼集校释》，里面搜罗了王弼现有的所有文字，一书在手，可以尽揽王弼的思想。

王弼作为天才哲学家，通过艰深的理论创造，成就了自己的思想体系，从而为自己建立了一座玄学迷宫。如果浏览王弼

的著述，会发现他注释《周易》《论语》等儒家类著作，同时
又注释《老子》这样的道家类著作，初看起来似有矛盾，因为
先秦时期以至秦汉儒道两家争论就比较激烈，王弼怎么能同时
给两家都做注释呢？再者，王弼给别人的著作做注解，那么他
自己的思想又在哪里？王弼对儒道注释的话语，有时候受制于
文本，往往显得有点支离，那么，王弼有没有自己的核心思
想呢？

　　要回答以上问题，必须要明白王弼进行理论论证的方法，
如此才能把王弼的思想串成线，从而不被表面的某些杂乱干扰
我们认识王弼思想。如果用最简洁的话来概述王弼的理论方
法，那么，一言以蔽之就是：辨名析理，直探根本。王弼对于
《老子》《周易》《论语》思想的提炼，都遵从了这一原则。这
也是我们了解王弼思想的大纲。

第 2 章

以无为本，崇本息末

　　王弼注道家的著作主要是《老子注》与《老子指略》。

　　《老子》又叫《道德经》，按照司马迁《史记》的记载，此书是春秋时期老子名李耳者所著。但是，司马迁在写完老子的传记之后，又提及老莱子、太史儋，后人以为三人都是老子。其实，司马迁明确指出，老莱子是与老子有相同思想的一个人，不是老子。太史儋是在老子一百多年之后的人，有传闻说太史儋是老子，也有人说不是，对此，连司马迁本人也不能确定了。《史记》中还说老子活了一百六十多岁，甚至达到了二百岁。由此看来，司马迁生活的西汉时期，对于老子的认识已经不是很清晰，甚至对他有神化的倾向。不过，司马迁说老子写了五千多字的书却是事实。1973 年，湖南长沙马王堆汉墓里发现了帛书，其中就有《老子》，不过称为《道》《德》经，《德经》在前《道经》在后。1993 年，湖北郭店战国墓里又发现了竹简本的《老子》，不过只有两千多字，这说明《老子》

一书的写成确实很早。

对《老子》一书的注释很早就开始了，现知最早的是韩非子写的《解老》《喻老》，用《老子》的思想为法家政治寻找形上依据。两汉时期比较著名的注老著作是西汉严遵的《老子指归》、东汉末年张鲁的《老子想尔注》，前者较为重视老子原意，后者主要是从宗教角度作阐释的。东汉末年之后，随着儒家思想的式微，喜欢《老子》的人更是增多，形成一股很大的风气，甚至人们常讨论孔子和老子思想优劣何在，两者谁更高明。当时人喜欢《老子》，是因为此书带给人们不一样的思想。此书言简意赅，富有哲理，启发人们的心智，教导人们探寻事物的根本道理，使人们感受到清新自然的风气。并且，此书对不良政治的痛诋，也与东汉末年混乱无序的社会现实相契合，带给人们批判的武器。

王弼还对《老子》作过精要的解析，这就是《老子指略》。《老子指略》是王弼对《老子》的总体认识，是通论性的著作。此书在唐宋及以前的一些史书之中都有记载，宋代之后就不见著录，大约后来亡佚了。近代学人王维城在《道藏》中发现有名为《老君指归略例》《老子微旨略例》的文章，他将之与王弼的《老子注》对勘，发现它们在文字风格和思想主旨上都非常相合，因而断定《老君指归略例》等文章是王弼《老子指略》的逸文。这就使得已经亡佚的《老子指略》部分文字得以重见天日。

王弼十几岁就很喜欢《老子》了，并且给此书作了注释。正始时期（240~248）的清谈领袖何晏也很重视《老子》，想为此书作注，但是，当他看到了王弼的《老子注》之后，对之"神伏"，马上明白自己是无法超越王弼的，因此放弃了以前的想法，而只写了《道》《德》论。可见，王弼对于此书所下的精力以及所达到的思想高度。王弼通过写《老子注》《老子指略》，所要表达的主要意思就是以无为本、崇本息末。

以无为本，正本清源

《老子》一书强调道是一切的根本，符合道去做事，就会简便轻松，背离了道就会走入歧途。《老子》认为，很多人都认识不到这一点，所以导致社会政治每况愈下，形成了历史退步的形势，如果要想得到进步，只能返回到道的要求。那么，如何返回呢？很简单，那就是无为而无不为。这就是说，不管任何事情，都应该按照事物本来的要求去做，而不要违背事物本身的规律，特别是统治者更应该节制欲望，把握最根本的道理，采取无为而治的方式统治国家，真的实行了这种措施，所有事情都可以做得非常好。《老子》表面上强调不强行做事，实际上是要在这个基础之上达到"无不为"，这是一种很高超的统治智慧。比如，法律是用来规范人们行为的，它只要简洁明了就好，让大家清楚明白，容易去做。但是，恶劣的统治者却制定很多的刑法去压制老百姓，这就破坏了法律的本意，变成统治者牟取私利的工具。所以，《老子》说："民不畏死，奈何以死惧之？"因此，法不在多，而在于有其基本精神就好。如果这样去实行，统治者就可以不用整天劳心劳力，而人民照样可以统治得很好，这不就已经达到目的了吗？用强力手段都不一定能统治好，而用简便的方法却可以事半功倍，统治者为什么不警醒呢？很多人误解，以为《老子》一味提倡无为，其实无为的背后是无不为，这才是根本。

《老子》书中也讲"无""无为"，如"无，名天地之始；有，名万物之母""圣人处无为之事，行不言之教""为无为，则无不治"等，但是"无""无为"只不过是道的要求，是按照道的教导达到的境界，与道还不能完全画等号。在《老子》那里，道才是根本，才是所有，其他都是道所派生出来的。道就是天地万事万物运行的总法则、总规律。道的要求是"无""慈""俭""虚静""柔弱"，如水一样，容受万物，而又有坚强的力量，"水滴石穿"，又如同婴儿，看起来弱小，但是蕴藏无限的生命力。王弼为《老子》作注，他强调的不是"道"而是"无"，王弼把"无"升格成万事万物的根本，强调"无"的强大作用。这不是王弼的首创。魏晋以来，"有"与"无"的问题成为一个重大的理论问题，许多思想家极力弘扬"无"的地位。何晏已经提出"以无为本"的思想，在当时引起很大反响，当裴徽见到王弼，首先讨论的也是"有无"问题。王弼生活在正始时期的这种氛围里，他重视"无"的作用是可以理解的。道与"无"相比，道显得比较中立，不肯定不否定，但是无就不一样，无有很强的否定意味，这种否定性，正好可以带来理论的冲击力量，加强认识问题的深刻性。所以，以无为本有理论的张力。

王弼认为，无是万事万物之根本。他在《老子指略》里这样说："夫物之所以生，功之所以成，必生乎无形，由乎无名。无形无名者，万物之宗也。不温不凉，不宫不商；听之不可得而闻，视之不可得而彰；体之不可得而知，味之不可得而尝。故其为物也则混成，为象也则无形，为音也则希声，为味也则无呈。故能为品物之宗主，苞通天地，靡使不经也。若温也则不能凉矣，宫也则不能商矣。形必有所分，声必有所属。故象而形者，非大象也；音而声者，非大音也。然则四象不形，则大象无以畅；五音不声，则大音无以至。四象形而物无所主为，则大象畅矣；五音声而心无所适焉，则大音至矣。"这段话非常简洁地表达了王弼的思想。他认为，无形无名的东西是万物的宗主，其他有形有名的事物都是从此演化出来的。这种无形无名没有温凉之感、没有宫商之音，体察不到，也尝不出滋味，听不到也看不见。为什么无形无名能成为万物宗主呢？王弼是从否定方面立论的。同一个东西有了热感就不会再有冷感呈现，同一情况之下有了宫这个声音就不会再奏出商这个声音，看来同是具体的东西不能包容和它一样也是具体的东西。具体的东西一定会有分别和差异，演奏出一种声音而另外一种声音不能一下子弹奏出来。所以，有形有名的东西，不是全体；只能一时弹奏一种声音，不是最美好的音乐。因此，必须要超越具体的形、象、音的分别，寻找能够主导它们的东西。能够主导具体的东西的事物只能是一般的东西，主导形象的只能是没有形象的，主导音乐的只能是没有音乐的。比如，酸、甜、苦、辣、咸是五种味道，它们都是非常具体的，酸不能形成甜，甜不能形成苦，苦不能形成辣，辣不能形成咸。因此，形成酸、甜等东西的事物必定不是酸、甜等东西本身，那它究竟是什么呢？它绝对不是酸、甜等具体的东西，只能是包含酸、甜等东西的共同的、一般的事物，可以叫作"味道"。"味道"是什么呢？"味道"不是酸、甜等东西，没办法具体地说，那就称为"无"吧。可见无是万事万物的本体。再比如，马有白马、黑马、黄马等各种颜色的马，白马不是黑马，黑马也不是黄马，谁能形成白马、黑马等具体的事物呢？只能是"马"这一全体，马能形成白马、黑马等，但是反过来白马、黑马等只是马的一种，不能包含所有的马。所以，能涵盖具体事物的东西必然不是特定的东西，把特定的东西都否定掉，能包含它们的就用无来称呼。虽然通过具体事物的认识得到了最后的本体无，并不意味着具体的事物可以抛弃了，它引导我们接近无，它的存在也是必要的。如果人们在行事的时候，不先入为主地被一种思想所控制，那我们的行动就有无限的自由度，这也是我们了解无之后的启示。

王弼在其他地方都充分说明了以无为本的想法。他在解释《老子》第一章"无，名天地之始；有，名万物之母"时说："凡有皆始于无，故'未形''无名'之时则为万物之始，及其'有形''有名'之时，则长之育之，亭之毒之，为其母也。言道以无形无名始成万物，以始以成而不知其所以玄之又玄也。"王弼认为，"无形""无名"的无能生有，它形成万物，是万物的始基，等万物自然发动之后，无还在具体的事物里面发挥作用。就是说，无能生有，有不能生无，无是根本。去除万有对事物根本的遮蔽，呈现事物的本质，这是王弼经常用的方法，也是他进行理论综合的归宿点。《老子》第十一章说：
"三十辐，共一毂，当其无，有车之用。"三十根辐条凑到车毂
（车子中间的轮轴）上，正因为辐条是中空的，它与轮轴结合
在一起才能转动，才能让车子行驶。《老子》用人们日常生活
的经验作比喻，讲了很深的道理，指出平时不被人们重视的
"空虚"的好处。王弼解释道："毂所以能统三十辐者，无也，
以其无能受物之故，故能以实统众也。"此处的解释简单明了，
正因为有无（毂中间的空虚处）的存在，轮轴才能插到里面转
起来带动车子前进。所以，无看起来没什么，但实际上用处很
多。《老子》第十四章有"能知古始，是谓道纪"的话，王弼
解释道："无形无名者，万物之宗也。虽今古不同，时移俗易，
故莫不由乎此，以成其治者也。故可执古之道，以御今之有，
上古虽远，其道存焉，故虽在，今可以知古始也。"无形无名
才是万物宗主，世间万物复杂变化，让人眼花缭乱，但是，这
些变动中间，总能看到无的运行。为什么能看到呢？是因为智
者能够把外在的多余事物清除，而让事物的本质呈现出来，属
于直探根本的方法。《老子》第四十章说："天下万物生于有，
有生于无。"王弼解释道："天下之物皆以有为生，有之所始，
以无为本，将欲全有，必反于无也。"有之形成赖无存在，要
想认识有，必须回到问题的根本无那里，以无为本的重要可想
而知。为了引导人们跟上他的步伐，王弼往往采用这样的论理
步骤：第一步，指出万有是具体的，自己不能主宰自己；第二
步，既然万有不能主宰自己，那么它们背后必定有更高的主
宰；第三步，这个更高的主宰就是无，只有无才能摆脱具体的

束缚，达到对万有的包容。

王弼之所以坚持以无为本的思想，与他辨名析理的理论方法是有关的。所谓辨名析理，简单地说就是从概念入手，弄清它的内涵和外延，采取逻辑论证的方法，一步步地得出结论。这种论述问题的方法，层层递进，环环相扣，所得结论往往也周延绵密，经得起考验。他在《老子指略》里面提及这种方法："夫不能辩名，则不可与言理；不能定名，则不可与论实也。凡名生于形，未有形生于名者也。故有此名必有此形，有此形必有其分。仁不得谓之圣，智不得谓之仁，则各有其实矣。夫察见至微者，明之极也；探射隐伏者，虑之极也。能尽极明，匪唯圣乎？能尽极虑，匪唯智乎？校实定名，以观绝圣，可无惑矣。"所谓名大体相当于概念，理相当于实在。王弼认为，概念是从实在的东西总结出来的，因为实在的东西都有差异，所以概念也是有差异的，认识事物应该按照实在来形成它的概念，根据概念观察实在具有的特征。这样就可以深切明晰地认识事物本质。这就像圣、仁、智的概念，仁不是圣，智也不是仁，因为它们都有各自的实在，不能混淆。具有各自实在的事物，它们互相之间是不能包含的，包含它们的必定是超越它们的东西。他进一步说："名之不能当，称之不能既。名必有所分，称必有所由。有分则有不兼，有由则有不尽。不兼则大殊其真，不尽则不可以名，此可演而明也。"具体事物没有正确的概念，那么称呼不可能周密。概念是用来区分事物的，称呼是按照人们的认识给它的。有区分则不能涵盖全体，掺杂了人的认识则不能全面。不能涵盖全体就会掩盖事物真实，不能全面则称呼是有限制的。如果要想认识事物根本，就是要把"不兼""不尽""不真""不名"都去掉，而直接认识事物的真相。概念无非由内涵和外延组成，内涵越大，外延越小，反之亦然。如果去掉不必要的外延限制，那么内涵无限大，就像没有什么一样，就是无了。比如，有个人叫张三，据说很勇敢，人们一提起来就把张三和勇敢联系在一起。不管他的人名还是对他的评价，都是外延，他的内涵是活生生的人。外延甚至可以消除，比如，名字可以变化，勇敢的评价可以没有。当去除掉这些外延之后，我们再来看张三，他可能不仅勇敢，而且无私，甚至高尚。但我们往往因为勇敢遮蔽了他，而看不到他本人的真实面貌。所以，当把张三外在的很多东西去除之后，张三的适应性反而更强了，而他的真实情况也就显现了。这就是王弼以无为本的高明。

显然，以无为本的无绝对不是没有、虚幻、不存在，相反，无是"全有"，能够涵盖所有事物，它是王弼哲学逻辑发展的必然。当王弼认识到有的局限，力图克服这一局限继续进一步追寻事物的根本时，无成为他称述万事万物本质的名称。无很容易让人想到佛教的空，两者有相同点又有差异。相同点之一在于，无与空都不是没有。王弼的无是逻辑总结出来的结果，无不是任何具体的事物，但它又在任何事物之中，是能规定具体事物的事物。佛教的空也不是没有，佛教认为，事物是各种条件汇合而成的，条件变化了，事物也就跟着变化了，事物没有自己的本性。相同点之二在于，无与空都强调体用不离。王弼的无是从观察有而得出的，无为体有为用，由有可以体无，由无可以观有，不能因为从有得无而否定有，有无是统一在一起的。佛教认为，不能执着于有，也不能执着于无，即使非有、非无也不能执着，最后还要回到亦有亦无，达到体用不二、圆融无碍的境界。两者的差异之一在于，各自在本身的思想中的地位不同。无在王弼的哲学思想中具有最高地位，他理解事物都是从此出发和延伸的，而空虽然也是佛教的重要思想，但并非最高的理念，认识到空的最终目的是获得智慧，达到涅槃境界。两者的差异之二在于，其思想的精致程度不同。无是玄学思想的重要概念，在王弼那里已经发展到很高的理论水平，但是它与佛教的空观相比，其精致绵密程度还是较为薄弱的。王弼的无虽然也认识到体用不离，但未完全明确地表达出来，佛教的空观却对之阐述得酣畅淋漓、精深透彻。仅此一例就可说明佛教的空观理论精致程度比王弼的无更高，更有理论的包容力，所以后来佛学能够涵摄玄学，而玄学不能与之颉颃而退出历史舞台。有人说，王弼无的思想受到佛教思想的启发，在没有更坚实的证据之前，我们认为王弼受佛教启发的可能性非常之小。

何晏是玄学贵无论思想的提出者，王弼的以无为本与之相比有没有差异呢？应该说，两者差异还是存在的。第一个差异是，何晏的贵无思想还带有较多的生成论色彩。所谓生成论就是说事物之间就像母生子一样产生，母孕育了、生成了子，由此彰显母的价值。何晏说无可以生有，有是从无中孕育出来的，因此无就与万物之母一样。何晏的贵无思想，虽然认识到无的意义，但受汉代宇宙生成论的影响较大，把事物都看作无所派生出来的。王弼的以无为本，是认为在万有之后有一个本体那就是无，无指导、掌控有的运作，它是万事万物的实质。王弼的以无为本已经比较彻底地脱离了生成思想的影响，专注于探讨现象和本质的关系。第二个差异是，何晏的贵无思想在处理有无关系上有分离的倾向，而王弼是尽力统一有无的关系。所谓有无关系的分离，就是强调无的作用，有处于附属的地位，就像孩子附属于父母一样，这可能导致事物自身的价值被忽视。王弼的以无为本，虽然也强调无的优先价值，但不否认、不排除、不降低有的作用，无是从有之中总结出来的，无必须回到有才能呈现自己的运行，由有及无，再由无及有，两者是对立统一的。

王弼的以无为本和古希腊哲学家柏拉图的"理念论"有一些相似。柏拉图认为，理念是超越于个别事物之外并且作为其存在之根据的实在。理念有多重含义。其一，理念是事物的共相，即理念是从万物之中抽象出来的整体，是事物的本质。其二，理念是事物存在的根据，事物分有了理念，从而形成自己，没有分有就没有事物。其三，理念是事物模仿的模型，事物模仿了理念才成为事物。其四，理念是事物追求的目的，理念是事物的本质，事物的存在就是要实现本质。对照这四点，再来看王弼的以无为本。第一，无是从万有之中总结出来的，它是万物的根本。第二，无指导万有的活动，万有在运行的过程之中，会体现无的部分特性，没有无的发动也没有万有的存在。第三，无生成万有，万有需要依照无的教导去运行，万有遵从无的引领，时刻以无的要求运动。第四，无是万有运动的最终归宿，万有的运行之中可以体现出无的作用，展现无的存在，凸显无的价值。如此对比看来，王弼以无为本的思辨确实达到了很高的水平。

14世纪英国哲学家威廉提出了一种观点，概括为"如无必要，勿增实体"，即"简单有效原理"，因为他出生于英格兰的奥卡姆，这一观点又被称为"奥卡姆剃刀定律"（Occam's Razor）。就是说，认识事物越是简单的往往越是最接近真理的，不必要的烦琐的东西应该被忽略或清除掉。而王弼剥除现象界的复杂多变，而直接对待事物本体的做法，提出以无为本，与这一理论观点也有相似之处。

王弼和柏拉图还有威廉哲学的对比所存在的类似，不能完全等同，因为他们的时代背景和思考角度都是非常不一样的，简单的对比只是说明古今哲人对问题的关注有暗合之处，仅此而已。

王弼的以无为本，找到了一条认识万事万物本质的道路，并建构起自己思想大厦的基础。他思考的理路简洁明了，排除了现象世界对人们认识本质世界的干扰，具有重大的理论启发意义。不仅如此，这一理论还有重大的现实意义。认识到了无，那么可以做到"无为"，但是只有无为还不够，也不会对现实发生作用，因此还应该在无为的指导之下做到"无不为"。说到底，王弼的以无为本其实质是政治理论，因为只有如此，才能实现无为而治。君主实行以无为本，就不会被现实所迷惑，而能时时保持头脑清醒，作出正确决策；君主实行以无为本，就会对待任何人都不掺私见，不会因为自己的好恶而流失人才，从而录用更多有益于统治的栋梁；君主以无为本，就会抓住政治根本，而不会本末倒置、主次不分，从而可以保持统治长治久安。

崇本息末，纲举目张

既然主张认识事物以无为本，那么，按照逻辑发展的自然推理，肯定会得出重无轻有的观点。因为无是本、有是末，所以重本轻末也就在情理之中了。无是根本，指导万事万物的运作，因此它是第一位的、最本质的；万事万物必定围绕无的要求去运行、去展示自己。当然，重本轻末不是说不要末，消除末，而只是认为本末两者有价值高低之分，在认识它们的时候应该区分清楚。

从字义来讲，本、末是指树根和树梢，引申为始末、主次等意思。表示始末意思的，比如，《左传·庄公六年》载："夫能固位者，必度其本末，而后立衷焉。"杜预注："本末，终始也。"类似的有汉代王充《论衡·正说》："儒者说五经，多失其实。前儒不见本末，空生虚说。"表示主次意思的，比如，《荀子·富国》："十年之后，年谷复熟，而陈积有余，是无它故焉，知本末源流之谓也。"类似的有《大学》："物有本末，事有终始，知所先后，则近道矣。"上述这些意思，都很难上升到本体的意味。事物的始末只是表示它的开始和结束，是事物运动的过程描述；事物的主次，是说明各种事物相比哪种地位更加重要。所有这些解说都缺乏超拔的观念。因为，本末关系绝对不是重要与不重要的关系，也不是主要与次要的关系，这对范畴是要探讨事物背后的依据和事物存在的本体。比如，空气对我们人来说很重要，没有空气我们就不能生存，但是不能因为空气对我们重要就认为它与我们的关系是本末关系，我们需要它，可它不是我们的本体。那么，什么是人类的本体，这正是哲学上探讨的问题。有人认为人类的本体是物质，有人认为是存在，甚至有人认为人类的本体是上帝。各种观点不同，但很显然，不论是物质和人、存在和人以及上帝和人的关系，都不是从重要与否角度讲的，而是从事物的本质与现象角度讲的。

真正把本末提升到形上高度，并且用本质与现象观点认识事物原理的，在中国古代哲学史上王弼可能属第一人。现象是纷纭多变的，五光十色，光怪陆离，所以也可以称为"多""子"；但本质是恒常的、永在的，所以也可以称为"一""母"。现象可能会遮蔽我们的眼光，不能让我们认识到事物的本质，但是，一旦认识到事物的本质，那么整个现象界就会变得容易把捉。通过现象认识本质有时不是一次就能完成的，而要经过多次的层层剥离。比如，一个具体的人，他首先是动物，然后是生物，再往上推是物质。物质可以说就是人的本体了。当然有些哲学家不称本体为"物质"，有的称为"理念"，有的称为"在"。

王弼在《老子指略》中写道："《老子》之书，其几乎可一言而蔽之。噫！崇本息末而已矣。观其所由，寻其所归，言不远宗，事不失主。文虽五千，贯之者一；义虽广瞻，众则同类。解其一言而蔽之，则无幽而不识。每事各为意，则虽辩而愈惑。"《老子》说自己的思想很简单，但是很多人都不懂，《老子》一书还用已经很少的文字五千言来说明它的思想。王弼认为，《老子》其书虽然有五千言，但是中心思想只有一个，那就是"崇本息末"。"崇本息末"在《老子》中没有提起过，这是王弼观察了《老子》的思想宗旨之后总结出的论点。他说，如果只是单纯地去解读《老子》中的某些话、某些段落，那只会导致《老子》的思想进一步被遮蔽，越说越说不清楚，因为《老子》的论说有时候是针对具体问题、个别现象进行的，完全跟着它走，就会进入迷宫，而丧失对它的整体把握。以"崇本息末"来概括《老子》一书的主要思想可谓一语中的，有提纲挈领、纲举目张的功效。

王弼的《老子注》中提及"崇本息末"有三次。第一、第二次都出现在《老子》第五十七章注。对"以正治国，以奇用兵，以无事取天下"一句，王弼说道："以道治国，崇本以息末；以正治国，立辟以攻末。本不立而末浅，民无所及，故必至于奇用兵也。"在注释同章"我无为而民自化，我好静而民自正，我无事而民自富，我无欲而民自朴"时，王弼说："上之所欲，民从之速也；我之所欲，唯无欲而民亦无欲自朴也。此四者，崇本以息末也。"第三次是在注《老子》第五十八章"光而不耀"时，王弼说："以光鉴其所以迷，不以光照求其隐匿也，所谓明道若昧也，此皆崇本以息末，不攻而使复之也。"在《老子指略》中，王弼两次提到"崇本息末"，其中一次上面已经提及，另外一次王弼是这样讲的："论太始之原以明自然之性，演幽冥之极以定惑罔之迷。因而不为，损而不施，崇本以息末，守母以存子。贱夫巧术，为在未有，无责于人，必求诸己。此其大要也。"

那么，到底什么是"崇本息末"以及如何做到这一点呢？王弼进行了详细的解释："夫邪之兴也，岂邪者之所为乎？淫之所起也，岂淫者之所造乎？故闲邪在乎存诚，不在善察；息淫在乎去华，不在滋章；绝盗在乎去欲，不在严刑；止讼存乎不尚，不在善听。故不攻其为也，使其无心于为也；不害其欲也，使其无心于欲也。谋之于未兆，为之于未始，如斯而已矣。故竭圣智以治巧伪，未若见质素以静民欲；兴仁义以敦薄俗，未若抱朴以全笃实；多巧利以兴事用，未若寡私欲以息华竞。故绝司察，潜聪明，去劝进，剪华誉，弃巧用，贱宝货。唯在使民爱欲不生，不在攻其为邪也。故见素朴以绝圣智，寡私欲以弃巧利，皆崇本以息末之谓也。"这句话对理解王弼的"崇本息末"思想以及理论方法都很重要。

首先，王弼指出，邪（邪恶）淫（放肆）等行为的发生，表面上看似乎是邪淫者所导致的，事实上并不是这么简单，这些行为的发生从根本上讲，是因为人们只看到了事物的表面现象，而没有追溯事情的本质。对付邪恶靠严密防范是不够的，而应该通过人们的真诚才能达到目的；对付淫荡靠峻法去治理也是不够的，而应该去掉铺张的想法才能成功；对付偷盗靠严刑打击也是不够的，而应该去掉人们的欲望；停止诉讼不在于善于辨别好坏，而在于不去崇尚争夺。所以，真诚做到了，那肯定没有邪恶；不铺张，肯定没有放肆的行为发生；没有欲望，就不会有偷盗发生；不去争夺利益，也就不存在大量诉讼。这才是问题的本质。王弼强调，看待事物就应该抓住核心问题，而不要被枝节所牵绊、所迷惑，这样才能做到釜底抽薪。

其次，王弼认为，既然认识到这一点，那就要坚决去除那些影响本质的现象，如此就可以做到事事顺利。所以，要不"善察"而"存诚"、不"滋章"而"去华"、不"严刑"而"去欲"、不"善听"而"不尚"，这样才能做到"闲邪""息淫""绝盗""止讼"，透过现象抓住问题的本质。而很多人往往被现象所迷惑，找不到处理问题的真正方法。

最后，王弼认为，对待事物的正确做法，那就是"无心于为""无心于欲""见质素以静民欲""抱朴以全笃实""寡私欲以息华竞"，就是抱着无的态度，不刻意追求过分的东西，这样才能够彻底完全地"绝圣智""弃巧利"，从而可以抓住根本，真正实现天下太平。如果抓不住根本，头痛医头、脚痛医脚，处理事情始终不会有一个根本的了断。所以王弼认为，应该重视"崇本息末"，那些枝节末叶的做法，越搞越乱，乱上添乱，都不能最终解决问题。按照王弼的思路，如果我们能够做到存诚、去欲、去华、不尚，那么整个社会就不会存在邪淫、偷盗等不良现象，这是根本的救治社会问题的方法，仅仅单纯地去惩罚邪淫、偷盗的人并不能彻底解决问题。当从整体上观照事物，应该看到社会之所以有不尽完美之处，是因为人们更多停留在具体事物方面，而忽略了导致这些现象的根本原因。王弼的看法对我们反观社会现实也是很有助益的。比如，现实生活之中，我们喜欢树立很多先进人物作为学习的榜样，并且也大力提倡。大力提倡背后说明什么问题呢？说明我们周边的先进人物是很少的，大力提倡是为了更多先进人物出现。依照王弼的观点，通过树立榜样来提倡做先进人物未必是根本有效的办法，根本的办法是不用提倡典型（不尚），而是让每个人都做好自己的事情，都成为自己理想的人物。当大家都成为自己的理想人物时，社会上还有典型吗？而典型消失了，可是人人都得到完善了。这是王弼认为的处理现实社会问题的本质性做法。

王弼除了提到"崇本息末"的观点之外，还谈及"崇本举末"的思想。他在《老子注》第三十八章中写道："载之以道，统之以母，故显之而无所尚，彰之而无所竞。用夫无名，故名以笃焉；用夫无形，故形以成焉。守母以存其子，崇本以举其末，则形名俱有而邪不生。大美配天而华不作，故母不可远，本不可失。仁义，母之所生，非可以为母；形器，匠之所成，非可以为匠也。舍其母而用其子，弃其本而适其末，名则有所分，形则有所止，虽极其大，必有不周，虽盛其美，必有忧患，功在为之，岂足处也。"王弼认为，无形无名的东西才能形成其他具体事物，有形有名的东西只能显示自身，不能形成其他事物。就像仁义，是事物的本质形成的，但它自身并不是本质；比如形器，是工匠所制作的，但是它本身并非工匠。所以，对待事物应该善于抓住它的根本，而不要舍母用子、弃本逐末。认识到这一点，万事万物在运行的过程之中，就会保持无的要求，从而做得恰如其分。为什么唯有这样才能做好事情呢？因为如果老是看到有，停留在现象世界，就会被现象所迷惑，因为现象是纷繁复杂、烦乱无章的，这样永远走不出现象世界的"迷宫"，只能沉溺于它们而浑浑噩噩。因此，应该超越具体的有，体认在有之上的无，这样抓住了根本，可以容受任何事物，任何事物都能在我们这里找到位置，世界在我们面前就变得清晰。这就是无对于我们的好处。无作为本，当然应该崇重，但是，因为具体事物帮助我们认识到了本质，所以它也不能抛弃，这样才能认识到本质，又在具体的事物之中按照本质去做。所以王弼说"守母以存其子，崇本以举其末，则形名俱有而邪不生"。

这里就产生了一个问题，"崇本息末""崇本举末"是否存在矛盾？"息"有停止、消灭、去除等意思，"举"当然是重视、贯彻、实行的意思，到底是重视本质消灭现象还是重视本质使之贯彻到现象里呢？有人认为，两者并不矛盾，只有先"息"才能再"举"，这是王弼理论的自然反映。有人认为，两者不是一个层面的，前者是指政治层面的无为与有为而言，就是要消除有为的政治而实现无为的政治，所以只能"息"，而后者是指宇宙本体与封建社会之间的关系，通过本质的获得而完善封建关系，只能是"举"。可以肯定的是，对理论素养丰厚、思辨清晰严明的天才哲学家王弼而言，他的逻辑思路要是有矛盾，那是非常困难的事情。可以看到，王弼所谓的"崇本息末"中间的"息"其实质绝对不是停止的意思。"崇本息末"的内涵是要强调以无为本的思想，为了突出此点，对于万有的末在言辞上就显得稍有忽略了，用"息"字也不过是为了加重这层意思。所以，这句话的本义不能停留在字面上，而应该看到王弼的指导思想。况且，遍翻王弼的文集，没有找到一处王弼讲过要消灭末的理论。他往往是本末兼举，互相照应，突出无的重要。"崇本举末"主要是就万有的方面立论的，所以强调对末的保持，对末的体察，强调无的精神在万有之中的贯彻。整体来看，"崇本息末"与"崇本举末"并不矛盾，只是侧重点不同。很显然，"崇本息末"与"崇本举末"也不单纯是关于无为与有为的政治问题，它们就是指本质与现象的关系问题。

"崇本举末"是要在"末"之中贯彻"本"的要求从而达到事物的良好运行，这就是"以无为用"。《老子》第十一章说："埏埴以为器，当其无，有器之用；凿户牖以为室，当其无，有室之用。故有之以为利，无之以为用。"《老子》作了很形象也很容易为大家所理解的比喻。抟土制成器皿，那么就可以来盛放东西，它之所以能够起到盛放东西的作用，就因为器皿是中空的；开凿窗户来建立居室，那么居室就可以发挥住人的作用，它之所以能如此，是因为用来建立居室所开凿的窗户是中空的。因此，《老子》总结道，有形的东西（器皿、居室等）之所以能显示自己的存在价值，是因为它们充分借助了无形的东西（抟土所留之空、开凿窗户所留之空）。王弼对《老子》的话解释道："木、埴、壁之所以成三者，而皆以无为用也。言无者，有之所以为利，皆赖无以为用也。"王弼的意思很明白，任何有形的东西所能表现出来的功用，都是借助了无从而能使自己具备价值。《老子》第四十章说："反者道之动。"

王弼对此解释道："高以下为基，贵以贱为本，有以无为用，此其反也。动皆知其所无，则物通矣。故曰，反者道之动也。"王弼认为，事物运动都是相反相成的，高下、贵贱、有无皆是如此，如果在有形事物的运动过程之中观照、体察、呈现无的作用，那就非常完美了。可见，"以无为用"是在万事万物运行过程之中体现出来的，是本在末之中的呈现。本是通过末总结、演变出来的，但它并不是离开末独自存在的，如果这样本就没有着落，也就没有存在的价值。而末的运行只有符合了本的要求，把本的特质充分发挥出来，才是走向了圆满。这就是"崇本"而又"举末"的道理。

王弼也经常使用"因"这个字来表达"崇本举末"的思想。所谓"因"，就是顺着、照着的意思，末因本，则末举而本崇。《老子》第二章说："功成而弗居。"王弼解释道："因物而用，功自彼成，故不居也。"顺着事物的本性让它发挥出来，往往能够做事成功，但是因为看起来就像没做过事一样，所以不会有居功的表现。《老子》第二十八章说："朴散则为器，圣人用之，则为官长。"王弼解释道："朴，真也。真散则百行出，殊类生，若器也。圣人因其分散，故为之立官长。以善为师，不善为资，移风易俗，复使归于一也。"王弼认为，事物的本质"朴"分散之后，就形成了各种各样的具体事物，圣人顺应这种情况，然后建立了各种政治制度。圣人建立功业乃在于顺应了本（朴）的教导，并把它用于末（立官长）。《老子》第四十七章说："不为而成。"王弼解释道："明物之性，因之而已。故虽不为而使之成矣。"顺应事物本性做事，看起来什么也没有做，但是万事万物都能安排得非常有条理，这是因为把握了本（物之性）而又能使之利用于末（使之成）。《老子》第四十九章说："圣人无常心，以百姓心为心。善者，吾善之；不善者，吾亦善之。"王弼解释道："动常因也。各因其用则善不失也。"圣人的行动总是能够做到顺应本（无常心），然后根据各种具体的情况行事，从而能够完善末（善之）。"因"正好沟通了本与末，成为"崇本"与"举末"之间的桥梁。

"崇本举末"所达到的理想状态就是"自然"。自然并非"大自然"的意思，而是自然而然，按照事物本来的样子，该是什么就是什么。自然的状态要求体认事物的本质，恢复事物的原貌，特别反对搅扰、强为、修饰、刻意，这些都是违背自然的行为，是应该极力反对的。但很多人不明白这一点，特别是统治者，他们往往反其道而行，好大喜功、严刑峻法、穷兵黩武、奢侈放荡，这些行为都是政治统治的大忌。王弼在《老子注》中大约提及"自然"三十次，频率是很高的，也可见它在王弼思想中的重要地位。《老子》第十七章说："悠兮其贵言，功成事遂，百姓皆谓我自然。"王弼解释道："自然，其端兆不可得而见也，其意趣不可得而睹也，无物可以易其言，言必有应，故曰悠兮其贵言也。居无为之事，行不言之教，不以形立物，故功成事遂，而百姓不知其所以然也。"王弼认为，自然是很难看到它的具体形象的，它的运行也是很难目睹的，它无为、不言，但以之行事却能显示很大功效，以至于事情都做成功了，但是老百姓并没感觉做过什么似的，这就是自然的妙用。自然为什么会有这样效果呢？是因为它只是遵从事物的本性做事，该如何就如何，从来没有违背事物本来的样子。可见，自然其实就是"无"所运行的理想状态，它在实际政治中运行的效果非常明显。所以，王弼在《老子》第三十七章中解释"道常无为"是"顺自然也"。王弼在对《老子》第二十七章所作的注释中，连用三个"自然"。他释"善行无辙迹"为"顺自然而行，不造不始，故物得至而无辙迹也"；释"善闭无关楗而不可开，善结无绳约而不可解"为"因物自然，不设不施，故不用关楗绳约而不可开解也。此五者皆言不造不施，因物之性，不以形制物也"；释"是以圣人常善救人，故无弃人"为"圣人不立形名以检于物，不造进向以殊弃不肖，辅万物之自然而不为始，故曰无弃人也"。这几处的自然都是讲做事应该顺应本性，根据事物的本性因势利导，不去彰显什么，也不去压抑什么，完全抱着"无"的态度处事，所以能把事情做成功而别人都没注意到。老百姓没受搅扰，还是像以前一样生活，安居和乐，这样的做事方法，不是比大张旗鼓、兴师动众、劳民伤财而做不好事情更好吗？这么说来，自然其实是政治施为的最高状态，它是"崇本举末"在实际生活中的具体应用。怎样才是自然的施政行为呢？或者说，怎样才能做到自然施政呢？从老百姓一方面来讲，他们最基本的需要是衣食住行，因此统治者必须在这些方面满足他们，如果这些要求都得不到满足，人们肯定会起来造反。但是，衣食住行的需要没有必要走向奢侈铺张，过分了就违背自然。从统治者一方面来讲，他们必须制定基本法律、重用人才，不偏听偏信，不任人唯亲，时刻把老百姓的利益放在心上。统治者容易走向荒淫放荡，比较迷信严刑峻法，这些都是非自然的行为，也是不能长久的。如果统治者走到这一步，老百姓的反抗必然如火如荼，那么统治就岌岌可危。所以，统治者用法而不滥法，只是树立了基本规则，也不去搅扰老百姓，更不会刻意地宣传拔高自己，他们一切都顺应老百姓的意愿，在这种状态之下，政治统治会非常合适，而老百姓都像没感觉到统治者存在一样。上述这些就是自然的施政行为，民忘于下，君忘于上。

"崇本举末"还会牵涉另外一个问题，那就是名教与自然的关系问题。名教是儒家提倡的伦理道德、政治秩序，孔子讲"正名"，就是要"父父、子子、君君、臣臣"，每个人按照自己的身份和位置把自己的事情做好，父亲、儿子、君主、臣子都各安其位，各尽其事。名教要求遵从家庭、国家的集体秩序，对个人不甚重视。名教强调责任，强调个人的自我约束，用道德伦理、礼教秩序来维系整个社会，家国一体，家庭是小国家，国家是大家庭。这种体制之下，因为忽视了个人的自由度，个人被埋没于集体的汪洋大海之中。自然就是强调每个个体顺性而为，反对外在礼制道德对人的约束，认为这些都是有为政治的表现，与无为而治的理想是背离的。按照王弼的看法，以无为本、顺应自然，那么名教等有为的行为显然谈不上是根本的东西，它们是无所派生的，应该尊崇无的教导。这样就内含一个逻辑结果，就是名教出于自然，是受自然所支配的。在"崇本举末"的要求之下，自然指导名教，名教遵从自然。王弼虽然没有明确提出过"名教出于自然"的说法，但是他的理论能够得出这个结果。他在《论语释疑·泰伯》中说：
"夫喜、惧、哀、乐，民之自然，应感而动，则发乎声歌。所
以陈诗采谣，以知民志风。既见其风，则捐益基焉。故因俗立
制，以达其礼也。矫俗检刑，民心未化，故又感以声乐，以和
神也。若不采民诗，则无以观风。风乖俗异，则礼无所立。礼
若不设，则乐无所乐，乐非礼则功无所济。故三体相扶，而用
有先后也。"王弼的这个说法透露出了"名教出于自然"的苗
头。他认为，人民的感情是自然而有的，感情向外流露就出现
了民谣，通过考察民谣可以观察民风情况，根据民风就能找到
制定礼法的措施，礼法不够再用音乐来辅助教化人民。因此，
自然产生民风，民风形成礼法，礼法配之音乐，民风、礼法、
音乐相辅相成，它们从自然而来，但是其作用却有轻重缓急之
别，这是"举本统末"方法的运用。"名教出于自然"的观念
于此已经呼之欲出。这个理论结果，并不是要强调名教与自然
的矛盾，仅仅是给自然一个形上指导，使之更好地发挥作用。
王弼之后，"越名教而任自然""名教即自然"等理论命题纷纷
提出来。如果说王弼的讲法是一个"正题"的话，后面两个就
是"反题"与"合题"，经过否定之否定之后，对此问题的探
索又螺旋式地上升了一个台阶。

　　崇本举末的提出是有现实政治的考量的。魏国从曹操以来
一直实行名法政治，利用严苛的刑法和暴力镇压来维护政权，
致使曹魏政权笼罩在一片萧杀肃穆气氛之中。王弼应该不认同
这种做法，他认为，曹魏应该学习《老子》的做法，抓住政治
统治的根本，无为而治，崇本举末，那么政治自然会登上新的

台阶。政治统治的根本无非是人与法，统治者最主要的就是要善于选用人才，把他们安排在合适的地方，人才选对了政治自然上轨道。同理，有法依法，但不滥法，也不坏法，如此就可大治。一味地提防百姓，甚至用严刑峻法压制百姓，不仅不会起到作用，反而使得统治更加危机重重。统治者应该顺应人们需要，顺应事物发展的规律，让他们都恢复到自然而然的状态。如果这样统治，统治者省事省力，人们都安心做自己的事情，社会安定和谐，人们没有感到统治者的存在，统治者也似乎没做多少事情，但是其统治却牢固无比。可惜的是，统治者始终搞不明白这个问题。

"崇本举末"是"以无为本"理论的逻辑必然，因应与自然是它在社会现实中的具体运用，打通了本与末具体联系的路程，也让社会现实的运行找到了可以效法的榜样。它讲求本末共观，以本导末，又以末观本，本是体，末是用，即体以求用，即用以显体，体用是二又是一，合则为一，分则为二，达到了很高的思辨水平。

精以疏通，不滞文本

王弼注释《老子》，是通过对《老子》的文本阐释而展开的。文本阐释有三个层面的问题：其一，要弄懂文本语言文字的正确意思；其二，要把文本潜含的意思表达出来；其三，根据文本提炼出自己的认识。解决第一个问题，一般使用文字训诂的方法，就是中国传统的"小学"，这一步是非常基础的工作。解决第二个问题需要阐释者能通读文本，深入领会文本的基本思想与基本精神，这一步存在较大的困难。解决第三个问题特别需要阐释者本人的学养与识见，这一步往往非常人所能为。要弄懂《老子》的语言文字对王弼来说不是难事，但王弼对此不太重视，他的关注点不在这个方面。王弼所关注的，是要把《老子》潜含的、想说而没有说或者说得不详细的地方给予清晰的阐释，然后在此基础上充分发挥自己的思想，把自己的理论通过《老子》这一文本载体呈现出来。

几乎所有的文本阐释不外两种方法："我注六经"与"六经注我"。前者是要忠实地反映文本的正确含义，依照文本的理路把它阐释清楚，而不夹杂个人的私见；后者是通过文本的阐释，加入个人的理解，甚至是主要发挥个人的意见，文本成为表达个人思想的工具。王弼的文本阐释偏重于后者，他既是在阐述《老子》的思想，也是在阐述自己的思想。

王弼注释《老子》也有文字训诂方法的运用。《老子》第十章说："载营魄抱一，能无离乎？专气致柔，能婴儿乎？涤除玄览，能无疵乎？"王弼解释道："载，犹处也。营魄，人之常居处也。一，人之真也。言人能处常居之宅，抱一清神，能常无离乎？则万物自宾矣。专，任也。致，极也。言任自然之气，致至柔之和，能若婴儿之无所欲乎？则物全而性得矣。玄，物之极也。言能涤除邪饰，至于极览，能不以物介其明，疵之其神乎？则终与玄同也。"《老子》的文字用语精炼，非常简洁，一些字词理解起来也有困难，要想把握正确意思也不容易。王弼重点解释了"载""营魄""一""专""致""玄"

等几个关键的字词，这是从小学入手，弄清文字的字义，然后厘清整句话的意思。经过如此解释，《老子》中的疑难之处得到疏通，理解起来就没有困难了。这是最基础的阐释文本的步骤，当然也是必需的。并且，在文字训诂之后，王弼清晰地疏通了《老子》的语句，其解释超出了《老子》文本很多，这是因为王弼认为《老子》此章重要。有的时候，王弼只解释《老子》文本中的关键字词，明白了这些关键字词，王弼认为《老子》的原文就可以理解，就不用整句去对应阐释了。比如，《老子》第二十八章"知其白，守其黑，为天下式。为天下式，常德不忒"，王弼只解释了其中的两个字"式，模则也。忒，差也"，因为这两个字对理解《老子》的整句话非常重要，这两个字的意思厘清了，整句话的主旨就很显豁，不用再费笔墨了。由此可见，王弼注释《老子》还是在阐明《老子》的思想，遇到对文义理解有障碍的文字和词语他才拿出来详细解释，如果不是这样，王弼不会在文字训诂方面做过多停留。

王弼对《老子》的文字训诂还有"错解"的地方。《老子》第十七章说："大上，下知有之；其次，亲而誉之；其次，畏之；其次，侮之。"王弼解释道："大上，谓大人也。大人在上，故曰大上。大人在上，居无为之事，行不言之教，万物作焉而不为始，故下知有之而已，言从上也。"王弼认为《老子》的"大上"是"大人"的意思，即官长。这个解释是有问题的。因为文本的阐释应该放在具体的上下文之中，前后联系，如果讲得通可能是对的，讲不通很可能就是错误的。如果"大上"是"大人"，那么《老子》第十七章这段文字后面的连续三个"其次"又怎么解释呢？"大上"和后面的三个"其次"很显然是互相对应的，"大上"如果是"大人"，那就是人物名词，后面的三个"其次"也应该是人物名词，但是很难说得通。联系上下文来看，"大上"即"太上"，"大""太"相通，"太上"应该是"最好的情况"的意思。《老子》是说，最好的情况，老百姓只知道官长的存在；较次一点的情况，老百姓亲近赞誉官长；再次一点的情况，老百姓害怕官长；最差的情况，老百姓轻侮官长。由此看来，"大上""其次"是表示价值高低的程度。这样的用法在古文中是很多的，比如，《左传》中说："太上，有立德；其次，有立功；其次，有立言。虽久不废，此之谓不朽。"意思是说最好的情况是立德，其他等而下之。《战国策》中也说："故为王计：太上，伐秦；其次，宾秦；其次，坚约而详讲，与国无相离也。"这里的意思是说最好的情况是讨伐秦国，其他都不能与此相比。引文中的"太上"都是"最好的情况"的意思。难道王弼真的不知道"大上"的确切含义吗？答案显然是否定的，以王弼之聪颖卓出，敏慧绝伦，不可能不知道。他之所以要"错解"，主要是就政治统治方面考虑的，他是想让统治者引起警醒，不要违反无为而治的原则。这种文字训诂的偏差，有王弼的"微言大义"在里面。

王弼除了用基本的文字训诂来阐释《老子》，还擅长指出《老子》的潜含义。所谓潜含义，就是隐藏在《老子》文字背后而没有直接言明的思想。王弼能够用清晰的语言，揭示《老子》的主旨，这是王弼在对《老子》通观体悟之中得出来的，展示了王弼思想的敏锐。以下例来说明这个问题，王弼的注释用括号标出。《老子》第八十一章："信言不美（实在质也），美言不信（本在朴也）。善者不辩，辩者不善。知者不博（极在一也），博者不知。圣人不积（无私自有，唯善是与，任物而已）。既以为人，己愈有（物所尊也）；既以与人，己愈多（物所归也）。天之道，利而不害（动常生成之也）；人之道，为而不争（顺天之利不相伤也）。"《老子》的话看起来全用矛盾的话语说出，只给了一个结论，但是怎么详细论证的，它又没说，让人感到迷惑不已，甚至完全不好理解。但是，王弼对其中的每一句话基本上都作了解说，他指出《老子》潜含在文字背后的真正意思，每一个解说都很精到、深刻，真正把握了《老子》的基本精神。当我们读了王弼的解释后，不禁恍然大悟，真如醍醐灌顶。王弼就有这种能力，他用自己深透的思辨展示了《老子》书中的思想主旨，扫清了后人思想认识上的迷雾。

王弼注释《老子》既善于"以繁释简"，也擅长"以简释繁"。"以繁释简"就是把《老子》文本很少的章节，但内容又很重要的，给予特别详细的解释和阐明，从而突显《老子》文本所包含的丰富内容。"以简释繁"就是把《老子》文本较多的章节，总括其主要意思，然后给予提纲挈领的说明。两者都是为了抓住《老子》思想的核心内容。

《老子》第四十九章说："圣人皆孩之。"王弼解释道："皆使和而无欲，如婴儿也。夫'天地设位，圣人成能，人谋鬼谋，百姓与能'者，能者与之，资者取之；能大则大，资贵则贵。物有其宗，事有其主。如此，则可冕疏充目而不惧于欺，黈纩塞耳而无戚于慢。又何为劳一身之聪明，以察百姓之情哉！夫以明察物，物亦竞以其明应之；以不信察物，物亦竞以其不信应之。夫天下之心，不必同其所应，不敢异则莫肯用其情矣。甚矣！害之大也，莫大于用其明矣。夫在智则人与之讼，在力则人与之争。智不出于人而立乎讼地，则穷矣；力不出于人而立乎争地，则危矣。未有能使人无用其智力乎己者也，如此则己以一敌人，而人以千万敌己也。若乃多其法网，烦其刑罚，塞其径路，攻其幽宅，则万物失其自然，百姓丧其手足，鸟乱于上，鱼乱于下。是以圣人之于天下，歙歙焉，心无所主也；为天下浑心焉，意无所适莫也。无所察焉，百姓何避？无所求焉，百姓何应？无避无应，则莫不用其情矣。人无为舍其所能，而为其所不能；舍其所长，而为其短。如此，则言者言其所知，行者行其所能，百姓各皆注其耳目焉，吾皆孩之而已。""圣人皆孩之"只有短短五个字，但是王弼却用四百多个字对它进行详细的阐释。"孩""婴儿"是《老子》中出现了几次的意象，用来表达圣人无为无欲、不经扰动的状态，对于把握《老子》的思想有其重要价值。正因如此，所以王弼抓住这个比喻，来进行充分的发挥。王弼首先指明，《老子》所说的"孩"就是"无欲"。因为孩童没有心机，混沌一片，正可象征无欲无求的状态。其次，王弼指出因为圣人无欲，所以他能照应各种情况，有需要的人都可以在他那里得到自己所需。圣人以无欲处世，那么他就有很大的适应性，在方为方，在圆为圆，随处都可以做到根据事物的具体状况行事。圣人把握了做事的根本法则，那么他就不用担心被别人欺骗，不用整天忧惧不安。再次，王弼指出圣人切忌发挥"聪明才智"，用这样自以为是的"聪明才智"苛察、欺骗、愚弄百姓，都不会有很好的效果，可能正好适得其反。圣人对百姓耍"聪明"，百姓也会对圣人耍"聪明"；圣人提防百姓，百姓也会提防圣人。如此，圣人与百姓互相不信任，这是最大的祸害。圣人不用聪明智谋，完全根据事物的具体情况做事，那么圣人与百姓都没有心机，都保持童真，大家都不知道要聪明，都显得很淳朴，这样圣人就可以立于不败之地。如果圣人热衷刑狱、法律，那么百姓就会和你对着干，这会导致天下大乱。所以，良好的统治是圣人不先入为主、不去刻意防范，那么百姓都会在这种很好的气氛之中感到快乐，也就不会危及统治了。天下最坏的事情是舍其能做其所不能、弃其长做其所不长，统治者难道还不警醒吗？王弼把《老子》"圣人皆孩之"的话诠释得淋漓尽致，真正使《老子》的思想显露无遗。这是"以繁释简"的妙用。

王弼也采用"以简释繁"的方法概括《老子》的思想实质。《老子》第八十章："虽有舟舆，无所乘之；虽有甲兵，无所陈之。使人复结绳而用之。甘其食，美其服，安其居，乐其俗。邻国相望，鸡犬之声相闻，民至老死，不相往来。"《老子》用近七十个字和诗化的语言，描述了一幅世外桃源的美丽景象，让人为之神往，为之欣羡。《老子》虚构的这个人间乐土，是有自己思想宗旨贯穿在里面的。这个思想宗旨是什么呢？王弼只用了四个字"无所欲求"来说明它。这个解释简短至极，虽然如此，《老子》的文义不是很了然了吗？

王弼注释《老子》，总能让它的思想显豁，让人易于把握，其精于疏通的才能是非常高超的。《老子》第五章有言曰："天地不仁，以万物为刍狗。"王弼解释道："天地任自然，无为无造，万物自相治理，故不仁也。仁者必造立施化，有恩有为。造立施化则物失其真，有恩有为，列物不具存。物不具存，则不足以备载矣。地不为兽生刍，而兽食刍；不为人生狗，而人食狗。无为于万物而万物各适其所用，则莫不赡矣。若慧由己树，未足任也。"有学者认为"刍狗"是祭祀时草扎的狗，王弼把两字拆开，分别解释为"草"和"狗"。《老子》说天地是没有仁德的，它把万物看成"刍狗"一样。初闻此语有点震惊，把万物看成"刍狗"那不是太残忍、太没人情了吗？说这样的话不是要被仁人君子给骂死吗？但是当我们看了王弼的解说就会感到释然。王弼认为，天地是自然而然运行的，它不会刻意做什么，而万物也是遵循自己的规则运行，因此天地万物互相之间并无责任。仁者是要建立规则，来规范人们的生活，但是有了规则每个人的生活就会受到干扰，因此就失去了各自的本性。天地不是故意为禽兽之类提供粮食的，但是禽兽却要吃粮食才能生存，如果强制禽兽不吃粮食，似乎不可能。同理，天地也不是故意为人产生了狗，但是人却要吃狗，如果强制人不吃狗，似乎也不可能。禽兽吃粮食，人吃狗，都是他们各自的本性。不去故意改变万物的本性，让万物都能找到自己的用处，那么整个天地就会非常自足。所以，"天地不仁，以万物为刍狗"是说应该尊重万物，让它们都能发挥自己的个性，才能达到自然的程度，而因为想改变天地的法则故意用人力干扰，那么世界就会大乱，变得一团糟。就像为了爱惜粮食的生命，而不让禽兽去吃，这样似乎很仁德，但是禽兽就会饿死，对禽兽就变得不仁德，这是打乱各自本性的做法，不值得提倡。王弼对《老子》此章的解释应该说是很符合原意的，把《老子》不去展开的主旨作了很精准的发挥。

《老子》第三十二章说："道常无名，朴虽小，天下莫能臣也。侯王若能守之，万物将自宾。"王弼解释道："道无形，不系常，不可名。以无名为常，故曰道常无名也。朴之为物，以无为心也，亦无名，故将得道莫若守朴。夫智者可以能臣也，勇者可以武使也，巧者可以事役也，力者可以重任也。朴之为物，愦然不偏，近于无有，故曰莫能臣也。抱朴无为，不以物累其真，不以欲害其神，则物自宾而道自得也。"王弼认为，道是无形无名的，它没有具体显示什么，"朴"是它的品格，要想得道最好的办法就是秉持"朴"的行为。智者、勇者、巧者、力者因为都是有形有名的，都是精于某一方面才能的，所以能被掌控、能被役使。但是道无形无名，它没有具体的样子，也没有显示自己任何的特殊之处，所以谁也不能役使它，因为你抓不住它，掌控不了它。所以，侯王若能遵循道的教导，抱朴无为，不去刻意呈现什么，不因外物而伤害心神，那么万物就会顺遂于你，因为道的空虚什么都可以容受。王弼既阐明了道的个性，又指出遵循道的价值，解释可谓要言不烦，极有发覆之力。

整体看来，王弼注释《老子》主要是为了阐明它的文本含义，他即使使用文字训诂的方法解释《老子》，重点也不在文字上面，而是确定字义厘清整个文句的主旨。所以，在注释《老子》的过程之中，他总能用清晰明晓、富含哲理的语言呈现《老子》的真正内涵。这些都体现了王弼注释《老子》精于疏通、不滞文本的典型特征。

王弼在注释《老子》的时候，对《老子》的文本作了一定的整理和润饰，形成今天所常见的《老子》通行本。因为某些人的整理，从而使一些古代典籍成为一种通行本，这样的事例还是比较多的。比如，三国时期曹操对《孙子》的整理，西晋时期郭象对《庄子》的整理，都使得两书成为以后的通行本。1973 年与 1993 年，分别在湖南长沙马王堆汉墓和湖北郭店战国墓发现了《老子》的文本，前者称为帛书本《老子》，后者称为竹简本《老子》，顾名思义是按照它们各自的书写载体命名的。帛书本《老子》是《德经》在前、《道经》在后，与通行的王弼本《老子》的编排正好相反，在某些具体的字词上两者也有差异，但是基本内容则大同小异。竹简本《老子》不是《老子》全文，只有两千多字，有人认为这是古代师傅教授学生的一个节略本。竹简本《老子》与通行本《老子》差异较大，包括一些重要的字词以及文本的编排顺序。比如，《老子》第十九章"绝圣弃智，民利百倍；绝仁弃义，民复孝慈"，竹简本写作"绝智弃辩""绝伪弃虑"。如果是前者那《老子》的思想与儒家的仁义礼智观念就有很大冲突，如果是后者那么这种冲突基本上就看不出来，这就牵涉学术史上一些重大问题的讨论。有鉴于此，一些学者提出王弼本《老子》存在很多讹误，应该重写《老子》，为学术界提供新的《老子》版本。也有学者认为，王弼本《老子》中的一些讹误可能并不是真正的讹误，只是文字辨识的问题。据笔者个人意见，综合各种新出土资料，编订一本新的《老子》作为文献整理与研究是可行的（陈鼓应先生的《老子今注今译》就是参照帛书本、竹简本进行重新整理校订的），但是，这个新的《老子》版本绝对没有必要替代王弼本《老子》，理由如下。

第一，王弼本《老子》之所以成为通行本，是有其原因的。一种通行本能够流行，主要来源于文本的编排体例和阅读的感受。王弼本《老子》编排紧凑，突出重点。从阅读来讲，王本文字简洁晓畅，易读易诵，这是它的长处。又加上王弼本人的天才学识，使后人比较相信此书的价值所在。

第二，王弼本《老子》在魏晋之后长期流行，对《老子》研究起到了很大作用，不论挺王还是反王，基本上看的都是此本，它已经成为很多学者案头的必备书。用新出的《老子》版本代替它，对魏晋之后很多关于《老子》的著作就会认识不清，导致学术史与思想史的断裂。

第三，新出土资料可以利用，但是不能完全迷信。帛书本与竹简本《老子》我们也不能确认当时的人是否对文字有过更改，如果古人改过了，我们一味信从，那也是一种偏信。特别是竹简本《老子》只有两千多字，虽然是现今为止最古的《老子》版本，但不是最全的，编排体例又不甚清楚，因此也不能唯古是从。竹简本《老子》用古体字写成，很多文字的释读存在争议，有些可能会一直争论下去，所以也不宜作为《老子》

的定本。

宋人晁说之对王弼本《老子》有很高的褒扬，他说："王弼《老子道德经》二卷，真得老子之学欤，盖严君平《指归》之流也。其言仁义与礼，不能自用，必待道以用之，天地万物各得于一，岂特有功于老子哉。凡百学者，盖不可不知乎此也。予于是知弼本深于《老子》……然弼题是书曰《道德经》，不析乎《道》《德》，而上下之，犹近于古欤！……尝谓，弼之于《老子》，张湛之于《列子》，郭象之于《庄子》，杜预之于《左氏》，范宁之于《穀梁》，毛苌之于《诗》，郭璞之于《尔雅》，完然成一家之学，后世虽有作者，未易加也。予既缮写弼书，并以记之。"晁说之认为王弼本《老子》"未易加"，即很难超过，这应该是很准确的判断。

第 3 章

摒弃象数，直探义理

《周易》是中国最古老的书之一，孔子以之作为教材给学生授课，对之热爱非常，以致"韦编三绝"，把串联竹简《周易》的熟牛皮多次翻断。《周易》也是中国古代一直到现代最吸引人的书之一，自从它产生之日起，受到了历代学人的瞩目，很多人为之花费心血倾力研究。同时，《周易》也是中国最为神奇的书之一，术士以之占卦，哲人以之穷理，凡人以之安命。

传说伏羲画八卦，文王演《周易》，孔子作"十翼"，这个说法不一定能完全合理，但也透露了一些历史信息。一是《周易》的起源比较古老，具有悠久的历史；二是《周易》在流传过程之中，经过了很多知识分子的加工和整理。这样的推理应该与历史事实相去不远。

《周易》的"周"字，有两种解释，一种认为是"周普无所不备"，以大儒郑玄为代表，乃是指此书包含了宇宙间一切的道理；另外一种解释认为"周"是指朝代，即大家非常熟悉的由周文王奠基、周武王建立的周朝。笔者认为，两说以后一种解释更为准确，以《周易》为周朝的书，是说此书编撰于周朝，或者编撰者认为它体现了周朝的思想。

《周易》的"易"字，有多种解释。其一认为易由蜥蜴得名，因为蜥蜴善于变化，有变易的意思在里面；其二认为日月为易，象征阴阳、刚柔；其三认为变易为易；其四认为易有三义，乃简易、变易、不易的意思；其五认为易是掌管占卜的男巫。这几种说法里面有学者认为易是取象成卦，象莫大于天地阴阳，因此笔者以为第二种说法比较可取。

《周易》其实由两大部分组成，即经和传。经是指《周易》的卦名符号和卦爻辞，这是最基本的部分。传是指对《周易》经文的解释，即《彖传》上下、《象传》上下、《文言》《系辞传》上下、《说卦传》《序卦传》《杂卦传》，总共十篇，因此又称为"十翼"，翼者辅助之谓也。

《周易》由六十四个卦象组成，它们是由乾、坤、坎、离、震、艮、兑、巽八个经卦互相重叠而形成的。每个卦象由下卦与上卦组成，下卦与上卦又称为内卦和外卦。不论是下卦还是上卦，都由三个阴、阳爻组成，这样一个卦象共有六个阴、阳爻，阴、阳爻用六和九来表示。观察爻象是从下卦开始一直推到上卦，从下往上共有六个爻象。第一至第六爻如果是阴爻那就称为"初六""六二""六三""六四""六五""上六"。如果是阳爻那就称为"初九""九二""九三""九四""九五""上九"。

《周易》本是占卜之书，取象于世界上的事物，用以推测吉凶祸福，来指导人们的行为。后来人们逐步地直接从卦象和卦爻辞来说明《周易》，从而超越了单纯的占卜范围，这就使得《周易》的哲理性增强，特别是"十翼"的加入更加突出了这个特征。《周易》因此成为中国古代哲学思想的源头之一，受到知识分子的青睐。《周易》提出"一阴一阳之谓道"，说明矛盾是对立统一以及互相转化的，充满辩证思维；《周易》具有强烈的变易思想，主张应机而动，与时俱进；《周易》认为人道应该效法天道，保持人的谦卑，维持万物和谐的状态。

按照治学方法的不同，对《周易》的研究可以分为四派。第一象数派，偏重于以卦象解读《周易》，有时阴阳五行、万物交感的思想比较浓厚，以汉代孟喜、京房为代表。第二义理派，偏重于发挥《周易》的微言大义，阐释思想比较简洁、直观，以魏王弼、宋朱熹等人为代表。第三训诂派，注重从文字音韵训诂阐释《周易》，作风朴实，以清代王引之、俞樾等人为代表。第四古史说，即近人用新材料、新思想研究的新说，以闻一多、李镜池、高亨等人为代表。

王弼对《周易》学之贡献，乃在一扫汉人象数解《易》的传统，而用义理阐释《周易》，为易学研究带来了清新活泼的生机。王弼通过得意忘象的论辩，生动地说明了《周易》所蕴含的直观简洁的思想，从而提纲挈领，紧紧抓住了根本性的问题。王弼解《易》，不但是儒学功臣，同时，他所阐述的方法也成为整个魏晋玄学所常用的最基本的方法，奠定了魏晋玄学的重要根基。

《周易》新义，实有所本

王弼解《老子》固然卓绝一时，其解《周易》更是异彩纷呈。王弼的《周易》新解不是凭空产生、瞬间爆发的，它与王弼本人生活的时代和家庭影响有关，也与王弼本人的天资聪颖相连。

汉魏时代是一个学术发生巨大变革的时代，经学方面尤其如此。西汉初年实行黄老休息无为的政策，儒学发展不畅。汉武帝时代，为了开拓局面、加强中央集权，乃用儒学，董仲舒的"罢黜百家，独尊儒术"为汉武帝所接纳，这样，儒学成为官方钦定的意识形态，成为国家的主导思想。思想定于一尊，有利于政治统一，不利于百家争鸣，发展到最后，儒学呈现出两个重要缺陷。其一，儒学变得日益烦琐。因为通经可以入仕，皓首穷经于是盛行起来，导致经说越来越多，人异其说，家异其学，甚至"一经说至百余万言"，家法、师法层出不穷，反而离真正的儒学越来越远。其二，儒学变得日益虚妄。儒学既然成为统治者主导的意识形态，国家有意抬升，以致儒学以及孔子变得越来越神圣，儒学的教导亘古不变，不可侵犯，孔子更像一位教主，俨然在上，俯视群生。儒学离人间日益遥远，成为被人膜拜的对象，虚妄之处不在少数。事物发展到极端，必定向相反方向运动。因此东汉及其末年以来，烦琐的儒学不被人看重，人们喜欢简洁直观能启人心智的思想，儒学的章句注疏受到轻视，老、庄思想一时盛行。同时，人们也反对儒学的虚妄，他们认同与人亲近的、自然的风格，由此导致自我意识的觉醒。在这个时代背景之下，王弼义理化解《易》，正符合了当时的时代思潮。王弼不重章句注疏，不重文字训诂，而是直接阐释《周易》哲理，使之清晰了然，避免了经学烦琐的毛病。同时，在王弼的《周易注》之中，完全看不到用阴阳五行、谶纬灾异、物类感应等思想解释《周易》的地方，这样就摆脱了两汉儒学虚妄的毛病。比如，西汉人京房易学师从梁人焦延寿，他用纳甲、八宫、世应、飞伏、五星、四气等灾异思想来解释《周易》，史书上说他"房言灾异，未尝不中"。《汉书·艺文志》记载了不少京房的易学著作，有《孟氏京房》十一篇、《灾异孟氏京房》六十六篇、《京氏段嘉》十二篇。《隋书·经籍志》记载的京房易学著作有《京房周易章句》十卷、《周易错》八卷、《周易占》十二卷、《周易妖占》十三卷、《周易飞候》九卷、《周易混沌》四卷、《周易占事》十二卷、《周易飞候六日七分》八卷、《周易守林》三卷、《周易集林》十二卷、《周易四时候》四卷、《周易逆刺占灾异》十二卷、《周易委化》四卷。通过这些书名就可以明显看出京房易学的阴阳灾异思想非常浓厚，他的这些思想很多被《汉书·五行志》所直接著录看来不是没有原因的。而这种虚妄的风气，在王弼那里没有任何痕迹，这可以看出王弼易学清新自然的风格。

王弼家庭与学术思想传承一脉可谓深有"奇遇"。王弼的曾祖是王畅，王畅为人正直，在社会上很有名望，他儒学深厚，做过东汉的三公，荆州牧刘表曾经向他问学。王畅的孙子王粲、王凯因为战乱投奔刘表，刘表予以接纳，并且把自己的女儿嫁给王凯，刘表成为王弼的外曾祖父。大名士蔡邕即蔡文姬的父亲很赏识王粲，最后把自己家里的藏书悉数送给他，王粲的两个儿子后来死掉，王凯的儿子王业继承王粲的爵位，这样，蔡邕的书又被王业所继承。王业的小儿子就是王弼，王弼的长兄王宏虽一直为官，但与王弼一样喜欢读书，学识当不会太低。王业所继承蔡邕的书又被王弼兄弟所得，对他们学问的增进很有好处。王氏一门真正称得上书香世家，王弼良好的文化修养于此可见。

王弼的外曾祖父刘表酷好学问，喜欢结交名士，在他统治荆州期间，社会安定繁荣。刘表大力提倡儒学，很多人被他召用，《三国志·刘表传》云："开立学宫，博求儒士。使綦毋闿、宋衷等撰立《五经章句》，谓之《后定》。"王粲在《荆州文学记官志》中记载："乃命五业从事宋衷所作文学，延朋徒焉，宣德音以赞之，降嘉礼以劝之，五载之间，道化大行。者德故老綦毋闿等负书荷器，自远而至者三百有余人。"由此可见，荆州已经成为当时的文化重镇。荆州之学对当时的士人亦有重要影响，经学大师王肃"年十八，从宋衷读《太玄》，而更为之解"。《蜀志·李谯传》载："父与同县尹默俱游荆州，从司马徽、宋衷等学。谯具传其业，又从默讲论义理，五经、诸子，无不该览……著古文《易》《尚书》《毛诗》'三礼'《左氏传》《太玄指归》，皆依准贾（逵）、马（融），异于郑玄，与王（肃）氏殊隔。初不见其所述，而意归多同。"荆州之学宋衷影响尤大。宋衷是荆州之学的支持人，又有很高的学术素养，他领导撰著《五经章句》，被人称为《后定》，那肯定与当时的经学潮流大有不同。他又精于《太玄》，《太玄》是西汉扬雄所著，偏向于义理，因此宋衷之学义理化的倾向比较浓厚，代表了一种新的风气。受学于宋衷的李譔等人亦喜欢义理，可见这是荆州之学的一个特色。王肃经学影响很大，他也向宋衷学习，并且处处与郑玄为难，与郑玄经学之不同可想而知。这说明荆州之学与传统的郑玄经学有较大差异，可见荆州之学创新的风气很流行。蔡邕《刘镇南碑》说刘表："深愍末学远本离直，乃令诸儒改定《五经章句》，删划浮辞，芟除烦重。"删削五经，使之简易，与汉末以来推崇经学的简洁直观正相一致，其精神自由活泼，正代表了新的时代风尚。《南齐书·王僧虔传附子寂传》载王僧虔《诫子书》曰："且论注百氏，荆州《八帙》，又《才性四本》《声无哀乐》，皆言家口实，如客至之有设也。汝皆未经拂耳瞥目。岂有庖厨不修，而欲延大宾者哉？就如张衡思侔造化，郭象言类悬河，不自劳苦，何由至此？汝曾未窥其题目，未辨其指归，六十四卦，未知何名，《庄子》众篇，何者内外，《八帙》所载，凡有几家，《四本》之称，以何为长，而终日欺人，人亦不受汝欺也。"由此看来，荆州新学的主张到南朝时还被人与才性论、声无哀乐论一起诵习，成为锻炼清谈的重要资料。既然能够在清谈场上发挥作用，可见其中很多是关于玄理方面的讨论的，重视义理，正是荆州新学的特点。刘表、宋衷等人都喜欢《周易》，并有著作问世，猜想也应该与传统相立异。王弼一族与荆州之学有莫大关系，他在《周易注》中多有创见，其思想有来自荆州之学的影响可推想得知。王弼继承了荆州之学清新自由、擅长义理的风格，从而能够在《周易注》之中展现自己的创见。

王弼本人天才特出，善于理论思考，清谈场上几乎没有对手，这些都是他自身的天赋，一般人很难企及。对于以义理见长的《周易》来说，正好给他驰骋发挥的自由空间。所以，汤用彤先生说："王弼之伟业，固不在因缘时会，受前贤影响，而在其颖悟绝伦，于形上学深有体会。今日取王书比较严遵以至阮籍之《老子》，马融、虞翻之《周易》，王氏之注，不但自成名家，抑且于性道之学有自然拔出之建设。因其深有所会，故于儒道经典之解释，于前人著述之取舍，均随意所适，以合意为归，而不拘于文字。虽用老氏之义，而系因其合于一己之卓见。虽用先儒书卷之文，而只因其可证成一己之玄义。其思想之自由不羁，盖因其孤怀独往，自有建树而然也。"

王弼不但在《周易》义理上有所创新，而且对《周易》体例也作了改定，这就是"以传解经"与"以传附经"，这是两个互相联系而又有递进的过程。"经"是指《周易》的本文，"传"是指对《周易》本文的解释，主要是"十翼"。经典是圣人的论说，不能轻易改变，即使是后人的解说，也不应该和经典混在一起，以保证经典的纯粹性。把经、传做编排，是对传统儒家经典注释方法的颠覆，具有革命性意义。所谓"以传解经"就是用对《周易》的训说解释《周易》本文，"以传附经"就是把对《周易》的训说经过割裂调整、重新编排放入《周易》本文之中。两者的做法富有革命性，为什么这样说呢？这要与汉儒的解《易》方法作对比才能看得清楚。汉儒解

《易》一般采用章句的注释方法，章句是离章辨句的简称，注重逐章串讲、分析大义。这样的章句解说基本围绕文本思想作阐释，不割裂文本的本来体例，当然也存在因循保守的毛病。汉魏以来，这种章句之学日益受到轻视，很多学人开始摆脱章句之学的束缚，直接探求经文本义，这有恢复古学本来面目的考虑。时人也开始抛弃《周易》的章句之学，而直接就文本本身探求此书的意义，这样，与《周易》经文最有关系的传受到重视，因为传是最早的、最接近经文的训说。王弼抛开《周易》章句之学，回到此书文本去作阐释，他就用与《周易》最有联系的传去解说《周易》，廓清了对《周易》各种纷繁复杂的认识，而显得清通简要，这就是"以传解经"，与正统汉儒的通常做法是不一样的。"以传附经"比"以传解经"走得更远。《周易》经传在最先编排的时候，是经文在前，传文在后，两者层次分明，眉目清楚，传文尤其不能混入经文之中，以保证经文的神圣性。王弼在编排《周易》的时候，却把传文割裂散入经文之中，致使经传混合，这就是"以传附经"，均与正统汉儒大相违背。王弼之意在于出新立异，与旧说相抗，同时也倡导新说行世。王弼的做法渊源有自，与费氏《易》及郑玄《易》有莫大关联。

《汉书·儒林传》载："费直字长翁，东莱人也。治《易》为郎，至单父令。长于卦筮，亡章句，徒以象象系辞十篇文言解说上下经。"费直不为章句之学，而用《周易》传文解释经文，已开王弼先河。《汉书·艺文志》载："及秦燔书，而《易》为筮卜之事，传者不绝。汉兴，田何传之。讫于宣、元，有施、孟、梁丘、京氏列于学官，而民间有费、高二家之说。刘向以中古文《易经》校施、孟、梁丘经，或脱去'无咎''悔亡'，唯费氏经与古文同。"据此可知，费直与古文经学相同，而与重视章句之学的今文经学有差异。《后汉书·儒林传》载："建武中，范升传《孟氏易》，以授杨政，而陈元、郑众皆传《费氏易》，其后马融亦为其传。融授郑玄，玄作《易注》，荀爽又作《易传》，自是《费氏》兴，而《京氏》遂衰。"费氏《易》一直未列入学官，但是影响很大，大儒马融、郑玄等亦祖述其学，可见其在士林的地位。费氏《易》以古文经学为依凭，轻视章句，自由之气明显，它又以传解经，也为后人所效法，王弼亦复如是。大儒郑玄为《周易》作注，开始以传附经。《三国志·魏志·高贵乡公传》记载了魏国皇帝曹髦与《易》博士淳于俊的对话："帝又问曰：'孔子作《彖》《象》，郑玄作注，虽圣贤不同，其所释经义一也。今《彖》《象》不与经文相连，而注连之，何也？'俊对曰：'郑玄合《彖》《象》于经者，欲使学者寻省易了也。'帝曰：'若郑玄合之，于学诚便，则孔子易为不合以了学者乎？'俊对曰：'孔子恐其与文王相乱，是以不合，此圣人以不合为谦。'帝曰：'若圣人以不合为谦，则郑玄何独不谦邪？'俊对曰：'古义弘深，圣问奥远，非臣所能详尽。'"此段记载可以看出，郑玄之前《周易》经传尚分得清楚，郑玄开始把传文掺入经文之中，以便易于明了。郑玄传费氏《易》，那么他对《周易》经传的改动当然是在费氏《易》基础上所作出的，只是他比费直走得更远，对《周易》经传进行了重新编排。郑玄最大的调整是把《彖传》《象传》分为六十四组放在各卦经文之末，开始了经传合一的历程。宋人晁公武《郡斋读书志》说："凡以《彖》《象》《文言》等参入卦中，皆祖费氏。东京荀、刘、马、郑皆传其学。王弼最后出，或用郑说，则弼亦本费氏也。"王弼在郑玄基础上重对《周易》经传作调整，把《彖传》《象传》再进行割裂，放在每卦卦辞、爻辞之后。王弼上承费直、郑玄的《周易》，进行了"以传解经"与"以传附经"的双重改造，这与古文学家自由、求新的路数是相同的。经过这样的改造，王弼的《周易》成为以后通行的定本。

王弼既能推陈出新，借助传统对《周易》进行新的改造，又能结合时代潮流，牢牢把握《周易》研究的发展方向，终于就此作出了重大贡献。

言意之辨，挈领提纲

《周易》一书，包含很强的哲理，博大精深。它共有六十四卦，每卦含义不同，也很让人费解，所以历代注释不绝，王弼之前有京房、孟喜、焦赣、郑玄、虞翻、荀爽、魏伯阳等，这还是比较重要的，其他相对地位较轻以及亡佚的易学著作更多。《周易》如此复杂，那么，怎样才能简单扼要地把握此书的精髓呢？王弼找到了一条捷径，那就是"得意忘言"。

言意之辨当然不是从王弼发端的，《庄子》一书中多次提及这一问题。《秋水篇》中说："可以言论者，物之粗也；可以意致者，物之精也；言之所不能论，意之所不能察致者，不期精粗焉。"粗疏的东西可以用语言表达，细致的东西可以意会。在《庄子》的认识之中，意是明显高于言的。《天道篇》中说："世之所贵道者，书也。书不过语，语有贵也。语之所贵者，意也，意有所随。意之所随者，不可以言传也。"语言能够传达道理，但是道理不是静止的，所以语言不能完全准确地揭示出道理。这有点"言不尽意"的意思，说明语言本身是有限制的，单靠语言不能领会道理，强调应该以意会之。《外物篇》中说："筌者所以在鱼，得鱼而忘筌；蹄者所以在兔，得兔而忘蹄；言者所以在意，得意而忘言。吾安得夫忘言之人而与之言哉！"语言是为了表达思想，思想表达出来了，那么就不用对语言作过多考虑了。领会事物本质已经做到，至于用什么方法领会的还重要吗？《庄子》用得意忘言的方式体悟了至深的道理。《易传·系辞上》也提及言意关系，它说："子曰：'书不尽言，言不尽意。'然则圣人之意，其不可见乎？子曰：'圣人立象以尽意，设卦以尽情伪，系辞焉以尽其言，变而通之以尽利，鼓而舞之以尽神。'"《易传》借用孔子的话说，语言也是不能完全表达思想的，但是圣人立象（卦爻象）可以表达道理，系辞（对《周易》的一种解释）能够把想说的话说出来。在《易传》作者看来，言虽然不能尽意，但是圣人可以通过观象而得意。

汉魏之际的荀粲也谈到了言意问题。荀粲，字奉倩，东汉名臣荀彧的幼子。《三国志》载："粲诸兄并以儒术论议，而粲独好言道，常以为子贡称夫子之言性与天道，不可得闻，然则六籍虽存，固圣人之糠秕。粲兄俣难曰：'《易》亦云圣人立象以尽意，系辞焉以尽言，则微言胡为不可得而闻见哉？'粲答曰：'盖理之微者，非物象之所举也。今称立象以尽意，此非通于意外者也，系辞焉以尽言，此非言乎系表者也。斯则象外之意，系表之言，固蕴而不出矣。'及当时能言者不能屈也。"荀粲认为，孔子性与天道的思想最为重要，但是没有流传下来，没有记载这些思想的六经都是垃圾。荀粲的兄长荀俣反对他的说法，荀俣认为立象可以尽意，系辞可以尽言，圣人的道理照样可以领悟。但是，荀粲认为至高的道理不是物象能够表达的，想借助物象、系辞这样的工具来解读圣人的道理根本不可能。荀粲的观点与言不尽意类似。史书上说，荀粲的言意观点很多人都不能反驳，这说明言不尽意观点在当时的流行。正如欧阳建《言尽意论》所说："世之论者以为'言不尽意'，由来尚矣。至乎通才达识咸以为然。若夫蒋（济）公之论眸子，钟（会）、傅（嘏）之言才性，莫不引此为谈证。"

王弼在前人观点的基础之上，提出了自己系统的言意理论。他在《周易略例·明象》章中说："夫象者，出意者也。言者，明象者也。尽意莫若象，尽象莫若言。言生于象，故可寻言以观象；象生于意，故可寻象以观意。意以象尽，象以言著。故言者，所以明象，得象而忘言；象者，所以存意，得意而忘象。犹蹄者，所以在兔，得兔而忘蹄；筌者，所以在鱼，得鱼而忘筌也。然则，言者，象之蹄也；象者，意之筌也。是故，存言者，非得象者也；存象者，非得意者也。象生于意而存象焉，则所存者乃非其象也；言生于象而存言焉，则所存者乃非其言也。然则，忘象者，乃得意者也；忘言者，乃得象者也。得意在忘象，得象在忘言。故立象以尽意，而象可忘也。重画以尽情，而画可忘也。是故触类可为其象，合义可为其征。义苟在健，何必马乎？类苟在顺，何必牛乎？爻苟合顺，何必坤乃为牛？义苟应健，何必乾乃为马？而或者定马于乾，案文责卦，有马无乾，则伪说滋漫，难可纪矣。互体不足，遂及卦变；变又不足，推致五行。一失其原，巧愈弥甚。从复或值，而义无所取。盖存象忘意之由也。忘象以求其意，义斯见矣。"

所谓"言"，本义是言说、谈论，又有语言文字的意思，用现代名词讲就是"名称""概念"。所谓"象"，是外在形状的意思，也可以表示象征，《周易》"观物取象"，往往用后者。《周易》的卦爻象，都有具体的排列方式，这些都是象。比如，乾卦是下面、上面各三个阳爻叠加在一起，这就是此卦的卦象。所谓"意"，本义是心思、愿望，引申为"道理""法则"。比如，乾卦的卦象是下面、上面各三个阳爻叠加在一起，它表示"刚健"，这就是此卦的"意"。再扩展开来讲，"言"就是"现象"，"意"就是本质。"得意忘言"就是说，如果领会了事物的本质，那么可以忘掉引导我们领会事物本质的现象。当然，所谓"忘"，不是说"丢弃""摆脱""去除"，乃是强调要重点关注事物的本质，而不要多过执着于现象。王弼用这个方法对《周易》作了简洁的阐释，它能够摆脱《周易》卦爻象对人的迷惑，摆脱此书无关宏旨之处，而直接把握语言文字背后的深刻内涵。这个方法是理解王弼《周易注》的关键。

王弼上述所论，可以从以下几个层面展开说明。

首先，言可尽象，象可尽意。卦爻象是用来表达道理的，所以通过卦爻象就可以把握道理；语言文字是用来说明卦爻象的，所以通过语言文字就可以把握卦爻象。象就成为沟通"言"和"意"的桥梁。道理通过卦爻象显豁，卦爻象通过语言文字清晰。因此，通过卦爻象认识道理与通过语言文字认识卦爻象是可能的。

其次，得象忘言，得意忘象。通过言虽然能尽象，通过象虽然能尽意，但不能执着在言、象上，因为我们认识问题的最终目的是要了解事物的本质"意"。所以，象得到了言可以忘，意得到了象可以忘。言、象均可忘，最终在得意，这就可以推出"得意忘言"的主张。这就像渔网是用来捕鱼的，鱼捕到渔网就被忘了；兔网是用来捕兔的，兔子捕到兔网就被忘了。语言就是用来抓住卦爻象的兔网，卦爻象抓住了语言就可以像兔网一样忘掉了；卦爻象就是用来把握道理的渔网，道理明白了卦爻象就可以如渔网一样忘掉了。卦爻象是为了解释道理的，如果仅仅看到卦爻象而不去关注背后的道理，可能这个卦爻象都难以立足；语言文字是为了说明卦爻象，如果仅仅盯着语言文字而不去了解它背后的卦爻象，可能这个语言文字都难以存在。

再次，忘言求象，忘象求意。得象忘言、得意忘象是领悟事物本质的方法，忘言求象、忘象求意是领悟事物本质的行动，应该以此为准则去认识事物。王弼以乾坤两卦为例作了说明。《周易·说卦传》中记载："乾为马，坤为牛"；"乾为首，坤为腹"；"乾为天、为圆、为君、为父、为玉……"；"坤为地、为母、为布、为釜……"王弼认为，乾卦主张刚健，用马可以作为象征，但是能够象征刚健的事物很多，不一定非得用马（还可以用首、天、圆、君、父等来象征），如果只看到具体的马而看不到马所代指的刚健意义，这就会南辕北辙、走入歧途。坤卦用牛所表示的柔顺意义也可作如是理解。马是用来说明乾卦含义众多物象中的一种，不是乾卦本身，紧盯着马而看不到真正的思想，那么这个马也就没什么意义了。因此，应该不执着于具体的形象，而应把握形象背后所蕴含的深刻道理。所以应该得意忘象。反过来说，如果我们不去执着具体的事物，不被现象所迷惑，而能深入了解事物本质，探求事物真理，那不就可以领悟真正的道理吗？这就是忘言以求象，忘象以求意，从而能够真正把握事物的根本。

王弼用"得意忘言"的方法理解《周易》，清晰直观，一目了然，引导人们关注文字、意象背后的实在意义。对于前人的解《易》方法，王弼多有不满，他主要批评了用互体、卦变、五行解释《周易》理论，认为它们复杂烦琐，离真相更加遥远，反而遮蔽了对真理的认识，从而也就失去了自身的价值。那我们就来看看前人的解易方法，以更加深入地明晰王弼新解的意义所在。下面参考朱伯崑先生《易学哲学史》以及刘大钧先生《周易概论》，对汉代易学的解《易》方法作些介绍。

所谓"互体"，是指六十四卦每个卦除了自身含有的两个上、下经卦之外，还能推导出另外两个对应的经卦，推导出的这两个经卦是由每个卦的二、三、四爻以及三、四、五爻组成的。这被称作"互体""互相"或"互体之相"。以坎卦☵（下坎上坎）为例，它上、下两个经卦皆为"坎"☵象，它的二、三、四爻组成经卦"震"☳象，它的三、四、五爻组成"艮"☶象，这样，坎卦本身具有的两个坎象再加对应的震、艮两个象，就从一个卦里得出四个象。再比如蒙卦（下坎上艮），它下卦为"坎"☵象，上卦为"艮"☶象，而它的二、三、四爻组成"震"☳象，三、四、五爻组成"坤"☷象，这样通过一个卦又衍生出两个卦象。之所以用互体的方法，是因为经卦毕竟是有限的，而事物非常复杂，要想应对这种复杂情况，只有引入新的卦象增加灵活性，使各方面解释照顾得比较周到。有的卦辞不出于相应的卦象，但可以在互相中找到。比如，屯卦☵（下震上坎），其六二爻有如此说法"女子贞不字，十年乃字"，是说一个女子暂不能结婚，十年之后才能结婚。屯卦下震☳上坎☵，震为长男，坎为中男，皆为男象，与女子无关。屯卦的卦辞让人费解。但是，如果利用互体解释，屯卦的二、三、四爻组成"坤"☷象，坤有女子的意思，这样就可以说通屯卦的卦辞。这是用互体方法解释《周易》的一个例子。

所谓"卦变"，是说《周易》六十四卦之中，其中一卦是由另外一卦演变而来的，这种卦与卦之间的联系称为"卦变"。用此种方法解《易》以东汉荀爽（128～190）为代表。荀爽，字慈明，东汉颍阴（今河南许昌市）人。荀爽注晋卦☶说："阴进居五，处用事之位。"意思是说，晋卦是由于阴爻进而处于第五爻，使自己处在"用事"的地位。在这一卦中，其初六爻、六二爻、六三爻都是阴爻，若"进"只能是由九四爻而来，晋卦的九四爻与六五爻互换，得到的是观卦☴☷。那么，晋卦☲☷是由观卦☴☷变化而来。这是卦变的具体运用。

用五行解释《周易》以西汉京房为代表。五行指的是金、木、土、水、火，五行可以相克，金克木、木克土、土克水、水克火、火克金，五行也可以相生，金生水、水生木、木生火、火生土、土生金。五行可以配比五方东、西、南、北、中，也可以配比五脏肺、肾、肝、心、脾，总之可以灵活搭配，带有很强的比附性。京房的五行解释《周易》，其一是五星配卦说。五星是指镇星、太白金星、太阴水星、岁星、荧惑，依此配乾、震、坎、艮、坤、巽、离、兑，然后周而复始。史载："五星降位，乾六世而起镇星，土，万物之母也。一世继于太白，二世继于太阴，太阴继岁星，岁星继荧惑，荧惑复继镇，而生生相续，以循震、坎、艮、坤、巽、离、兑，归妹而岁星终焉。"其二是五行爻位说。五行爻位说认为："八卦分阴阳，六位配五行。"如解姤卦☰☴："阴爻用事，金木互体，天下风行曰姤。"解释姤初六爻："木入金为始，阴不能制于阳，附于金柅，易之柔道牵也。五行升降，以时消息，阴荡阳，降八遁。"其三是卦爻五行生克。以八宫卦为母，以其爻位为子，按五行关系，确定母子之间的相生或相克。如解释乾卦☰说："水配位为福德，木入金乡居宝贝，土临内象为父母。火来四上嫌相敌，金入金乡木渐微。"乾为母，为金，其初爻为水，母子是金生水关系，称为福德；其二爻为木，母子是金克木关系，称为宝贝；其三爻为土，母子是土生金关系，称为父母；其四爻为火，母子是火克金关系，称为鬼或官鬼；其五爻为金，母子皆为金，称为同气。其上爻为土，母子是土生金关系，称为父母。

我们看到，汉代象数派解释《周易》，突显了几个特点。第一是复杂，为了求得最后的真理，中间经过很多的关隘，看起来吃力，并且容易让人费解。第二是神秘，特别是用五行解说《周易》，充满神秘甚至很多虚妄的地方，让人感到不可信，不能信，如堕云雾之中，根本领会不到他们所说的真理。如此看来，王弼提出"得意忘言"的方法看待《周易》，有很强的针对性，对于义理的探索也很清楚。这种简洁的方法显然有别于象数派《周易》，是简约对复杂，自然对虚妄，并且这样的方法给予象数派《周易》以极大冲击，为新思想、新方法的流行拓宽了道路。

王弼"得意忘言"的方法展现了多方面的用处。根据汤用彤先生的研究，这些用处包括：第一，可以用来解释经典。汉人解释儒家经典，整体来看偏向烦琐，过于注重文字训诂、名物制度，而对于圣人的教导和经典的义理发挥较少。利用"得意忘言"的方法看待经典，那就可以不必太看重经典的具体语言文字，而要发觉语言文字背后经典的实际意义。用这种方法解经，就可以做到简明清晰，避免了很多汉儒烦琐的解经方法。魏晋时期义理化的解经方式一度比较流行，说明"得意忘言"方法有其合理价值。第二，契合玄学宗旨。玄学的根本考虑就是要以简驭繁、执一统众，通过对事物最本质的认识，来掌握万物的运行，从而达到体悟大道。"得意"就可以找到事物的规律，"忘言"就可以不必执着于纷繁的现象世界，这与玄学家要求的清通简要是非常吻合的。第三，可以会通儒道经典。儒道本来有较多冲突，儒家重现实，道家期超拔。但是，王弼却认为，儒家圣人孔子实际上是具备很高形上追求之人，不能仅仅盯着儒家文字的表面含义（忘言），而应该体会其中内含的深义（得意）。这样，儒家的圣人似乎和道家人物没有太大不同，他们之间的争论完全可以得到平衡，而不必斤斤计较于文字之短长。经过王弼这样的改造，儒道差异不大，孔老也可以得到较好沟通。这是王弼在会通儒道思想，而想在两者之间给予更加紧密的联系，而不是互相排斥和敌对。第四，玄学贵在自然，宅心玄远，清简通达，按照此种方式去做事，那就可以不必过于拘泥外在的形态，丢弃虚伪的修饰，而找到真实的自我。所以，我们看到魏晋名士风度高迈，超拔群方，乃在于他们找到了安身立命的地方，那就是要回归到自然生命的真实本性，去除矫揉造作。在很多正统人士眼里，名士风度毁礼灭法，罪恶深重，但殊不知旁观者只是看到了他们的外在形式，而没有领略他们所以为此的理由。当名士表现出超拔的风格时（得意），他们已经不在乎世俗社会的眼光和评价了（忘言）。所以，得意忘言与玄学家的追求极其符合。

汤用彤先生评价非常准确："吾人解《易》，要当不滞于名言，忘言忘象，体会其所蕴之义，则圣人之意乃昭然可见。王弼依此方法，乃将汉易象数之学一举而廓清之，汉代经学转为魏晋玄学，其基础由此而奠定矣。""辅嗣（王弼字）兼综名理，其学谨饬。汉代易学，拘拘于象数，繁乱支离，巧伪滋盛，辅嗣拈出得意忘象之义，而汉儒之学，乃落下乘，玄远之风，由此发轫。""王氏新解，魏晋人士用之极广，其于玄学之关系至为深切。"

大衍之义，发覆之论

王弼对《周易》另一个富有个人新解的看法，是对"大衍"之义的阐发。

什么是大衍义呢？《周易·系辞上》载："大衍之数五十，其用四十有九。天数五，地数五，五位相得而各有合。天数二十有五，地数三十，凡天地之数，五十有五，此所以成变化而行鬼神也。""大衍"又称"大演"，两者可以相通。商朝流行龟卜，依靠烧烤龟甲、兽骨形成的裂纹进行占卜。至周朝，龟卜虽也在用，但是占筮的方法更加流行。筮就是蓍草，对蓍草进行多次分组排列，根据最后得出的奇偶数字确定六个爻化，得出卦位。上文是用蓍草进行预测吉凶活动时产生的问题。参与预测的总共有五十根蓍草，但是其一不用，实际参与的只有四十九根蓍草。这里问题就产生了，为什么有五十根蓍草，只用其中的四十九根，剩下的一根不用？对此问题的阐释，历代诸家解释纷纭，难以达成共识。《汉书·律历志》说："元始有象一也，春秋二也，三统三也，四时四也，合而为十，成五体。以五乘十，大衍之数也，而道据其一，其余四十九，所当用也，故蓍以为数。"《汉书》作者班固认为，元始之象一、春秋二、三统三等加起来是十，十乘以五，就得到五十，道也占

084

一份，所以要减去，正好有四十九。西汉京房说："五十者，谓十日，十二辰，二十八宿也。凡五十，其一不用者，天一不用，天之生气，将欲以虚来实，故用四十九焉。"京房以天上星象解释数字五十，认为十日、十二辰与二十八宿相加就可以得到五十，其一不用是因为天主导生命，让万物产生，它是万物生存背后的基础，不具体参与到大衍之义中。东汉马融说："《易》有太极，谓北辰也。太极生两仪，两仪生日月，日月生四时，四时生五行，五行生十二月，十二月生二十四节气。北辰位居不动，其余四十九运而用也。"马融用日月运行解释五十，他认为太极、两仪、日月、四时、五行、十二月，再加上二十四节气就可以得出五十。其一不用是因为北辰作为主导者，是安静的，不表现出运动。东汉荀爽说："卦各有六爻，六八四十八，加乾坤二用，凡有五十。《乾》初九：潜龙勿用。故用四十九也。"荀爽认为六爻乘以八卦，再加上乾坤，就可以得出五十的数字，其一不用是指乾初九。郑玄认为："天地之数，五十有五，以五行气通，五行减五，大衍又减一，故四十九。"郑玄说天地之数是五十五，减去五行的五个，再减去大衍的一个，得到四十九。三国姚信说："天地之数，五十有五者，其六有象，六画之数，故减之四十九也。"姚信认为天地之数五十五，减去卦的六爻，就成为四十九。宋代朱熹说："大衍之数五十，盖以河图中宫天五乘地十而得之，至用以筮，则又止用四十九，盖皆出于理势之自然，而非人之知力所能损益也。"朱熹用河图解释五十的由来，认为是天五乘以地十的结果，至于其一不用是因为理所当然，非人力能够损益。汉儒用天地、日月、星辰、五行解释大衍之义，象数思想浓厚，沉浸在经验理性之中，带有很强的宇宙生成论的观念，而对更高义理化的探求显得非常少，很难从大衍之义之中引申出更高的理论追求。这是汉儒的思维方式所导致的结果，更使得真相扑朔迷离，隐晦难显。

由上可见，关于大衍之义的论说，各家很是不同，歧义很多，纷纷扰扰没有定准，致使诸家沉溺于文字的解释之中而不能自拔。王弼认为："演天地之数，所赖者五十也。其用四十有九，则其一不用也。不用而用以之通，非数而数以之成，斯易之太极也。四十有九，数之极也。夫无不可以无明，必因于有，故常于有物之极，而必明其所由之宗也。"

王弼的阐述可以分为两层来说明。

第一，大衍之义其一不用，一是无的意思，代表事物的根本性质，万物的本体。一不是数字，它自己不会运行，万事万物依靠它运作。四十九是数之极，一是通过它来展示自己存在的。简单地说，一与四十九是体与用的关系，一是本体，隐藏在事物背后，又超越于具体的事物，它名为一，其实是事物运行的总法则、总规律。四十九是用，它是具体的，可以观察的，它能展示事物运行的复杂性，所以通过四十九根蓍草的变化能够解释事物运行的状况。一是事物的本体（所由之宗），它无形无象，这个方面来讲，一是超越的；但同时，一又不能离开四十九独自存在（必因于有），它内含在四十九之中发挥作用。这样看来，一与四十九体用一如，不能为二，矛盾统一在一起。在用蓍草推测吉凶的时候，之所以拿出一根蓍草不用，是用它象征事物的根本，代表事物运行的总法则，表明它的超越性，在它的指导之下，用四十九根蓍草就能把握事物运行的现象，从而得出一般性的教导。王弼对大衍之义的思考，他所用的思维方法，与他在《老子》等书中所用的方法都是一致的。"夫无不可以无明，必因于有，故常于有物之极，而必明其所由之宗也"一语正好可以解释《老子》第一章："无，名天地之始；有，名万物之母。故常无，欲以观其妙；常有，欲以观其徼。"用无与有来认识一与四十九，正是《老子》思想对王弼的启发，也给他的理论提供了简明的指导。他指出具体事物的局限，然后寻找能够超越这些局限的事物本质，从而得到对事物很清明的认识。就像推测吉凶所用的蓍草，四十九根蓍草是具体的，它们不能相互涵盖，只能有更高的东西来涵盖它们，那就是其一不用的蓍草。一就被王弼视为事物的根本，它是无，是道；四十九就被王弼看作在一指导之下的具体现象，它是有，是器。有、无不能割裂，道、器不能分离，两者相辅相成。一是本体，代表了宇宙的规律，象征了刚健永恒的大道，它是不能把捉但又真切存在的宇宙秩序；四十九是末用，代表了纷繁的人间现象，万事万物在宇宙规律的指导之下，都能找到自己的位置，各安其命，各尽其性。《周易》推测吉凶，不正是要找到这种宇宙秩序，从而让人间万事万物更好地把握自己的发展方向吗？把一和四十九视为本末体用的关系，这种思考方法在前人之中是没有的。正是以这种思维方式，才能从象数派易学编织的象数迷网之中挣脱出来，获得了广阔自由的天地，呼吸到了清新自然的空气。王弼的思想犹如一柄利斧，总能斩除荆棘，辟出新路。

第二，王弼把太极看作一，即同样视太极为宇宙本体。太极一词较早出现在《周易·系辞》："易有太极，是生两仪，两仪生四象，四象生八卦。"东汉许慎《说文解字》解释"一"云："惟初太极，道立于一，造分天地，化成万物。"这里是把太极视作生成万物的开始。东汉马融说："易有太极，谓北辰也。"北辰是北极星，天空最亮的星，这里是把星辰称作太极。汉儒郑玄认为太极是："气象未分之时，天地之始也。"郑玄的太极很像一团混沌的元气。刘歆《钟历书》云："太极元气，函三为一。"刘歆的观点与郑玄相同。三国虞翻曰："太极者，太乙也，分为天、地，故生两仪也。"太乙也是元气，虞翻观点近似郑玄、刘歆。汉人解释太极，一般只认为星辰或者元气，它们能够生成万物，主导万物的运行。但王弼不这样认为。他说："不用而用以之通，非数而数以之成，斯易之太极也。"这显然是不同于传统汉儒的太极观。依照王弼的认识，太极有两个特征，其一它自己不会运行万物，其二万物却要依靠于它。太极是虚静的，它超越现象，但同时它又蕴含于现象之中，使得万物得以成立。显然，王弼的太极实质就是本体，是万物的本质。太极作为本体，与汉儒认为太极是星辰或者元气有很大不同。汉儒认为星辰或者元气生成了万物，这个生成就像母生子一样，太极因为生成了万物，所以它能主宰万物，万物成为它的依附。这是站在宇宙生成论上认识太极。王弼认为太极为本体，是说太极是万物的本质，这个本质从万事万物中抽象出来，它是一种超越言象的存在，是逻辑演进出的理论。太极是本质，但不会生成万物，它与万物不是母子关系。太极虽为本质，但并不是说万物没有自己的个性，它们照样有自己的价值，并且能从万物的运行之中更好地体会太极的存在。王弼和汉儒的太极观是有根本差异的。王弼去除了汉儒太极观上的生成论、象数论色彩，而直接把它提升为万物本质，为万物的运行找到了根本，从而使太极具有超越的、抽象的特性，成为指导万物运行的规律和法则。王弼对太极的认识影响了东晋韩康伯。韩康伯名伯，字康伯，颍川长社（今河南长葛）人。他在《周易注》中这样说："夫有必始于无，故太极生两仪也。太极者，无称之称，不可得而名，取有之所极，况之太极者也。"韩康伯把太极等同于无，认为不能用固定的概念和名词来称呼它。这个观点与王弼类似。

王弼的大衍之义因其新颖独创，不为传统学人所看重，在当时及其身后也受到很多批评。《三国志·魏书》载："颍川人荀融难弼大衍义。弼答其意，白书以戏之曰：'夫明足以寻极幽微，而不能去自然之性。颜子之量，孔父之所预在，然遇之不能无乐，丧之不能无哀。又常狭斯人，以为未能以情从理者也，而今乃知自然之不可革。足下之量，虽已定乎胸怀之内，然而隔逾旬朔，何其相思之多乎？故知尼父之于颜子，可以无大过矣。'"荀融一族是当时的大家族，也是文化名门。荀融曾祖辈荀爽写过《周易注》，荀爽的孙子荀顗曾经批驳钟会的"易无互体"。王弼与钟会年龄相近，志趣相投，王弼与钟会的观点大体相近。王弼、钟会是当时具有新思想的人，易有互体是传统汉儒所持的观点，不被王弼、钟会等人所重视。荀融作为荀氏家族的一员，其《周易》观念应与其他族人相去不远。荀融非难王弼大衍义，这说明荀融思想与汉代士人很接近，这也表现出荀融作为汉代旧门思想相对保守的特点。对于荀融的指责，王弼并没有过多辩解，只是给荀融写了一封信。王弼说，一个人即使达到了非常非常高超的智慧，也不可能去掉人的自然情感。就像颜回这个人，孔子对他是极其了解的，但是，孔子看到颜回就很快乐，颜回去世了，孔子就很悲伤。我以前看不起孔子，因为他老是这样动感情，不能让感情顺从理智。但是，当我见了你也长久地陷入"相思"之中，才知道自然情感是不会随便就能消除的。我才明白，孔子对颜回所表现出的情感并没有什么错误。这封信写得妙趣横生，充满了机智与幽默，带有某些嬉笑怒骂的味道。因为这段话是由荀融反对王弼大衍之义引起的，其中心思想也应该围绕这个问题展开，当然算不上非常正式的论说。推测王弼说话的内容，他所提及的明教与自然、理与情应该就是指的大衍之数的一与四十九。在王弼眼里，一有本体的含义，所以自然、理也正说明的是事物的本质；而四十九是纷繁的现象世界，可以涵括自然情感等具体的东西。根据王弼的意思，要以情（四十九）从理（一），就是大衍之数中的"四十九"的变化，能够呈现事物背后的本质内容"一"。就像孔子，他有情感，但是不过分，没有被情感所累，仍然是理智的，孔子的处事态度符合一与四十九的关系。荀融认为，自然情感是不应存在的，否则就是违背事物本质做事。为什么这样说呢？因为在他眼里，大衍之数的一就像天地一样，是无为虚静，没有任何情感在的，人应该效法它，所以不能随意任情。荀融的看法，是汉代传统天道自然的观点，忽视人的存在。王弼是把本质与现象结合起来考察问题，把它们纳入一个统一体之中，理论上显得更加圆融。王弼与荀融的争论，反映了汉代旧易学与魏晋新易学之间的冲突。

西晋末年，江南名士纪瞻与顾荣一起到洛阳，在路上两人谈起《周易》以及王弼的太极思想。《晋书》载："（顾）荣曰：太极者，盖谓混沌之时蒙昧未分，日月含其辉，八卦隐其神，天地混其体，圣人藏其身。然后廓然既变，清浊乃陈，二仪著象，阴阳交泰，万物始萌，六合闿拓。《老子》云'有物混成，先天地生'，诚《易》之太极也。而王氏云'太极天地'，愚谓末当。夫两仪之谓，以体为称，则是天地；以气为名，则名阴阳。今若谓太极为天地，则是天地自生，无生天地者也。《老子》又云'天地所以能长且久者，以其不自生，故能长久'，'一生二，二生三，三生万物'，以资始冲气以为和。原元气之本，求天地之根，恐宜以此为准也。（纪）瞻曰：昔疱牺画八卦，阴阳之理尽矣。文王、仲尼系其遗业，三圣相承，共同一致，称《易》准天，无复其余也。夫天清地平，两仪交泰，四时推移，日月辉其间，自然之数，虽经诸圣，孰知其始。吾子云'蒙昧未分'，岂其然乎！圣人，人也，安得混沌之初能藏其身于未分之内！老氏先天之言，此盖虚诞之说，非《易》者之意也。亦谓吾子神通体解，所不应疑。意者直谓太极极尽之称，言其理极，无复外形；外形既极，而生两仪。王氏指向可谓近之。古人举至极以为验，谓二仪生于此，非复谓有父母。若必有父母，非天地其孰在？荣遂止。"顾荣所提

091

"太极天地"的说法可能是王弼大衍之义的逸文。

顾荣对于太极的看法主要有三点：第一，太极是混沌未分的元气；第二，太极生成了天地阴阳；第三，圣人能够藏身于太极之中，顺应万物的变化。顾荣的太极观点基本上类同很多汉儒的看法，视太极为元气，它有生成天地阴阳的功能，太极与天地阴阳是父母与子女的关系，这是典型的宇宙生成论的认识，在理论思维的程度上是不高的，甚至可以说是比较守旧的。尤其是顾荣为了神化圣人，竟然认为圣人可以藏身于太极之中，这更是匪夷所思，受到纪瞻很有说服力的批评。纪瞻认为圣人也是人，怎么可能返回到混沌状态而躲藏其中呢？纪瞻进而认为，太极是表示"极尽"的称呼，即视太极为最深奥的意思，又可以称为"理极""至极"，已经达到了事物最根本的道理，不能再进一步深入了。纪瞻同意王弼对太极的看法。对太极的分析大致和王弼的观点相符，他所说"理极""至极"与王弼所言"不用而用以之通，非数而数以之成"思想可以相通，都认为太极是事物最后的本质，它不是具体的事物，而是超越了具体事物的存在。

可见，王弼对大衍之义的看法，更多的是从本末体用角度看待这一问题，从根本上否定了带有浓厚宇宙生成论色彩的旧的易学观念，促进了易学思想的革新，也提供了新的思维范型。王弼大衍之义在扫除汉代象数易学的影响方面，作出了极其卓越的贡献，同时显示了王弼化繁为简、以一敌万的理论思辨水平，在这一层面上他超越了同时代人，甚至也超越了后代许多人。

《周易》体例，独显特色

王弼在对《周易》进行解释的时候，提出了一些解易的体例，即如何解释卦爻辞的方法。这些体例既有对前人的继承，也有王弼本人的新见，特别是后者，融入了王弼的独特思想，最能反映王弼思想的突创之处，值得仔细分析和研究。我们按照朱伯崑先生在《易学哲学史》中的探讨，对此作些介绍。

第一，取义说。王弼对卦爻辞的解释用取义说，即阐释其中内含的主要道理，而有意忽略《周易》象数的影响。王弼对八卦的认识是这样的，比如，以乾为健，以坤为顺，震为畏惧，巽为申命，坎为险陷，离为丽，艮为止，兑为悦。如他在解释坎卦☵☵《彖》文"习坎，重险也。水流而不盈，行险而不失其信"时说："坎以险为用，故特名曰'重险'。言'习坎'者，习乎重险也。险峭之极，故水流而不能盈也。处至险而不失刚中，'行险而不失其信'者，习险之谓也。"这里以"习坎"为"习乎重险"，即是取义说，重点观照此卦蕴含的主要道理。王弼并不否认坎卦有水象，但是水流而不能盈，是因为它"习乎重险"造成的。"处至险而不失刚中"是指坎卦中阳爻居于中位，阳爻而处于中位尚能有为。汉儒虞翻对此解释不同，他说："两象也。天险、地险，故曰'重险也'。信谓二也。震为行。水性有常，消息与月相应，故'不失其信'矣。"虞翻的解释是取象说，他以天险、地险为"重险"（实以天、地二象作配比），又以月亮盈虚解释水性变化（汉人通常认为月亮与水有紧密联系），并且用互体说解释坎卦的二、三、四爻为震☳，说明水处于流行的状态。这个解释包含了天、地、月等自然现象的附会，显然失于烦琐、神秘。三国陆绩的解释"水性趋下，不盈溢崖岸也。月者水精，月在天，满则亏，不盈溢之义也"，也存在类似的问题。王弼与他们相比，更可以发现王弼解释八卦注重直接抓住义理，而抛弃取象说所做的种种附会。王弼对六十四卦的认识也秉持这一理论趋向，比如，以屯卦为"天地造始之时"，以蒙卦为蒙昧之义，以需卦为"饮食宴乐"之义，以讼卦为听讼之义，以师卦为兴师动众之义，等等。王弼在注释小过卦☷（艮下震上）六五爻辞"密云不雨，自我西郊"时说："过，小者过于大也。六得五位，阴之盛也。故密云不雨，至于西郊也。夫雨者，阴在于上，而阳薄之而不得通，则蒸而为雨。今艮止于下而不交焉，故不雨也……过小而难未大作，犹在隐伏者也。"王弼认为，小过是处于隐伏状态而没有发作出来。为什么会如此呢？因为小过的上卦五爻本是尊位，却被阴爻占据，阴气过盛，未能与阳相交，所以不雨。再者，小过的下卦是艮☶，艮有止的意思，阻止了六五之位与阳相交。王弼的解释还是注重从义理方面发挥。虞翻说："密，小也。晋坎，在天为云，坠地成雨。上来之三，折坎入兑，小为密。坤为自我。兑为西。五动乾为郊。故'密云不雨，自我西郊'也。"虞翻的解释完全从卦象入手，看来很复杂，也让人不得要领。由此可见，王弼取义说对于《周易》义理化的发挥作用是多么巨大。

　　第二，一爻为主说。一卦六爻，卦、爻各有象，也各有辞，那么，卦象与爻象、卦辞与爻辞有什么联系呢？如何确定它们在一卦之中的主从关系呢？王弼提出一爻为主说，即认为一个卦象的意义主要是由一爻决定的。一爻为主说，最初见于《彖》传解经。比如，屯卦辞说："元亨利贞，勿用，有攸往，利建侯。"《彖》传解释是："刚柔始交而难生。"意思是说屯卦的初九爻与六二爻阴阳相交而成事，此卦的初九爻辞说"利建侯"，正说明此点。由此看来，屯卦的卦义主要是由初九爻一爻决定的，这就是一爻为主说。王弼在解释《周易》的时候，经常按照《彖》文解释卦象，主于一爻。比如，王弼在解释屯卦"元亨利贞"时说："刚柔始交，是以'屯'也。不交则否，故屯乃大亨也。大亨则无险，故'利贞'。"这是用《彖》文"刚柔始交而难生，动乎险中，大亨贞"注解卦辞。他注《彖》文"天造草昧，宜建侯而不宁"时说："屯体不宁，故利建侯也。屯者，天地造始之时也。造物之始，始于冥昧，故曰草昧也。处造始之时，所宜之善，莫善建侯也。"这是本于初九爻辞。他注初九爻辞"磐桓，利居贞，利建侯"时说："处屯之初，动则难生，不可以进，故'磐桓'也。处此时也，其利安在？不唯居贞建侯乎！夫息乱以静，守静以侯，安民在正，弘正在谦。屯难之世，阴求于阳，弱求于强，民思其主之时也。初处其首而又下焉。爻备斯义，宜其得民也。"意思是说初九爻位于一卦之初，它与六二阴爻相交，表示难生之义，这个时候属于阴求阳、弱求强的时候，百姓思念人君保护，所以"利建侯"。王弼的一爻为主说，以传解经，以经释传，乃在于把握卦象本义，指明真实内涵，有助于人们剔除烦琐表象而直接探求事物根本。王弼在《周易略例·略例下》中说："凡《彖》者，通论一卦之体者也。一卦之体，必由一爻为主。则指明一爻之美，以统一卦之义，大有之类是也。"王弼认为通过《彖》传可以认识一卦的含义，而一卦的含义必定由一爻做主，只要阐释了这一爻的内容，就能对整个卦义作出合理的解释。王弼在《明彖》中又说："夫《彖》者，何也？统论一卦之体，明其所由之主者也。夫众不能治众，治众者，至寡者也。夫动不能制动，制天下之动者，贞夫一者也。故众之所以得咸存者，主必致一也。动之所以得咸运者，原必无二也。"在这里，王弼除了再次强调一爻为主说之外，还指明了所以这样做的理论根据。王弼认为，认识事物根本不能停留在现象世界，应该寻求它们背后的东西，而指导规定现象的正是那些不能再加分析、再加剥离的东西，那就是"寡""一"，因此，一爻为主说实质上是探寻每卦的最终规律。只要整个规律把握了，这个法则弄懂了，那么其他爻象的解释就可以水到渠成，从而起到以一统众、以简驭繁的作用。王弼不被纷乱的爻象世界所迷惑，而注重直接探求爻象背后的主导，追问其背后的中心思想，让他能够总体上对卦象作出高屋建瓴的说明。

第三，爻变说。如果说一爻为主说是王弼要追求《周易》理论的统一性的话，那么，爻变说在于说明爻象的变化没有固定的形式，它总是应机而动的。比如，王弼注贲卦䷕《彖》文"柔来而文刚，故亨。分刚上而文柔，故小利有攸往"时说："刚柔不分，文何由生？故坤之上六来居二位，柔来文刚之义也。柔来文刚，居位得中，是以亨。乾之九二，分居上位，分刚上而文柔之义也。刚上文柔，不得中位，不若柔来文刚，故小利有攸往。"王弼此处解释本于汉人荀爽，荀爽对贲卦《彖》文的注解是："此本泰卦。谓阴从上来，居乾之中，文饰刚道，交于中和，故亨也。分乾之二，居坤之上，上饰柔道，兼据二阴，故小利有攸往矣。"意思是说，贲卦䷕是从泰卦䷊转变而来的，泰卦的九二爻与上六爻互换，就可以得到贲卦。泰卦的上卦是坤，上六爻居九二爻，位置适当，是吉祥的；泰卦的下卦是乾卦，九二爻居上六爻，虽小有不当，但尚有利益可图。贲卦用《彖》文解释，文义有所不通，但利用爻变说，引进泰卦，认为泰卦的上六爻与九二爻互换得出贲卦，这样转化其中义理得到舒解。爻变说的提出是因为单一卦象解释义理是有难度和限制的，利用其他卦象的爻位变化再来解释这一卦象，就能扩充解释的广度和灵活性。

爻变说是汉儒解易经常使用的方法，上举荀爽就是典型的例证。王弼在解释卦义的时候，适当地借助了汉儒的解释方法，这说明思想的继承关系。历来研究王弼思想的人，较多看重他的创新之处，而没有看到他继承传统的地方，这应该说是不够全面的。当然，我们必须明白，王弼继承传统是一个方面，更重要的是他不局限于传统，而能提出更多个人的看法，这是更为主要的。

第四，适时说。此说是对爻变说的进一步发展。爻义所以变动不居，难以把握，是因为它所处的时机不同，因而其吉凶之义也就不一样。所以，应该适时而变。这与《周易》讲究变易的思想是符合的。王弼写了《明卦适变通爻》，阐发了这一思想。他说："卦者，时也；爻者，适时之变者也。夫时有否泰，故用有行藏。卦有小大，故辞有险易。一时之制，可反而用也。一时之吉，可反而凶也。故卦以反对，而爻亦皆变。是故用无常道，事无轨度，动静屈伸，唯变所适。故名其卦，则吉凶从其类；存其时，则动静应其用。寻名以观其吉凶，举时以观其动静，则一体之变，由斯见矣。"这是说，爻的特点在于变，变总是与它所处的时位联系在一起的。卦辞因时而变，爻辞也因时而变，这就是"卦者，时也；爻者，适时之变者也"。就卦辞的吉凶来说，比如，泰否两卦，泰是大通之时，所以其辞吉；否是不通之时，所以其辞凶。泰时则可以行其道，兼济天下；否时则要韬光养晦，独善其身。这就是"时有否泰，故用有行藏"。"卦有小大"，是用来说明卦辞因时而不同。比如，泰时辞易，否时辞险。"一时之制，可反而用也"，制是指体制，即卦义，卦义有好坏，但其爻义可能相反。比如，泰卦䷊之体吉亨，但其上六爻辞说"城复于隍"，王弼注解说："居泰上极，各反所应，泰道将灭，上下不交，卑不上承，尊不下施，是故'城复于隍'，卑道崩也。"泰卦吉亨发展到顶点，将向自己的反方向运动，预示着不吉可能发生。可见，适时说充满着辩证智慧。

通过王弼对《周易》体例的论述可以看出，王弼排除了汉易的占候、象数之学，把《周易》视作探讨哲理的智慧之书，并以此为出发点，让《周易》的义理更加得到凸显，从而代表了一种崭新的思想风气，给当时的玄学思想带去了更高的理论指导。

总之，王弼以自己的天才思想，对《周易》作了重大改造，使之成为贯穿自己思想的绝佳文本。这个改造，既有文本结构方面的更新，也有义理阐释方面的发挥，同时，也是对前人的创新。唐代孔颖达等修《五经正义》时，其中《周易》选用王弼注，认为"唯魏世王辅嗣之注，独冠古今"，受到官方的正式肯定。清代学者阮元校刻《十三经注疏》时，亦收入王弼《周易注》。这说明了王弼《周易注》的价值。

　　王弼所提出的言意之辨直接启示了魏晋玄学，汤用彤先生说："王弼依此方法，乃将汉易象数之学一举而廓清之，汉代经学转为魏晋玄学，其基础由此而奠定矣。""王氏新解，魏晋人士用之极广，其于玄学之关系至为深切。"这个评论指出了王弼思想在转折时期所起的重大作用，并对他在整个玄学史上予以正确定位。

第 4 章

理想人格，玄化圣人

　　《论语》是儒家最主要的经典之一。《论语》记载了孔子及其弟子的言行，是孔门诸人的语录汇纂。《论语》不是孔子所著，是孔子弟子及其再传弟子编写的，当然主要反映了孔子及其弟子的思想。孔子作为教育家，平时以《诗经》《尚书》《周礼》《乐经》《易经》《春秋》等书作为教材授课，是为"六经"。孔子自己的思想在给弟子授课以及与弟子言谈之中表达出来，孔子死后，弟子各自根据他们听闻的孔子的思想写成文字，这些文字最后总集成书就成了《论语》。孔子自己是不立文字的，他的思想在平时的生活之中自然展现出来。我们会发现一个有趣的现象，在轴心时代（德国哲学家雅斯贝尔斯提出的概念。他说在公元前 800 年至公元前 200 年之间，在中西方的历史上出现了很多哲人，他们提出的思想深刻影响了后代人，实现了古典哲学的突破，这些人包括古希腊的苏格拉底、柏拉图、亚里士多德，以色列犹太教先知，古印度的释迦牟尼，中国的孔子、老子等）很多先哲其实自己是不著书的。比如，古希腊的苏格拉底，他的思想主要通过弟子柏拉图的著作流传下来。再比如，古印度的释迦牟尼，他是佛教的创立者，但是自己也没写书，后来是他的弟子们把他的思想经过多次汇集成书。孔子也和这些先哲类似。这些先哲之所以自己不写书，主要可能是因为他们讲求言传身教，生活和思想合二为一，不必再另外著书阐明什么。

可以这样说，《论语》就是中国古人的《圣经》，它产生之后，深刻地影响了古代的读书人，成为他们日常生活的行为规范和准则。《论语》在宋代成为"十三经"之一，又被朱熹提高到"四书"之一，成为当时学人学习和考试的必读教科书。《论语》注重人的伦理道德，通过提升个人的道德修养完善人，并且这种修养从个人扩充至家庭、国家，从而实现天下大治。"仁"是《论语》的核心思想。仁能够"克己复礼"，积极方面讲就是"己欲立而立人，己欲达而达人"，消极方面讲就是"己所不欲，勿施于人"。仁是人作为人的标杆和尺度。通过仁的完善，才能实现家庭、国家的和谐，个人、家庭、国家三位一体密不可分。仁的实行，必须辅之以礼，遵从适当的秩序，每个人各安其位、各尽其能。《论语》关注此岸世界，以在现实人生之中获得理想圆满为旨志。它很少讲来世世界，即使讲到，也是采取避而远之的态度，这体现了它经验理性的特色。《论语》以人为本、注重伦理道德、提倡积极教化的思想对后世影响深远。

王弼的《论语释疑》在流传过程之中已经亡佚，清代学人马国翰《玉函山房辑佚书》从历代《论语》注中辑出《论语释疑》四十条，可以略窥王弼对《论语》的注释情况。王弼的《论语释疑》虽然残缺不全，但是其中展现的思想却异常重要。王弼以玄学化的理论来解释《论语》，这是他的首创，当然也是新解。虽然他的解释现在看起来有很多地方与《论语》原意不太符合，甚至完全是在阐述自己的思想，但这在经学玄学化的转折过程之中起到了重大的作用，其意义不可低估。

无体无象，是所谓道

王弼的《论语释疑》和他注释《老子》《周易》的基本理路是一样的，就是以阐发文义为主，用系统化的思想贯穿文本，从而给予提纲挈领的说明和引申。王弼对儒家处理社会现实事务的《论语》一书作了重大发挥，使之成为王弼本人玄思的载体和工具。我们在《论语释疑》中所看到的孔子形象以及孔门思想和《论语》是非常不同的。

为了更好地看出王弼《论语释疑》的特色以及在魏晋时期的特殊作用，我们可以先看看汉儒的注经方法。据孙尧奎、闫春新《汉代经学〈论语〉的注经特色》一文研究，汉儒注释《论语》有四大特色：第一，思想内容上，秉承孔子及其先秦儒家的传统，尚仁义，崇道德，讲教化，重修身；第二，治学风格上，汉注偏重训诂解经；第三，汉儒基于元气论及其同类事物相互感应的学说，局限于儒家伦理现象的表层和浅层次的道德说教而就事论事；第四，汉儒仅限于人伦现象的表层，注重名物训诂和典章制度，尤重讲礼制及其沿革，多记载一些历史掌故。这些特点可以进一步归纳为两方面问题：其一，汉儒注释《论语》是从文字训诂出发，致力于解释《论语》文本，尊重文本的本来思想；其二，汉儒对《论语》的解释是务实的，不关心义理的发挥。这两方面问题，在王弼的《论语释疑》之中统统被打破。王弼对《论语》的解释基本上不作文字训诂，他所反映的《论语》思想往往与文本有较大差距。王弼甚少关心《论语》所反复强调的伦理道德、思想修养等方面的现实问题，他总能在平实的语言文字背后找到寄托自己义理的地方，把《论语》往超拔处提拉，向形上处进升。经过王弼改造之后，《论语》的义理得到凸显，孔子变成具有玄远思想的圣人，适合了经学向玄学转化的需要。

王弼注释《论语》和他注释《老子》《周易》所用的方法是一样的，那就是去除事物外在形式的干扰和迷惑，直接探寻事物的根本道理，从而可以找到理解、破解万事万物的钥匙。王弼采用的是典型的"六经注我"的释经方法，是另外一种形式的创造性阐释。

王弼升华了《论语》中的道。道在先秦诸子中多有论述，本义是道路、途径的意思，引申为准则、规范甚至最高的指导。道家之道偏重于形上层面，是其思想的逻辑终点，指的是万事万物的法则和规律。儒家的道也含有形上层面的考虑，比如《周易》中的道。很多时候儒家的道其实是很务实的讲法，指的是日常行为伦理的准则，也是儒家所遵循的核心价值。《论语》中的道大体都可以作如此理解。王弼对《论语》的道却作出了不同的解释。他对《论语·述而》中"志于道"如此阐发："道者，无之称也，无不通也，无不由也。况之曰道，寂然无体，不可为象。是道不可体，故但志慕而已。"王弼认为，《论语》中的道是"无"的代名词，它不是任何具体的事物，也没有任何实在的形象，但又无处不存在，无时不发生作用。因为道不能把捉，不能看察，所以只能向往而已。很明显可以看出，王弼对《论语》中道的发挥，完全是用认识道家之"道"来看待的。在王弼的眼里，《论语》中的道成了"无"，成了抽象的存在，成了世界的本体，与《老子》"是谓无状之状，无物之象，是谓惚恍"有得一比。《论语》此处所说的"道"，朱熹的解释可能更为确切，他在《四书章句集注》中这样说："道，则人伦日用之间所当行者是也。如此而心必之焉，则所适者正，而无他歧之惑矣。"按照朱熹的看法，《论语》此处的道乃是指人伦日常行事的准则，按照这个准则做事就能顺利通畅，不入歧途。可见，王弼的解释是主观地抬高了《论语》所说的道。他的这个解释倒和何晏的说法类似，何晏等人主编的《论语集解》解释《述而》此语说："志慕也。道不可体，故志之而已。"王弼与何晏等人的阐述语言都有相同之处，但是王弼的解说显然比何晏等人的解说更加超拔、更加空灵、更加抽象。从中可以看出，何晏是当时的玄学宗师，王弼在当时的环境之下亦受到其重大影响，但是，王弼的思辨水平显然比何晏等人更上了一个台阶，更适应玄学话语之下的理论需要。这其中也可以发现思想继承和发展的轨迹。

道既然是无形无象的，那么它就有很强的适应性，就能包含万物，而万物因为自己都是具体的，它们彼此不能互相成为对方的根据。所以，作为万物是有局限的，包含它们的只能是没有局限的道或者无。《论语·述而》说："子温而厉，威而不猛，恭而安。"这是对孔子个性特征的形象描画。王弼对此解释道："温者不厉，厉者不温；威者心猛，猛者不威；恭则不安，安者不恭。此对反之常名也。若夫温而能厉，威而不猛，恭而能安，斯不可名之理全矣。故至和之调，五味不形；大成之乐，五声不分；中和备质，五材无名也。"王弼认为，《论语》所讲的温与厉、威与不猛、恭与安这几种特性都是具体的，它们彼此矛盾，不能相容，有此就不应有彼。而这几种高超特性却能同时表现出来，支配它们的东西必定是不能言说的具体事物，是无名无形的东西造就了上述高超的特性。王弼比喻说，最好的美味是尝不出酸、甜、苦、辣、咸（五味）的单一味道的，它是各种味道的综合；最好的音乐是分不出宫、商、角、徵、羽（五声）的单个声音的，它是各种声音的汇集；最优良的品格是看不出勇、智、仁、信、忠（五材）的单独性格的，它是各种性格的集聚。所以，事物的本质只能是无形无象的，才能成为万物的根据。同理，各种优良品性所汇集形成的高超特性表现在孔子身上，已经达到了不可言说、不可名状的地步。只有如此，孔子身上的高超特性才能兼容"温而厉，威而不猛，恭而安"。王弼首先指出具体事物是有局限的，再次指出有限的事物不能相互包容，最后指出能包容其他事物的东西只能是无，无成为万事万物的根本。这个逻辑演进的方法，在王弼注释《老子》《周易》那里都可以看到，这也是王

105

弼一贯常用的释经方法。很有趣的是，何晏等人的《论语集解》对此处没有任何解释，也许他们认为此处不存在任何理解障碍，不能发挥任何义理。而王弼却花费很多笔墨对此作出自己的阐释，这是因为王弼敏感地发现了此处有能够阐扬自己思想的地方。但是，王弼此处的解释显然与原文有较大偏差。朱熹的解释是："厉，严肃也。人之德性本无不备，而气质所赋，鲜有不偏，惟圣人全体浑然，阴阳合德，故其中和之气见于容貌之间者如此。门人熟察而详记之，亦可见其用心之密矣。抑非知足以知圣人而善言德行者不能也。"朱熹认为，孔子之所以表现出高超的特性，是因为圣人德性全备、气质不差，所以能够在外貌上显示出中和之气。弟子们观察到了孔子的品性，然后把它记录了下来。朱熹的解释虽然也作了所谓德性气质的一定发挥，但他仍然把孔子视为一个活生生的人来看待，把他的个性特征看作明显展现在外面的东西，没有任何超脱尘俗的味道。把朱熹的解释与王弼的阐发相对照来看，很明显，王弼是把自己一贯的以无为本的想法加在了孔子身上。王弼此处对《论语》的发挥，实在下了很大功夫，总之，是要把《论语》的思想往无的方面靠。在王弼的眼里，透过纷纭的现象看到的本质，是无形无象的，那东西才是最终的法则。

王弼对《论语》的义理化发挥是随处可见的。《论语·子罕》有言："可与共学，未可与适道；可与适道，未可与立；可与立，未可与权。"王弼对此解释道："权者，道之变。变无常体，神而明之，存乎其人，不可豫设，尤至难者也。"王弼认为《论语·子罕》所说的"权"实际上是道的变化，道既然是无体无象的，那么从道而来的"权"也是变无常形，难以提前预料的，如何处理"权"只有神明之人才有把握。在这里，王弼也是把《论语》所说的话给予了玄理化的表达，任何事物只有掌握了其运行的背后法则，才会有好的收获，而做到这一点是非常之难的。无论何人，只有遵循道的规律，才有希望成就事业。可见，道是无处不在、无处不显的，只是人们没有发觉。"神明之人"能够依道而行，获得成功，但他这种高大、高深的形象，似乎已经不是《论语》笔下的孔子形象了。而朱熹等人对此话的理解是："可与者，言其可与共为此事也。程子曰：'可与共学，知所以求之也。可与适道，知所往也。可与立者，笃志固执而不变也。权，称锤也，所以称物而知轻重者也。可与权，谓能权轻重，使合义也。'杨氏曰：'知为己，则可与共学矣。学足以明善，然后可与适道。信道笃，然后可与立。知时措之宜，然后可与权。'洪氏曰：'易九卦，终于巽以行权。权者，圣人之大用。未能立而言权，犹人未能立而欲行，鲜不仆矣。'"朱熹所提程子、杨氏、洪氏等人均为比较纯正的儒学家，他们都认为"权"乃权量轻重、动作合宜的意思，权就是针对具体问题具体处理，这是极其务实的讲法，无一人认为权是道的变化，更没有人认为权是难以把握、不可言说的。正巧，可为王弼老师的何晏对此的解释也与宋儒接近，他说"权"就是"权量其轻重之极"。因此，《论语·子罕》那句话宋儒等人的解释是比较符合原意的。在这里，王弼再一次"曲解"了《论语》的思想。难道王弼不懂《论语》吗？答案是否定的。王弼之所以如此解释，是让《论语》为自己服务，借《论语》来呈现自己的思想，王弼实在是把形上的道贯穿到了《论语》的思想里面，这成为他把握此书的理论利器，同时也是他解释其他经典所用的惯常方法。

魏晋是玄谈盛行的时代，玄理化的思辨受到时人的青睐。自何晏提出贵无论以来，这种"玄虚"的风尚更加盛行，王弼生当其时，以其聪明才智亦从事于玄学的理论创造。如果说何晏开其路，那么王弼就是大其途。要想创造崭新的玄谈理论，必须改造现有的经典思想，给予新的解释，否则仅仅依据经典，绝对难以完成思想的再造。王弼把《论语》中的道上升为无形无象的存在，是对《论语》思想的重塑，从而推动了玄学大潮的风起云涌。他的既有继承又有创新的作用是异常巨大的。何晏等人著有《论语集解》，已有提升《论语》形上思想的考虑，书中也有以道观物的言谈，但总体来看，何晏等人对《论语》的玄理化发挥是有限的。但是王弼就非常不同，他对《论语》玄理化的发挥更前进了一步，已经明确指明《论语》的道是无形无象、不可把捉的，并且秉此观点看待全书，致使儒家的学术向道家靠拢。王弼的这一理论努力方向，是当时新思潮的代表，也对后代学者多有启迪。南朝齐梁之际的经学家皇侃作《论语集解义疏》，其中就多引王弼对《论语》的解释。在对《论语》之道的认识上，两者也有相似之处。皇侃对《论语·述而》"志于道"的解释是："道者，通而不壅者也。道既是通，通无形象""道不可体，谓无形体"。他对《论语·为政》"回也不愚"解释道："自形器以上名之为无，圣人所体也；自形器以还，名之为有，贤人所体也。"皇侃对道的认识与王弼是相通的，都认为道无形无象，不执着于具体的事物，有很强的超越性。王弼对皇侃的影响可见一斑。王弼的玄理化解经，适应了魏晋玄谈的需要，也成为当时的一股潮流。

可见，王弼的《论语释疑》是把无形无象的道或者无作为《论语》的核心思想来讲，并且让这一思想贯穿全书。通过这样的方法，《论语》就成了具有很高形上思想的著作，变成王弼理论的张本，这是王弼对《论语》的创造性改造。当然，王弼的理解与《论语》中讲究日常人伦的道有差异，甚至是有根本区别的。《论语》之道关注现实人生，关注具体事物，关注人之所以为人的特质，力图使个人在现实世界实现自身的价值，突破自身的局限，达到人与社会的良性互动。王弼所体认的《论语》之道，成为超拔于现实，看似与现实没有联系而难以把捉的存在，这种理解恐怕连孔子也难以想到吧。与其说王弼是在注释《论语》，还不如说是王弼在"利用"《论语》，文本成为为他思想服务的工具。经过王弼改造的《论语》的思想还是《论语》的思想吗？从绝对意义来讲，当然不是《论语》的思想，而主要体现了王弼自己的理论，带有王弼自身的烙印。人们经常说王弼援《老》入《论》，这其实都是表象，其实质是王弼在用自己的思想、自己的眼光看待经典，他把自己的理论贯穿到了《论语》里面去。即使除去《论语》的外在壳子，王弼的思想依然可以独立存在，依然有其无限的生命力。这就是通过阐释经典从而形成新的思想的过程。

有人认为，王弼的《论语释疑》很多地方曲解了《论语》，他没有领悟《论语》的真谛，其对《论语》的认识是肤浅的。

这种认识值得商榷。第一，从动机来讲，王弼注释《论语》不是为了发扬儒家学问，他主要是为了阐发自己的思想，弘扬自己的理论，对《论语》原文的疏通不是他的目的和任务。第二，王弼是要借助《论语》来完成自己的思想创造，他既然敢于拿《论语》"开刀"，肯定是对其有精深研究和满腹自信，否则他绝对做不到让《论语》成为自己的"宣传机"。因此，上述对王弼的批评是没有道理的。

汤用彤先生在《魏晋玄学论稿》中对王弼的《论语释疑》曾经作过很精辟的评论，他说："（王）弼之所以好论儒道，盖主孔子之性与天道，本为玄虚之学。夫孔圣言行见之《论语》，而《论语》所载多关人事，与《老》《易》之谈天者似不相侔。则欲发明圣道，与五千言相通而不相伐者，非对《论语》下新解不可。然则《论语释疑》之作，其重要又不专在解滞释难，而更在其附会大义使玄理契合。"这段论述对理解王弼的《论语释疑》应该是极有启发意义的。

执一统众，无往不利

王弼把《论语》中的道描述成无形无象，道既然是最高本体，指导着万事万物的运行，那么就应该依照道的要求去行事，把握了此点，就可以执一统众，无往不利。"一"就是道，就是无，"众"显然指代万物，指代具体的有。执一统众才能得道而行，才能做事顺遂通畅。一般人很难做到这一步，而圣人对此却有很深的体会。

《论语·里仁》记载："子曰：'参乎！吾道一以贯之。'曾子曰：'唯。'子出。门人问曰：'何谓也？'曾子曰：'夫子之道，忠恕而已矣。'"王弼对此解释道："贯，犹统也。夫事有归，理有会。故得其归，事虽殷大，可以一名举；总其会，理虽博，可以至约穷也。譬犹以君御民，执一统众之道也。忠者，情之尽也；恕者，反情以同物者也。未有反诸其身而不得物之情，未有能全其恕而不尽理之极也。能尽理极，则无物不统。极不可二，故谓之一也。推身统物，穷类适尽，一言而可终身行者，其唯恕也。"王弼认为，事物都有根本，找到根本就能轻易包举事物；任何事理也都有自己的指导原则，找到这个原则就能简易地求得事理。最高的道理，任何事物都可包含，因为它已达到极致，没有另外的称呼，只能称为"一"。懂得了这个最高的道理，就能在应对万事万物的时候做到最好。这就是"执一统众"的妙处。王弼所谓"一名举""至约穷"，显然是指道，因为道是无形无象的，不能用具体的东西称呼它，勉强可以称为"一"，它是万事万物的根本。因此，"执一统众"也就是依道而行的意思。王弼此处的解释不能说没有道理，特别是他对"忠""恕"等的阐述，是非常精炼紧凑的。但是，在王弼思想的背后，道是无处不在的，不管儒家的任何教导怎样高明，毕竟不能脱离这个本体。而圣人能够"执一统众"，把儒家的教导发挥到极点。而朱熹对此的解说是："夫子之一理浑然而泛应曲当，譬则天地之至诚无息，而万物各得其所也。自此之外，固无余法，而亦无待于推矣。曾子有见于此而难言之，故借学者尽己、推己之目以着明之，欲人之易晓也。盖至诚无息者，道之体也，万殊之所以一本也；万物各得其所者，道之用也，一本之所以万殊也。以此观之，一以贯之之实可见矣。"朱熹的阐释也充满较强的形上意味，但是他所说的道并不多么远离世人，这个道就是"至诚"。能够做到"至诚"，万事万物就会各得其所。至诚是道之体，是事物的本质；万物各得其所是道之用，是事物的现象。道之体与道之用浑然不分。朱熹所谓道毕竟还是现实伦理道德的综合和提升，是能够习得的。而王弼的"执一统众"，并非从现实之中得来，而是其逻辑演进的必然结果：从万事万物（众）之中总结出来了背后的指导原则"一"，它又运行于万事万物之中。朱熹作为理学集大成者，他所谓的万殊一本、一本万殊与王弼的"执一统众"思想也颇有契合之处。

"一"是本，"众"是末，所谓"执一统众"也可称为"举本统末"。《论语·八佾》记载："子曰：'予欲无言。'子贡曰：'子如不言，则小子何述焉？'子曰：'天何言哉？四时行焉，百物生焉。天何言哉！'"王弼解释道："予欲无言，盖欲明本。举本统末，而示物于极者也。夫立言垂教，将以通性，而弊至于湮；寄旨传辞，将以正邪，而势至于繁。既求道中，不可胜御，是以修本废言，则天而行化。以淳而观，则天地之心见于不言；寒暑代序，则不言之令行乎四时。天岂谆谆者哉！"王弼认为，孔子所以不言，是要做到明本，本如明则末可举。用言语进行宣传教化本来是为了让人们性情纯正，但其发展到最后却烦冗琐碎，反而失掉了其本来意义。因此，应该像天地一样，它不言不说，而万事万物同样可以自行运转得很好。圣人体会到这点，所以达到了很高的修养程度。王弼甚至提出要"修本废言"，完全像天地那样，对万事万物不要进行任何人为干扰，让它们自己沿着本身的轨道运行。王弼此处用"举本统末"的思想来理解《论语》的话，应该说是有很强的理论包容力的，孔子的话能够在他那里得到提纲挈领的解释。孔子感慨天地运行不用施加任何外力，万事万物就能发展得很好，因此想到"无言"，即用语言文字这种刻意教化之外的方法来展示自己的所思所想。他所说的"无言"应该强调的是"身教"，就是用自身对待事物的态度和做法来感染自己的学生，身教看起来没说什么，没故意灌输什么，但是潜移默化作用也很巨大。王弼看到孔子的"无言"，马上联想到道体本无，所以提出"举本（无）统末"的想法来解释此处孔子的话语，这在王弼的思想体系里面应该是顺理成章的事情。经过王弼的解释，圣人成为体无的典型了。这是王弼赋予圣人的一种高超人格。朱熹对孔子的"无言"有自己的解释："学者多以言语观圣人，而不察其天理流行之实，有不待言而著者。是以徒得其言，而不得其所以言，故夫子发此以警之……四时行，百物生，莫非天理发见流行之实，不待言而可见。圣人一动一静，莫非妙道精义之发，亦天而已，岂待言而显哉？此亦开示子贡之切，惜乎其终不喻也。"朱熹认为，常人多是以圣人的言谈观察他们的，这种做法只知其然而不知其所以然，因为圣人还有言谈之外的很多高尚品性，不能仅仅通过言谈来认识圣人。圣人行事动静合宜，能够充分把自己的品性发挥出来，这不是只有通过圣人的言谈所能了解的。朱熹认为孔子的"无言"是自身充实、完满品性的发挥，这与王弼从本末角度来理解显然是不同的。

圣人具备"执一统众"的品格，就可以无往而不利。为什么会如此呢？因为"执一统众"就能把握事物的根本，从而根据具体现实的变化作出相应的行动。圣人得道而行，就显得空虚广大，无所不包，看起来什么也没有做，貌似无事，而实际上却能事事顺遂。圣人不抱成见，没有先入为主的想法，反而能够观察事物清晰周到，判断准确，相机而行。这是圣人的高明之处。《论语·泰伯》载："子曰：'狂而不直，侗而不愿，悾悾而不信，吾不知之矣！'"王弼解释道："夫推诚训俗，则民俗自化；求其情伪，则险心兹应。是以圣人务使民皆归厚，不以探幽为明；务使奸伪不兴，不以先觉为贤。故虽明并日月，犹曰不知也。"王弼认为，以诚心对待百姓，百姓就会变得纯正，如果去严防百姓，百姓也会这样对待你。因此，圣人是让百姓变得淳厚，不让奸伪的事情发生，而不是一味地苛察百姓，以百姓老师自居。圣人虽然能够做到明察秋毫，但是并不对百姓表现出来，他表现得就像什么也不知道一样。王弼对《论语·泰伯》的话是非常敏感的，因为他看到了"不知"两字，而王弼的否定性思维是非常喜欢此话的，他正好可以借助它来发挥自己的思想。在王弼的眼里，圣人能够把握事物的根本（执一），从而做到太平无事（统众），圣人似乎浑然不知，但是事情却都处理好了。王弼的这个圣人显然不是儒家的圣人，而是近似道家人物。因为儒家的圣人是主张教化引导百姓的，但是王弼却反对这样做，他反对任何统治的烦琐作为。

《论语·泰伯》的话表达了对狂悖不正直、无知不厚重、无能不守信之类人物的反感和鄙视，所谓"不知"乃是不愿提及、不屑一顾的意思，道理非常平实。所以朱熹这样解释："侗，音通。悾，音空。侗，无知貌。愿，谨厚也。悾悾，无能貌。吾不知之者，甚绝之之辞，亦不屑之教诲也。"朱熹从文字训诂讲起，重要字词均作解释，使孔子的思想非常明白，让人一览无余。但是王弼根本不作任何文字训诂的解说，直接上升到义理层面阐释孔子思想，并且牢牢抓住"无言"一语大做文章，还把它上升到圣人人格方面来理解，这可以看到王弼贯穿自己思想的迫切要求。在王弼的眼里，圣人成了具有浓厚道家化色彩的人物。

因此，圣人"道同自然"就是理所当然的了。《论语·泰伯》载："子曰：'大哉尧之为君也！巍巍乎！唯天为大，唯尧则之。荡荡乎！民无能名焉。'"王弼解释道："圣人有则天之德。所以称唯尧则之者，唯尧于时全则天之道也。荡荡，无形无名之称也。夫名所名者，生于善有所章，而惠有所存。善恶相须，而名分形焉。若夫大爱无私，专将安在？至美无偏，名将何生？故则天成化，道同自然，不私其子而君其臣。凶者自罚，善者自功。功成而不立其誉，罚加而不任其刑。百姓日用而不知所以然，夫又何可名也！"孔子认为尧是圣君，他能够向天地学习，表现出广远无边的品性，以至于百姓不能用言辞称说他的伟大。王弼理解孔子的话是从辨名析理入手的，他认为能够被人们所称说的东西比如善良、恩惠等都是具体的，具体的东西是有局限的，它们的对立面也就显现，有了善良当然会有丑恶。能不能做到摆脱具体事物的限制而达到自由自在的状态呢？王弼认为当然可以。这就是大爱无私，至美无偏，最高的爱不是给一个人的，可以爱任何人，最高的美是不偏向于某种东西的，任何东西都是美。做到大爱还有不爱吗？做到至美还有不美吗？不但不爱、不美不存在，连爱、美也不存在了，这不是无名无形吗？无名无形的状态不就是超越了爱（不爱）、美（不美）而又包含爱（不爱）、美（不美）的东西吗？无名无形就是"道同自然"，这样做事就可以使凶者受到惩罚、善者得到成功。得到成功并没有外在的名誉加给他，受到惩罚也不专任刑罚。老百姓像平时一样生活而没感到生活有什么变化，这种圣人的状态怎么能够用言辞来称说呢？可见，王弼对孔子所说的话完全是根据自己一贯的思想所作的理解，按照王弼的理解，圣人和体道法天、宅心自然的道家人物没有了任何区别。这可以说是王弼对儒家圣人有意地塑造，是一种重新建构。孔子的话其实是作了一个比喻，用天的性格象征圣人的特质，而王弼的解释是把圣人提高到没有任何限制的自由状态。与之相比，朱熹的解释应该更加靠近孔子的原意，他说："唯，犹独也。则，犹准也。荡荡，广远之称也。言物之高大，莫有过于天者，而独尧之德能与之准。故其德之广远，亦如天之不可以言语形容也。"

王弼改造过的圣人具备"道同自然"的能力，并且没有事物可以侵害。《论语·阳货》讲了一个关于孔子与佛肸的故事。春秋末期晋国的卿大夫赵简子讨伐范氏、中行氏，赵简子家臣佛肸叛乱。佛肸听说孔子的才干，因此召见孔子想给予任用。

孔子得到佛肸召见的信息，也跃跃欲试。这个时候，性格直爽的子路有点不高兴，他对孔子说："老师您不是说过亲自做坏事的人是不能替他服务的吗？现在你为什么违背自己的教导，想为发动叛乱的佛肸服务呢？"孔子说："是的，我确实说过这样的话。可是，坚硬的东西再怎么磨不还是照样坚硬吗？洁白的东西再怎么染黑不还是照样洁白吗？我怎能像味苦的匏瓜一样，只是挂在那里而不给人吃呢？"王弼对此段话的解释是："君子机发后应，事形乃视，择地以处身，资教以全度者也，故不入乱人之邦。圣人通远虑微，应变神化，浊乱不能污其洁，凶恶不能害其性，所以避难不藏身，绝物不以形也。有是言者，言各有所施也。苟不得系而不食，舍此适彼，相去何若也。"孔子的言行，在王弼眼里是"通远虑微，应变神化"，达到了很高超的程度，以至于可以"避难不藏身，绝物不以形也"，没有事物能够侵害他，这种程度的圣人实在是高明至极。如此高明的圣人，完全是超然脱俗，没有人可以伤害到他。这种圣人稍显有点"玄妙"了。朱熹引张敬夫的话解释这个故事："子路昔者之所闻，君子守身之常法。夫子今日之所言，圣人体道之大权也。然夫子于公山佛肸之召皆欲往者，以天下无不可变之人，无不可为之事也。其卒不往者，知其人之终可变而事之终不可为耳。一则生物之仁，一则知人之智也。"这个解释还是把孔子说得很高妙，但是与王弼的"应变神化"作对比，毕竟踏实了很多。

　　王弼通过理论建设，把圣人改造成具有自然无为色彩的道家化人物，使得圣人超拔的品性得到突出。这一改造与儒家以仁为本的圣人形象当然有很大差异，但它却是王弼自身思想发展的必然。只有执一统众、无往不利的圣人才与王弼的玄理化追求相一致，相符合，这也是王弼思想在人格观念上的最高范型。从另外一面来讲，儒道如果都存在相同的圣人形象，那么两者就可以得到会通，从而使其思想更加接近。

圣人有情，以性统之

王弼塑造的圣人形象，看起来高妙博大，超乎寻常，甚至让人感觉冷漠严峻，不能去亲近。但是，王弼却不这么认为，他指出圣人也有情感，但是圣人能够做到应物而不累于物，因为圣人是以自己的本性去做事的。王弼的性情观有明显的性本情末的思想。

关于性、情的认识，在中国古代是比较发达的，远远超过西方哲学家对此问题的探讨，这充分说明中国哲人对人本身的关注。

性是指人的本性，是与生俱来的。战国时期的世硕主张"性有善有恶论"。他说："人性有善有恶，举人之善性，养而致之则善长；恶性，养而致之则恶长。"人的善性如果发挥，就会更加增进，反之亦然，董仲舒、王充等人也有近似的观点。战国时期的告子主张"性无善无恶论"。他说："性无善与无不善也……性犹湍水也，决诸东方则东流，决诸西方则西流。人性之无分于善不善，犹水之无分于东西也。"告子认为，人性就如同水，没有固定的方向，谈不上善恶。战国时期的儒家重要代表人物孟子主张"性善论"。他说："人性之善也，犹水之就下也。人无有不善，水无有不下……人皆有不忍人之心……无恻隐之心，非人也；无羞恶之心，非人也；无辞让之心，非人也；无是非之心，非人也。恻隐之心，仁之端也；羞恶之心，义之端也；辞让之心，礼之端也；是非之心，智之端也。人之有是四端也，犹其有四体也。"孟子认为人性本善，就像水之往低处流，是本来具有的品格。战国末期的荀子主张"性恶论"。他说："人之性恶，其善者伪也……今人之性，生而有好利焉，顺是，故争夺生而辞让亡焉；生而有疾恶焉，顺是，故残贼生而忠信亡焉；生而有耳目之欲，有好声色焉，顺是，故淫乱生而礼义文理亡焉。"荀子认为人性本恶，所谓善的东西都是人为的。

情的本来意义是真实，指事物的客观情形，后来开始指人的情感。《礼记》上说："情动于中，故形于声。"这里的情就是指人的自然情感。《庄子》记载："惠子谓庄子曰：'人故无情乎？'庄子曰：'然。'惠子曰：'人而无情何以谓之人？'庄子曰：'道与之貌，天与之形，恶得不谓之人？'惠子曰：'既谓之人，恶得无情？'庄子曰：'是非吾所谓情也。吾所谓无情者，言人之不以好恶内伤其身，常因自然而不益生也。'"惠子认为人都是有感情的，没有感情不能称为人。庄子不赞同惠子的情论，他是从反面论说，认为无情就是不能因好恶而伤身，只是因顺自然就行。这是庄子道家的理想人物。如果从正面讲，有好恶之分那还是情感。关于情的认识，后世分歧相对较少。到了魏晋时代，因为人的个性的觉醒，追求个性自由的风气盛行开来，情就成为人的自然感情的真实流露，也成为一种本之自然的良好风度。《世说新语》载："王戎丧儿万子，山简往省之，王悲不自胜。简曰：'孩抱中物，何至于此！'王曰：'圣人忘情，最下不及情；情之所钟，正在我辈。'简服其言，更为之恸。"魏晋人发现了情，对事物都表现得一往情深。魏晋人的情说到底是一种生命的真，因其真所以感人，因其真所以不拘。

1993 年，湖北荆门郭店出土了一批先秦典籍，其中有一篇《性自命出》，它较早探讨了性与情的关系，是论述性情关系的重要文献。文章说："凡人虽有性心，无定志。待物而后作，待悦而后行，待习而后定。喜怒哀悲之气，性也。及其见于外，则物取之也。性自命出，命自天降。道始于情，情生于性。始者近情，终者近义。知情者能出之，知义者能入之。好恶，性也。所好所恶，物也。善不善，性也。所善所不善，势也。凡性为主，物取之也。金石之有声，师弗扣不鸣。人虽有性，心弗取不出。凡心有志也，亡与不动。心之不能独行，犹口之不可独言也。牛生而长，鹿生而载，其性使然也。人者而学或使之也。凡物亡不异也者。刚之坚也，刚取之也。柔之约，柔取之也。四海之内其性一也。其用心各异，教使然也。"文章认为，人之性是普遍存在的，并且有共同性，性遇到外物就会表现出各种各样的特性，从而展示出情感。这些情感的控制，可以通过后天来改变，教化得好就可以正向发展，反之就会走向歧途。作者用"道始于情，情生于性"来表达这个意思。人性产生人情，人情源于人性。这个论述可谓中国最早的、较系统的关于性情关系的认识。作者认为人之性都存在，没有所谓善恶，只是在后天的发展之中才会有差异。这个观点有些近似告子的说法。汉代刘向对性情如此认识："性，生而然者也，在于身而不发。情接于物而然者也，形出于外。形外则谓之阳，不发则谓之阴。"这是认为性是本来具有的，蕴含在人身之中，用来处理外在事物时情才会表现出来，表现在外面的称为阳，蕴含在里面的称为阴。刘向是从阴阳观念来认识性情关系的，两者有其本质不同，但又能很好地结合在一起。

汉魏时期比较流行的是圣人无情论。为什么会这样认为呢？这是由于圣人法天思想的流行。圣人法天在儒道思想里都有类似的地方，孔子也讲过"天何言哉"的话，认为天的运行可以效法，道家讲天道无常，对待事物也应保持虚心的态度，所谓"天法道，道法自然"，天、道、自然可以看作一体。天的运行是没有喜怒哀乐的，四时推移，寒暑变化，都是自然运行，没有外力强加给它。圣人法天，也应该像天一样，自然做事，用之则行，不用则藏，不以个人喜怒哀乐加于其中，因此也就显得没有个人情感。圣人法天于此可以推得圣人无情之结论。所以，汤用彤先生说："夫内圣外王，则天行化，用舍行藏，顺乎自然，赏罚生杀，付之天理。与天地合德，与治道同体，其动止直天道之自然流行，而无休戚喜怒于其中，故圣人与自然为一，则纯理任性而无情。圣人以降，则性外有情，下焉者则纵情而不顺理，上焉者亦只能以情为理，而未尝无情。"由此，圣人无情说在当时成为士人通识。名士何晏即主张这个观点，他在《论语集解》中说："凡人任情，喜怒违理。颜渊任道，怒不过分。迁者移也。怒当其理，不移易也。"凡人喜怒无常，情感不能自控，颜渊乃贤人，其情感表达合理，即以情从理。这里的理就是指人的本性。凡人、贤人都不是圣人，何晏的言外之意应指圣人无情，无情才是与本性合一。

王弼主张圣人有情，这个观点与魏晋时期很多名士的看法都有不同，他的观点有其独特之处。王弼说："圣人茂于人者神明也，同于人者五情也。"圣人有情，和凡人没有区别，但是圣人又具备神明即智慧，可以控制情感，而不让它随意泛滥，在这个方面圣人能够做得恰到好处。智慧自备则不假外求，看似无知无欲，而实则明达于心，这就是得之自然的行为。不但神明得之自然，五情也是本之自然而来（同于人，即本来就有的），因此，圣人有情顺理成章，本之自然即是本之人性。

王弼在《论语释疑》之中详细地阐述了自己的性情观。《论语·阳货》载：子曰："性相近也，习相远也。"王弼解释道："不性其情，焉能久行其正。此是情之正也。若心好流荡失真，此是情之邪也。若以情近性，故云性其情。情近性者，何妨是有欲。若逐欲迁，故云远也；若欲而不迁，故曰近。但近性者正，而即性非正，虽即性非正，而能使之正。譬如近火者热，而即火非热；虽即火非热，而能使之热。能使之热者何？气也，热也。能使之正者何？仪也，静也。又知其有浓薄者。孔子曰：性相近也。若全同也，相近之辞不生；若全异也，相近之辞亦不得立。今云近者，有同有异，取其共是。无善无恶则同也，有浓有薄则异也，虽异而未相远，故曰近也。"对于这段文字学者有所争论，此文来源于皇侃《论语集解义疏》，是皇侃所引用的王弼逸文。有人认为，上述所有引文都

122

是王弼的论述，也有人认为只有"不性其情，焉能久行其正"一语是王弼的思想，后面乃是皇侃对王弼说法的解释。笔者比较同意后一种意见，即上述文字只有前面一句是王弼本人的，后面均是皇侃的发挥。文中所述"此是"一语，显然是对前面话语的指称，如果是王弼本人的说法，则此语无法落实。前面一句话，王弼在注释《周易·乾·文言》时也提及，他是这样说的："不为乾元，何能通物之始？不性其情，何能久行其正？是故始而亨者，必乾元也；利而正者，必性情也。"其中"不性其情，何能久行其正"一语和上引《论语释疑》中的话是一致的，这应该是皇侃从王弼的《周易注》中抽出来的话而用之解释《论语》里的思想。

虽然上述引文并非全是王弼所说，但是因为皇侃和王弼时代较为接近，而他又是看重王弼思想之人，我们有理由相信，皇侃的解说应该与王弼的真实思想相去不远，可以拿来说明王弼的观点。王弼提出了"性情""性其情"的说法，两者都是动宾结构的词语，意思一样，就是用性指导情，用自然规范来引导人的情感。以性制情，情感虽有欲望但不会放荡泛滥，就会向正途发展，反之就会走向邪路。让情感服从本性，则情感就能得到合适的宣泄，如果违背本性而全随情感做事，那么就会非常危险。性情之同在于无善无恶，性情之异在于两者浓薄不同。"性其情"的反面就是"情其性"，前者以情从理，后者任情违理。可见，王弼性情说乃突出行为过程之中要遵循人性之理，即要动必合理，与此相反者均违背王弼初衷。王弼性情论是从动静观念得出的。汤用彤先生说："辅嗣之论性情也，实自动静言之。心性本静，感于物而动，则有哀乐之情……夫感物而动为民之自然，圣自亦感物而有应，应物则有情之不同，故遇颜子而不能不乐，丧颜子而不能不哀。哀乐者心性之动，所谓情也。歌声言貌者情之现于外，所谓'形'也。圣人虽与常人同有五情，然圣人之情，应物而无累于物。无累于物者，乐而不淫，哀而不伤，亦可谓应物而不伤。夫有以无为本，动以静为基。静以制动，则情虽动也不害性之静。静以制动者，要在无妄而由其理。人之性禀诸天理，不妄则全性，故情之发也如循于正，由其理，则率性而动，虽动而不伤静者也。"这段话对理解王弼的性情论非常重要。心性本来虚静，但与外物接触必有所动，而产生哀乐之情，这是很自然的事情，圣人也是如此。但是圣人高于一般人的地方是，他虽也应物但不累于物，哀而不伤，乐而不淫，表现得非常合理。道家之说认为有以无为本，动以静为基，静以制动，则情感虽有所动而不害静，如此则能达到情之正。

王弼的性情论与告子和刘向的认识有共同之处，都强调性无善无恶，强调情接于物才能有所表现，但在性情的结合方面与王弼相比似有不及。由此看来，王弼是把性情从本末角度来观察的，性主静似无为本，情主动像有是末，虚静无为为本则性能制情，动作有为则情不离性，性情一如，体用不二。可见，在性情论上，王弼照样发挥了自己以无为本、举本统末的一贯主张。这说明了王弼性情论所达到的理论高度，这也是他比何晏高超的地方所在。汤用彤先生的评述非常准确："何晏对于体用之关系未能如王弼所体会之亲切，何氏似犹未脱汉代之宇宙论，末有本无分为二截，故动静亦遂对立。王弼主体用一如，故动非对静，而动不可废。盖言静而无动，则著无遗有，而本体遂空洞无用。夫体而无用，失其所谓体矣。辅嗣既深知体用之不二，故不能言静而废动，故圣人虽德合天地（自然），而不能不应物而动，而其论性情，以动静为基本观点。圣人既应物而动，自不能无情。平叔（何晏字）言圣人无情，废动言静，大乖体用一如之理，辅嗣所论天道人事以及性情契合一贯，自较平叔为精密。何劭《王弼传》曰：'其论道附会文辞不如何晏，自然有所拔得多晏也。'盖亦有所见之评判也。"何晏尚无，贵无而遗有，持静而废动，因此认为圣人尚无而无情，情感不会随着事物发生波动，这就把无与有分作两截，体与用互不相连，导致它们的关系断裂。王弼也贵无，但是他以无体有，保静而重有，圣人虽体无，然不能离开具体的事物单独存在，因此圣人必须应对万物，应物自然有情。这样，王弼视无与有、静与动为紧密相连的两个方面，体用合一，缺一不可。可见，王弼既继承了前人性情观念的合理部分，又对之作出了自己的出色发挥，形成了自己独特的性情观念。

王弼之后，特别是唐宋时期讨论性情关系的学者更是增多。被认为是宋明理学先驱的韩愈在《原性》中说："性也者，与生俱生也。情也者，接于物而生也。"韩愈的弟子李翱在《复性书》中说："情由性生，情不自情，因性而情；性不自性，由情以明。"两人都认为性是自然而来的，情由性而导致，在应物之时表现出来。理学的集大成者朱熹说，"性是根，情是那芽子"，"性是体，情是用"，"性是静，情是动，心则兼动静而言，或指体，或指用，随人所看"，"性是未动，情是已动，心包得已动未动。盖心之未动则为性，已动则为情"。朱熹就本末论性情，认为性体情用；就动静论性情，认为性静情动。这些观点都与王弼有类似之处。北宋改革家、散文家王安石说："性、情一也。世有论者曰：'性善情恶。'是徒识性、情之名，而不知性、情之实也。喜怒哀乐好恶欲，未发于外而存于心，性也。喜怒哀乐好恶欲，发于外而见于行，情也。性者情之本，情者性之用。故吾曰：'性、情一也。'……接于物而后动焉，动而当于理则圣也，贤也，不当于理则小人也。彼徒有见于情之发于外者为外物之所累而遂入于恶也，因曰'情，恶也'，'害性者，情也'，是曾不察于情之发于外而为外物之所感而遂入于善者乎！盖君子养性之善故情亦善，小人养性之恶故情亦恶，故君子之所以为君子莫非情也，小人之所以为小人莫非情也。彼论之失者，以其求性于君子，求情于小人耳。"王安石论性情非常精辟，也极有见解。他认为性为本情为用，性情是统一的，性存于心而未发于外，情则发于外而见于行。王安石不同意性善情恶的观点，他倾向于性无善无恶，而情有善有恶，动而当于理则善，为外物所累则为恶。王安石的讲法与王弼更加类似。两人性本情用、性无善无恶的观点是相同的，情动当理为善否则为恶，也是相同的，这可视为对王弼思想的继承。王弼性情论对理学的影响可见一斑。

我们分道论、圣人观、性情论讲述了王弼在《论语释疑》中所蕴含的思想内容。显而易见，王弼对《论语》思想的发挥是非常明显的，他所采取的"六经注我"阐释方式的运用几乎无所不在。但是也不能因此说王弼的所有阐释都是偏离《论语》原意而有意发挥的。甚至有人认为，王弼如此发挥证明王弼根本不懂《论语》，不了解《论语》的精义。我们对这些看法持否定的态度。对于王弼这样天才型的哲学家、从小就熟读儒家经典的人而言，说他对《论语》无知显然是不能成立的。

仅举几个例子就可以看出王弼对《论语》是多么的了解，多么的心领神会。《论语·宪问》载："子曰：'君子而不仁者有矣，夫未有小人而仁者也。'"王弼解释道："假君子以甚小人之辞，君子无不仁也。"《论语·宪问》如果直译就是：君子行仁偶或有不仁的，但是小人从来不会仁。在孔子的眼里，仁是区分君子与小人的一个重要标志之一，君子以仁德自居，而小人不会有一点仁德。这其实是孔子说明仁德对人的重要以及君子必须具备仁德。王弼的解释认为，孔子此语是拿君子和小人作对比，从而说明君子没有不仁的。这个解释可谓要言不烦，直接把握孔子话语的内在含义，既言简意赅，又非常精辟深刻。这段话《论语集解》引孔安国之语曰："虽曰君子犹未能备。"这种解释看起来比较表面。《四书章句集注》引张氏之言曰："君子志于仁矣，然毫忽之间，心不在焉，则未免为不仁也。"这个解释理解起来也很烦琐。无疑，王弼的解释不论是从文字还是含义方面来讲应该是最到位的。《论语·阳货》载："子曰：'礼云，礼云，玉帛云乎哉？乐云，乐云，钟鼓云乎哉？"王弼的解释是："礼以敬为主，玉帛者，敬之用饰也。乐主于和，钟鼓者，乐之器也。于时所谓礼乐者，厚贽币而所简于敬，盛钟鼓而不合雅颂，故正言其义也。"王弼认为，礼是出于敬，乐是出于和，因为行使礼乐所用玉帛、钟鼓等装饰，都是外在的形式，不能因为只讲究外在形式而忘了礼乐的本意。朱熹的《四书章句集注》解释是："敬而将之以玉帛，则为礼；和而发之以钟鼓，则为乐。遗其本而专事其末，则岂礼乐之谓哉？"朱熹对于礼乐功能的认识与王弼是一致的，其阐述中心也颇为相同。《论语·卫灵公》载："子曰：'民之于仁也，甚于水火。水火吾见蹈而死之矣，未见蹈仁而死者也。'"孔子认为，水火能伤人，但是人们还是亲近它，仁不会伤人，但是人们远离它。仁比水火安全得多也高尚得多，人们为什么不去多亲近仁呢？这是在勉励人们努力为仁。王弼解释道："民之远于仁，甚于远水火也。见有蹈水火死者，未尝见蹈仁死者也。"王弼直接指明孔子话语中所内含的人们远离仁的深刻内容。朱熹的解释是："民之于水火，所赖以生，不可一日无。其于仁也亦然。但水火外物，而仁在己。无水火，不过害人之身，而不仁则失其心。是仁有甚于水火，而尤不可以一日无也。况水火或有时而杀人，仁则未尝杀人，亦何惮而不为哉？"朱熹的解释比较复杂一些，但基本含义与王弼的解释没有太大不同。

以上证据充分证明，王弼对《论语》的某些解释是非常精当、精深的，他绝对不是不懂《论语》之人。相反，倒是因为他太熟悉、太了解《论语》了，因此才能入乎其中、出乎其外，把《论语》的思想改造为具有自身鲜明风格的理论，从而为自己的玄理化思想服务。这是真正聪明之人，在他眼里，文本是受自己统制的，而不是自己跟着文本跑，这种功夫只有天才特出之人才能够做得到。魏晋时期注释《论语》的有数十家，流传下来的以皇侃的《论语集解义疏》为最好，此书收录了近四十条王弼《论语释疑》的内容，是皇侃收录诸家之中最多的。对《论语》的形上层面的发挥，到了宋代朱熹《四书章句集注》出来，才有了超越王弼的解释。

王弼的《论语释疑》在流传过程之中亡佚了，主要原因有二。其一，他对《论语》的解释与《论语》本身的思想相差很大，《论语》作为儒家"十三经"之一，其不合儒家思想的地方肯定受到儒学人物的排斥。其二，王弼在《论语释疑》《老子注》《周易注》中所发挥的思想基本是相同的，从理论高度来讲，《老子注》《周易注》远远超越了《论语释疑》，前两者完全可以替代后者的存在。王弼的《论语释疑》虽然亡佚，但在当时及其以后产生了较大影响。汤用彤先生认为，王弼对《论语》的解释是魏晋儒道互通之最典范体现。钱穆先生认为："《论语》本言道，而弼注转言理。大率言之，唐以前人多言道，宋以后人多言理，以理的观念代替道的观念，此在中国思想史上为一大转变。王弼可谓是此一转变之关掾也""王弼言理，既为释家辟路，亦为宋儒开先"。林丽真先生说："像这类属乎儒学上层结构的形上学问题，正是日后宋明理学者必须著力解决的焦点。因此，王弼的《论语释疑》虽然分量不多，但对宋明新儒学的建立与开展，相信多少是具有一些催生与启迪作用的。"王晓毅先生认为王弼的《论语释疑》"堪称第一本以玄学思想解释《论语》的作品"。这些认识充分说明了王弼《论语释疑》的价值。

第 5 章

启路玄学，千载留名

    王弼通过自己天才性的阐释，完成了玄学理论的重塑和提升，达到了正始玄学的高峰，同时，也成为整个魏晋玄学的高峰之一。他所奠定的理论框架一再被后人所重复、所利用，成为滋养整个魏晋玄学的营养元素。总括起来讲，王弼的思想贡献主要有三个方面。

    一、通过崇本举末、言不尽意等问题的探讨，提升了当时思想界的理论水平，并给当时的思想以本体论的支撑。王弼比较彻底地抛弃了两汉以来的宇宙生成论思想，而提出了关于事物本体的思考，使自己的理论达到了逻辑思辨的极高程度。王弼通过分析万事万物自身的局限和不足，找到了能够包含所有事物的最高法则——无，并在此基础上观照万事万物，从而能够提纲挈领、执一统众地把握纷繁复杂、眼花缭乱的现象世界。经过王弼的理论建设，促进了玄理思考的清晰、简洁、有效，从而得到了打开万物之门的理论钥匙，促成了魏晋玄学大潮的汹涌。

二、王弼以无为本的思辨，必然得出名教出于自然的结论，这个理论思考对于挽救汉代儒学烦琐、神秘的缺陷都有积极意义，也有助于更加深入地审视儒学本身如何发展的问题。从表面上看，王弼的思想与儒学有极大冲突，但是如果往更深层次挖掘，他的思想必然刺激儒学更多地丢弃外在的形式，而关注儒学自身的价值意义，儒道的取长补短、互相融通必定会在更高层面上得到实现。

三、王弼通过自身理论所建构的自然无为的圣人人格，高妙超拔，应物而不役于物，对于魏晋士人人格的重塑也有积极意义。圣人德合自然，因顺而行，出则应时而动，处则静观其变，行事无方而又契合至道；得之不必喜，失之亦不必忧，主导在我，而不需旁求；内在充实，智慧自备，居天下而不为天下，有成功而不自伐其功，动静合宜，万事无不顺遂。这样的理想人格，宅心玄远而又洞察世事，处世无为而又无不为之，被魏晋士人所称赏注目。

理论建构，启迪后学

王弼的理论深化了玄学思想，扩大了玄学的路径，在魏晋时期引起巨大反响，启迪了许多学者的思考。

第一，关于有无之辨的影响。 魏晋时期有无问题阐述较多的是何晏，他提出"以无为本"的主张，认为无是万物的根本，他强调无的时候有忽略有的倾向。到了王弼那里，他把有无问题的认识提高了一大步，他继承了贵无的思想，但对有也给予观照，使两者成为看似矛盾实则统一的整体。何晏、王弼等人的贵无思想受到西晋著名清谈家、尚书令琅琊（今山东临沂）人王衍（256~311）的称赞，并对之非常推重。王衍是西晋清谈界的代表人物，人又很有风姿，深受时人喜欢。王衍对何、王的肯定，说明他的思想和贵无思想的一致。

　　河东闻喜（今属山西）人散骑常侍、尚书左仆射裴頠（267~300）反对贵无思想。他认为贵无思想对儒学形成极大冲击，西晋时期很多人又高唱玄风，不去做实际的事情，只懂口谈玄虚，这无助于社会政治的改进，因此提出了"崇有论"。他认为："夫至无者无以能生，故始生者自生也。自生而必体有，则有遗而生亏矣。生以有为已分，则虚无是有之所谓遗者也。故养既化之有，非无用之所能全也；理既有之众，非无为之所能循也。心非事也，而制事必由于心，然不可以制事以非事，谓心为无也。匠非器也，而制器必须于匠，然不可以制器以非器，谓匠非有也。是以欲收重泉之鳞，非偃息之所能获也；陨高墉之禽，非静拱之所能捷也；审投弦饵之用，非无知之所能览也。由此而观，济有者皆有也，虚无奚益于已有之群生哉！"裴頠说，虚无的东西是不能生成什么的，任何事物都是自己生成的。自己生成必定以有为根本，没有有事物就不会生成。事物以有为自己的本分，而虚无是有的缺陷。因此，要培育事物，这不是虚无所能完成的；要去治理大众，也不是无为所能成功的。思虑不是事物，然而处理事物必须要通过思虑，但不能因为思虑不是事物，就说思虑是虚无的。大匠不是器物，但是制作器物必须大匠，不能因为大匠不是器物，就认为大匠是虚无。因此，要想得到深渊里面的鱼，不是在一旁休息就能做到的；要想捕捉天上的飞鸟，不是站着不动就能抓获的。仔细审视鱼饵和弓弦的作用，不是无知的人所能了解的。因此，能使有成就的就是有，虚无怎么会对人们有任何好处呢？裴頠也是善于谈辩的人，但是他对何、王贵无论的反驳是完全站不住脚的，与何、王所论根本是两码事。要想反驳何、王的观点，应该把他们的思想吃透，再去攻击，这样才能打中要害，可惜的是，裴頠没有做到这一点。

一、裴頠根本没有明白何、王无的含义。何、王所谓无绝对不是虚无，不是没有，而是能够包容万物而又不好言说的存在，只好称它为无。裴頠把何、王的无认同为虚无，认为是不存在的东西，这背离了何、王的本意。虽然他用了很多有深度的比喻，但是因为根本之处搞错了，所以他的反击没有力度。裴頠把何、王的无又看成是无所作为的意思，这更是大错特错。何、王的无是因顺自然、举本统末、执一统众，所谓"举""统""执""统"，正是表达了应该有所作为，因此何、王的无根本没有不做事的意思。

二、裴頠对有无的看法是就事论事，没有提高到形上层面考虑问题。他认为事物是可以自己生成的，虚无不会生成事物，何、王也不否认事物可以自己生成，但是何、王认为具体事物背后还有更高的法则、更高的指导，它是高于具体事物而存在的。裴頠没有探讨这个高于具体事物的事物，他所谈的都是具体事物之间的生成，比如，大匠制器、人之捕鱼，这样的生成不是何、王所关心的,何、王所关心的是大匠以及人背后的更加根本的东西。总起来讲,裴颜对何、王贵无论的反驳从学理上讲是不成功的,但是他的理论竟然让支持何、王思想的王衍招架不住,实在有点匪夷所思,如果王弼当时还活着,那就会是另外一番情景了。裴颜主要是为了反对当时空疏的学风和政风,所以他所谈的都是具体的问题,力图解决累积的社会矛盾。裴颜的《崇有论》虽然是反对王弼思想的,但是它的提出却受到王弼等人有无思想的启发,这是不言而喻的。

王弼老乡、东晋学者张湛的《列子注》也受到他的有无思想的影响。张湛,字处度,做过西晋时期的中书侍郎、光禄勋。张湛也视无是事物的本体,无可以主导有(王弼谓无能生有,张湛不同意此观点,认为两者不能生成。王弼的无能生有也不是简单的生成关系)。他说:“有之为有,恃无以生。言生必由无,而无不生有。此运通之功必赖于无,故生、动之称,因事而立耳。”为什么如此呢?因为“夫不能自生,则无为之本。无为之本,则无当于一象,无系于一味,故能为形气之主,动必由之者也”,具体事物都是局限于自己,它们不能自己生成,而能包含它们的只有超脱具体限制的无,所以“至无者,故能为万变之宗主也”,“不生者,固生物之宗;不化者,固化物之主”,这个思路和王弼是一样的。无既然是根本,那么有与无是什么关系呢?张湛说:“谓之生者,则不无;无者,则不生。故有无之不相生,理既然矣,则有何由而生?忽尔而自生。忽尔而自生,而不知所以生;不知所以生,生则本同于无。本同于无,而非无也。此明有形之自形,无形以相形者

134

也。"无不能生有，有是"忽而自生"的，就是无虽然是有的根本，但是有并未感知到它，不知道自己是怎么来的。无为有的生成提供了空间和条件，有可以在这个空间和条件里发展自己。既肯定以无为本的重要，又用"忽而自生"来沟通无和有的关系，给具体事物存在以更大合理价值，这是张湛的考虑。张湛继而认为："有夫无言者，有言之宗也；无知者，有知之主也。至人之心豁然洞虚，应物而言，而非我言；即物而知，而非我知；故终日不言，而无玄默之称；终日用知，而无役虑之名。故得无所不言，无所不知也。"无既然是主导有的，至人就可以依无做事，该言则言，该知则知，这都是自然的过程，并不是刻意去做的。圣人秉持虚心容物的态度，可以无所不言，无所不知，事情做得很圆满，而又不是自己真的主动作出过什么。这种至人观念和王弼的"应变神化"的圣人也很近似。总之，张湛既继承王弼以无为本的思想，又给予了具体事物更多的关注，为万物合理性以及万物的自由提供了更多理论支持。当然，张湛的思想因为受到具体时代环境的影响，呈现出一些特色，这就是《列子序》所说："大略明群有以至虚为宗，万品以终灭为验；神惠以凝寂常全，想念以著物自丧；生觉与化梦等情，巨细不限一域；穷达无假智力，治身贵于肆任；顺性则所之皆适，水火可蹈；忘壤则无幽不照。此其旨也。然所明往往与佛经相参，大归同于老庄，属辞引类特与庄子相似。"这个思想显然比王弼的有无思想更加复杂化了。

第二，关于言意之辨的影响。王弼提出"得意忘言"的观点之后，言意问题成为玄学界讨论的热点问题。西晋的欧阳建主张"言尽意",他说:"原其所以,本其所由,非物有自然之名,理有必定之称也。欲辨其实则殊其名,欲宣其志则立其称。名逐物而迁,言因理而变,此犹声发响应,形存影附,不得相与为二,苟其不二,则无不尽,故吾以为尽矣。"欧阳建认为,事物是具体存在的,用什么名称称呼它们并没有固定的叫法,人们只是为了方便才给事物命名。名称是随着具体事物的变化而变化的,从这个角度来讲,两者紧密相连,因此名称也是可以表达事物的。欧阳建强调语言能够表达事物。对此,王弼并不反对,但是王弼认为仅仅停留在这个层面还很不够,应该紧紧抓住事物的根本,而不是被外在的言语所迷惑。《世说新语》载:"旧云,王丞相过江左,止道声无哀乐、养生论、言尽意三理而已,然宛转关生,无所不入。"王丞相是东晋名相王导,他喜欢谈论"言尽意"等问题,这也可见言意问题对他的吸引。北齐刘昼也对此有所阐发,他说:"言以绎理,理为言本;名以订实,实为名源。有理无言,则理不可明;有实无名,则实不可辨。理由言明,而言非理也;实由名辨,而名非实也。今信言以弃理,实非得理者也;信名而略实,非得实者也。故明者,课言以寻理,不遗理而著言;执名以责实,不弃实而存名。然则,言理兼通,而名实俱正。"刘昼认为,道理是根本,语言能够表达道理,没有语言,道理无法说清。但是,语言毕竟不是道理,仅仅相信语言而抛弃道理,就不会明理。正确的做法应该是通过语言寻求道理,而不是抛弃道理而彰显语言。语言和道理良性互动,才能做到概念与事实都得到有效发挥。刘昼的论述与王弼多有类似,但他力主言与意的结合，则与王弼的"得意忘言"的理论旨归有所不同。

第三，关于名教与自然之辨的影响。所谓名教从狭义方面来讲乃是指儒教（以儒为教，儒学不是宗教，但能起到宗教的部分作用），特别重视其中的纲常伦理、道德修养。儒学本是诸子百家之一，后来地位逐步上升，汉武帝"罢黜百家，独尊儒术"奠定了儒学独尊的地位，使它成为与国家意识形态紧密相连的思想，两汉谶纬盛行，孔子和儒学有被提升为国教的倾向。魏晋时期，儒教的称呼广泛流行，一方面是源于这个时期佛教、道教流行，借以称呼儒学为儒教，另外一方面是司马懿出身儒学大族，以其思想相号召，导致儒教的说法流传开来。从广义方面来讲，名教就是指整个的王朝统治秩序，历代帝王以此教化、劝诱民众遵从。所谓自然乃是指自然而然、本来如此的意思，《老子》说"地法天，天法道，道法自然"，这样就把自然的地位提到很高的位置。《老子》又说，儒家的仁义礼智等都不是从来就有的，这些思想的出现是"道"没有被好好遵守之后才出现的。《老子》批评仁义礼智，认为有很虚伪的地方，因此不如返回到"道"的教导。在《老子》那里，道、自然是高于儒学所提倡的思想的，两者有高下轻重之别。从今本《老子》来看，儒道思想的冲突是比较激烈的。名教提倡秩序、道德、礼乐，自然提倡个人、自由、顺性，两者是有所对立的，对它们关系的认识一直存有争论。

王弼关于名教与自然关系的认识主要来自《老子》，可以用"名教出于自然"来概括。他认为自然的状态才是最好的，只有按照自然状态办事才能把事情做好，反之，都不会有理想的效果。他认为，圣人是能够体会到自然妙用的。名教所强调的仁义礼智等思想是遵从自然而来，是自然所导出的，离开自然的名教只会违背事物运行的法则。但是，王弼并没有把名教和自然看成截然分开、互相矛盾的两个方面，反之，他认为两者应该很好地结合。王弼的"名教出于自然"有两个重要理论意义。第一，找到了社会政治能够良好运行的根本性东西，这就是自然，在自然这里能够看到事物运行的原理和应该遵循的规则。第二，名教能够遵从自然运行，那也有其本身存在的积极意义，因此，那种完全抛弃名教纯任自然的做法并不可取。王弼从来没有讲过应该废弃名教的说法。可以看出，王弼是把名教和自然视为双向良好互动的关系。但是因为王弼把自然提到了与无（道）等同的地位，从理论发展来看，名教地位落在了自然之下，甚至有忽视名教的倾向。所以，王弼之后有人认为他的思想对儒学式微负有极大责任，他是名教罪人，受到一些人的强烈批判，把很多丑言恶语强加给他。这些批评是没有道理的。

关于名教与自然关系问题的认识王弼之后继续有所讨论。曹魏末年，"竹林七贤"中的嵇康、阮籍等人提出了"越名教而任自然"的观点。嵇康（224～263），字叔夜，谯国铚县（今安徽宿州）人，曾做过曹魏中散大夫，又被称为"嵇中散"，后人说他"龙性难驯"。他身长八尺，风度优雅，超迈不群，又精于音乐，是魏晋理想名士的典型。他说："夫称君子者，心不措乎是非，而行不违乎道者也。何以言之？夫气静神虚者，心不存于矜尚；体亮心达者，情不系于所欲。矜尚不存乎心，故能越名教而任自然；情不系于所欲，故能审贵贱而通物情。物情顺通，故大道无违；越名任心，故是非无措也。是故言君子则以无措为主，以通物为美；言小人则以匿情为非，以违道为阙。何者？匿情矜吝，小人之至恶；虚心无措，君子之笃行也……夫至人之用心，固不存有措矣。故曰'君子行道，忘其为身'，斯言是矣。"嵇康认为，外在的欲望太盛就会蒙蔽我们认识问题的眼光，如果做到气静神虚、不措是非，超越外在事物的诱惑，那我们就能达到自然的状态。在嵇康眼里，自然是最好的情形，名教等强制人的性情，束缚人的作为，是与人的本性相违背的。嵇康可以说是激烈派，他提出"越名教而任自然"的主张，等于公开向现实政权发出了挑战。而抛弃统治秩序，无论任何统治者都是不能答应的。实际上，嵇康并不反对真正的名教，他所反对的是虚伪的名教以及假借名教而图谋不轨的人。嵇康那个时代，司马氏向曹魏夺取政权的行动已经开始，并且愈发激烈，而司马氏却打着尊重名教的旗号，尊重名教会以臣反君吗？可见，司马氏所谓的名教是很虚伪的。嵇康对此分外反感。又加上嵇康是曹操儿子沛王曹林的女婿，与曹魏有婚姻关系，因此司马氏看不过，以"菲薄周孔"的罪名杀掉了嵇康。由此可见，要想达到"越名教而任自然"是多么不容易。阮籍（210~263），字嗣宗，陈留尉氏（今河南尉氏）人，做过曹魏的步兵校尉，又被称为"阮步兵"，他的思想与嵇康有接近的地方。他说"礼岂为我设邪"，对名教的礼制很不在乎。阮籍的母亲死了，他照样饮酒食肉，人家去吊唁他的母亲，他也不还礼答谢，表现得放达不羁，所以当时人说"阮籍既方外之士，故不崇礼典"。阮籍当然不是真的对母亲的逝世无动于衷，他只是想对此不应该刻意表现出感情，不应该矫揉造作。如果按照礼制的要求，人家来吊唁自己的母亲，自己要答礼，还要装着哭出来，这对阮籍来说是难以忍受的。阮籍的做法是强调自然的行为，而不是为了礼制而礼制。很多人没有考察阮籍的真实用意，而只看到了他外在的放达不羁，赞赏者学习他的不拘礼制，批评者认为他败坏了社会风气，把他看作导致世风日下的始作俑者。这些都只是看到了阮籍行为的外在形式，而没有注意他的实质精神。

绝对的要求"越名教而任自然"实际上行不通，嵇康的被害就可以作为证明。所以在这之后，融合名教与自然的理论开始流行，这就是"名教即自然"的提出。乐广（？～304），字彦辅，西晋南阳（今河南南阳）人，做过侍中、河南尹。他看不惯一些人放达无礼甚至裸体的做法，说了一句话"名教内自有乐地，何必乃尔"。意思是说，名教中自有乐趣，何必非得纵情肆欲去寻求乐趣呢？这是对放达无礼行为的批评，同时说明乐广力图弥合名教和自然之间的巨大鸿沟。这一倾向在西晋时期已经变得非常盛行。西晋阮瞻是"竹林七贤"之一阮咸的儿子，很懂谈辩，也善于弹琴。有一次他去拜访司徒同时也是大名士的王戎。史载："戎问曰：'圣人贵名教，老庄明自然，其旨同异？'瞻曰：'将无同。'戎咨嗟良久，即命辟（征辟）之。时人谓之'三语掾'。"王戎可能对名教与自然的关系有所考虑，但还是没有非常明确的认识，因此向阮瞻发问。阮瞻只说了三个字"将无同"，意思是"大约是相同吧"。阮瞻认为名教和自然没有不同，两者可以融通，至于为什么两者相同，阮瞻没有作过多解释，但是王戎觉得阮瞻说得非常好，因此任命他做官。可见，当时名教与自然同一的观念正在逐步地流行开来，这主要是为了矫正放达无礼的社会行为所带来的危害，同时予以时代问题新的阐释。

真正把名教与自然结合起来，并且给予全面理论说明的是郭象。郭象，字子玄，河南洛阳人，做过西晋黄门侍郎、太傅主簿，有才理，好老庄，能清言。他通过注释《庄子》，阐述了自己关于名教与自然关系的认识。有人说，郭象的《庄子注》是窃取竹林名士向秀的《庄子注》然后加工而成的。其中情形到底如何，我们不去过多关注，可以肯定的是郭象的《庄子注》反映了当时流行的一股思潮。郭象认为，每个事物不论大小强弱都可以做到适性逍遥，因为每个事物都有自性，能自然生成，自给自足。他说："《庄子》之大意，在乎逍遥游放，无为而自得。故极小大之致以明性分之适。""夫大小虽殊，而放于自得之场，则物任其行，事称其能，各当其分，逍遥一也，岂容胜负于其间哉。"既然事物都可以发挥自性获得逍遥的状态，那么就不存在一个超越具体事物之上的一般规律，每个个体都不会受到限制，都是自由的。因此，事物的理想状态是"无为者，非拱默之谓也。直各任其自为，则性命安矣"，主张发挥本性也就是无为。圣人虽然做官任职，但这都是他自然本性的发挥，因此也是无为的，他与山林之中的隐士没有什么两样，"夫神人即今所谓圣人也。夫圣人虽在庙堂之上，然其心无异于山林之中"。根据这种观点，山林之士是逍遥的，同样，忙忙碌碌的政治人物也是逍遥的，山林之士的自然与政治人物的名教其实并无不同："夫时之所贤者为君，才不应世者为臣，若天之自高，地之自卑，首自在上，足自居下，岂有递哉。""故知君臣上下，手足外内，乃天理自然，岂真人之所为哉。夫臣妾但各当其分耳。"这样，名教和自然就是可以统一的，名教即自然。郭象弥合了名教与自然的矛盾，可谓把王弼以来的名教与自然观念发挥到极致，当然，他的理论也有为世家大族无所事事而又享受尊崇辩护的味道。在郭象之后，很难再有关于名教与自然关系的更新的论述。

从王弼到嵇康，再到郭象，名教与自然的争论正好经过了一个正、反、合的过程，而名教与自然争论的理论总结最后竟由被称为"王弼之亚"的郭象来完成，也真算是历史的巧合了。

可以这样说，魏晋玄学的许多重大问题，比如，有与无、言与意、名教与自然等，王弼多有论述，并对后世有相当的启发。后人虽然与他论述的主旨或有不同，但是受惠于他的地方却是不言而喻的。

褒贬不一，孰是孰非

王弼虽然有如此重大的理论供后人吸纳，但对其评价并不总是处于高位，也有降于低谷的时候。当时和后世对他的评价起起落落，一波三折。到了近代，总体上评价是非常之高，褒多于贬。

王弼因为发展了正始玄学，人们一般把他和何晏放在一起连称，何、王并提。曹魏、西晋时期，对他的评价是很高的。人们称赏他玄谈的清妙、辨名析理的透彻，把他看成口若悬河、无人能敌的清谈高手，他的这种本领甚至超过了玄学祖师何晏的水平。他只活了二十四个年头就逝世了，当时很多人都为此感到可惜。在王弼在世的时候，基本上没有对他负面的评价出现。

到了东晋，经学家范宁展开了对王弼等人的猛烈批判。范宁（339~401），字武子，南阳顺阳（今河南淅川东）人，做过余杭令、豫章太守等职。他崇信儒学，看到当时儒学沦丧、玄虚竞起，认为这都是王弼、何晏等人的过错，这种罪过甚至超过了桀、纣等昏君。他说："王（弼）、何（晏）蔑弃典文，不遵礼度，游辞浮说，波荡后生，饰华言以翳实，骋繁文以惑世。缙绅之徒，翻然改辙，洙泗之风，缅焉将堕。遂令仁义幽沦，儒雅蒙尘，礼坏乐崩，中原倾覆。王、何叨海内之浮誉，资膏粱之傲诞，画螭魅以为巧，扇无检以为俗。郑声之乱乐，利口之覆邦，信矣哉！吾固以为一世之祸轻，历代之罪重，自丧之衅小，迷众之愆大也。"范宁完全是站在儒家学者的地位上考虑问题的，他认为在王弼等人的理论引导之下，人们蔑弃经典，礼崩乐坏，王弼等人应该负起主要责任。这个批评冤枉了王弼等人。王弼等人从来未直接攻击过儒学，在行事处世上，也从来没有特别出格的行为。范宁对王弼等人的批判是借钟馗以打鬼，剑指王弼，意在他人，其矛头所向主要还是当时那些不守礼法之士。

东晋中晚期，晋陵（今江苏）顾悦之对王弼《周易注》的解释提出四十多条不同意见，受到关康之的反驳，当时的人认为关康之的说法很有道理。关康之，字伯愉，河东（今山西）杨县人，少而笃学，姿状丰伟，还精于《毛诗》。这说明王弼的《周易注》在东晋很受关注，不管批评还是维护，都说明了此书的价值。

南朝刘宋元嘉时期，王弼的《周易注》和郑玄的《周易注》同被列入国子学，成为官方承认的《周易》标准注释本。后颜延之为国子祭酒，独重王弼的《周易注》，而压制郑玄的《周易注》。南齐初年，王弼的《周易注》和郑玄的《周易注》又一起被列为学官，当时的国子博士陆澄（425~494）说"杜预注《传》，王弼注《易》，俱是晚出，并贵后生"，说明王注的流行情况。南齐著名隐士顾欢曾经给王弼《周易注》作注，被当时的学者所传颂。

唐朝初年，杨伯丑好读《易》，隐于华山。国子祭酒何妥曾经拜访他和他讨论《周易》，杨伯丑听到何妥之言，笑着问道："为什么要用郑玄、王弼的话来谈《周易》呢？"杨伯丑的话语说明，唐朝初年王弼的《周易注》依然盛行，连国子祭酒也受到影响，说明从南朝到唐朝王弼的《周易注》地位没发生过太大变化。像杨伯丑这样，虽然不赞同王弼《周易注》的看法，但还是对其书很熟悉。唐太宗贞观年间，太宗让国子祭酒孔颖达编撰《五经正义》，对儒家学说作出统一的解释，其中的《周易》就是用的王弼与韩康伯的注释，因为王弼等人的《周易注》理论透彻、义例完备，王弼的《周易注》再一次被官方所认可，并成为流行全国的著作。贞观二十一年（647），王弼与郑玄、王肃、范宁等二十一人被列入太学，与颜回一起配享孔子庙堂，这说明唐太宗时期王弼的地位得到国家的承认，并且以祀典的形式表现出来。王弼的地位此时达到了历史上的高峰。东晋范宁认为王弼是名教罪人，而唐太宗却把他看作儒家贤人，王弼还与范宁一起配享孔庙，不知道对王弼持批判态度的范宁对唐太宗的这一安排作何感想。北宋咸淳三年（1267），王弼被称为偃师伯与其他五十二人从祀孔庙，位于孔庙里面的西侧而面朝东方。明代时王弼从孔庙里被移出。

清代乾嘉时考据学兴盛，当时的学人讲究实事求是，反对空谈义理性命之学，显得非常朴质实在，所以又被称为“朴学”。朴学的治学风格与王弼高扬义理的倾向相抵触，因此，王弼的理论在清代受到排斥。朴学吴派有一个著名的经学人物叫惠士奇（1671~1741），他是吴郡吴县（今江苏苏州）人，父亲惠周惕（？~1694），儿子惠栋（1697~1758），都是经学名家。惠士奇“盛年兼治经史，晚尤邃于经学，撰《易说》六卷，《礼说》十四卷，《春秋说》十五卷。于《易》，杂释卦爻，以象为主，力矫王弼以来空疏说经之弊”。惠士奇以象数解释《周易》，不认同王弼以义理解释《周易》，认为王弼的思想非常空疏，有很多弊端。极为凑巧的是，另外一个清代学者张惠言（1761~1802）也对王弼的《周易注》有很多不满。张惠言，字皋闻，武进（今江苏常州）人，少受《易经》，即通大义，著有《周易虞氏义》《虞氏消息》，其自序说：“自魏王弼以虚空之言解《易》，唐立之学官，而汉世诸儒之说微。”这也是认为王弼的《周易注》空疏，指责王弼掩盖了《周易》的真义。另外一个清人李富孙（1764~1843）也与以上诸人有类似见解。李富孙，字既汸，一字芛汲，浙江嘉兴人，尤好读《易》。他认为"易学三派，有汉儒之学，郑、虞、荀、陆诸家精矣；有晋、唐之学，王弼、孔颖达诸家，即北宋胡瑗、石介、东坡、伊川犹是支流余裔"，仍然认为王弼的《周易注》未能领会《周易》之道。清代学人秉持实事求是的治学作风，他们看不上以义理见长的王弼《周易注》是很自然的事情。

在王弼以后的中国古代历史上，对他的评价和定位真是众说纷纭。大体来看，唐宋时代王弼的地位达到高峰，明清以来又降到低谷。王弼地位的升降受到时代风气的影响，唐代孔颖达《五经正义》注重义理解经，宋人很关心性命之学，王弼的地位因之水涨船高。到了清代，学者反对空疏的学风，不认同义理方面的发挥，批评王弼的声音开始增多，王弼的地位也一落千丈。

近现代以来，随着西方哲学思想和方法的传入，王弼的理论重又受到重视，人们对之进行新的审视和观照，王弼在思想史上的地位又在逐步上升，其中，作出最大贡献的是汤用彤先生。汤用彤先生自20世纪30年代以来一直关注魏晋玄学的研究，他的一系列文章最后形成《魏晋玄学论稿》一书，对玄学的起源、流变以及当时重要玄学人物的思想都给予了深刻的说明和讨论，成为近代玄学研究的开创者。汤用彤先生关于王弼思想的研究，发表了很多高见。他评论说："学贵玄远，则略于具体事物而究心抽象原理。论天道则不拘于构成质料（Cosmology），而进探本体存在（Ontology）。论人事则轻忽有形之粗迹，而专期神理之妙用。夫具体之迹象，可道者也，有言有名也。抽象之本体，无名绝言而以意会者也。迹象本体之分，由于言意之辨。依言意之辨，普遍推之，而使之为一切论理之准量，则实为玄学家所发现之新眼光新方法。王弼首唱得意忘言，虽以解《易》，然实则无论天道人事之任何方面，悉以之为权衡，故能建树有系统之玄学。夫汉代固尝有人祖尚老庄，鄙薄事功，而其所以终未舍弃天人灾异通经致用之说者，盖尚未发现此新眼光新方法而普遍用之也。"此语阐释了王弼新思想方法的价值，并与前人作了对比，突出王弼思想的积极意义。

林丽真先生在《王弼》一书中说："就中国学术传统的衍展而言，魏晋玄学实处于一重要的转折地位。无论从内容上（思想内涵上）和形式上（治学方法上），都与两汉时期有显著的不同。就内容上说，是天人交感的阴阳五行学的衰微，到《老》《庄》自然主义的玄理形上学的勃兴；就形式上说，是烦琐支离的章句训诂学的衰退，到得意忘言的简易新学的流行。处在这种学风迅速递转的关键时代，王弼实是极具代表性与影响力的灵魂人物……他能精简扼要地运用自己的思维，把当代的思潮集中地表现出来，使儒道两家的有无、异同之争，融通出一个方向，更是影响匪浅。"这一评价立足于汉魏历史的思想转变过程论述王弼理论的意义，视野宏通，评论精当，也把王弼思想的时代内涵给予了恰当的揭示。

王晓毅先生在《王弼评传》中也说："他以不可思议的超人智慧，刷新了儒道学说，给影响中国历史进程的《周易》

《论语》《老子》三本名著注入了新的生机和活力，完成了由汉代经学向魏晋玄学的划时代转折。因此，他那二十三岁就停止了的思想，也就成了中国哲学史上无法回避的学术重镇。这不能不说是一个奇迹。"这从总体上对王弼思想作了观照。

近现代学人总体上是高度评价王弼思想在历史上的地位的，但是也有一些学者就王弼思想的某些方面作出了批评性的判断，这些批评以牟宗三先生和王晓毅先生的论述最有代表性，影响也最大，对此不能不作一定辨析。

牟宗三先生在《才性与玄理》一书中说："体用之关系，儒道两家皆然。惟一般言之，儒道虽同，而体之所以为体，则儒道不同。王弼说此一为体为本，是以道家之无、自然为背景。依道家之路数，此一之为本为体，纯由遮显，故只能从外表描述其形式特性。如无、自然、寂静、一、本，皆形式特性也。从形式特性言之，儒、道皆同，甚佛、耶亦同。惟从实际的内容特性言之，则体之所以为体，儒道不同。其不同之关键在'心性'。而王弼于此根本未入。了解形式特性易，了解内容特性难。不能进入内容特性，则不能尽儒道之精蕴与全蕴，尤其不能尽孔门义理之精蕴与全蕴。"牟先生所论儒道异同很有道理，充满哲人的妙解精思。但是，他对王弼思想的认识也有可以商榷之处。第一，王弼之道的彰显，并非纯粹从描述道的外在特征而来的。从《老子》开始，在描述道的时候，就用了很多比喻的说法，看起来似乎不可捉摸。王弼认为道是无，是不能看得见摸得着的，自然的行为才是道的教导，这看起来也有点玄虚。但是，这些外在特征的描述，不是王弼论道的目的，而仅仅只是手段，王弼是通过这一描述，让人们认识道的精深博大，这也是为了说明问题不得已而用的方法，是引导人们更好地认识道的存在。如果认为这种外在形式的描述就是道，那显然歪曲了王弼论道的含义。"无"从表面意义看是形式化的描述，但它只是一个指称，是一个不好用其他词语代替的一个概念，而其实际内容绝对不是表面的虚无，更不是任何东西也没有，而是包含了所有事物的事物。第二，王弼绝对不是不懂儒学真实内涵的人，但是他的目的不是阐发儒学精义，而是建构自己的理论体系。正因为他对儒学太了解了，所以才能借助儒学完成自己的思想创造，关于这点，我们前面已有论述，无须多说。不能因为王弼不谈"心性"，就认为他对此一无所知。我们肯定一个东西可能很容易，但是如果要否定一个东西却难上加难。根本上说，王弼关心的问题不在"心性"，而在形上理论的创建，不能因为他对此问题不关心，就肯定他对此没有深入了解。因此，这个批评和王弼本身的设想有点风马牛不相及。牟宗三先生是新儒家的代表人物，而新儒家是承续宋明理学来展开思想的，宋明理学的性命义理之学当然是他关注的重点，也是念兹在兹的理论追求。由此看来，他批评王弼不懂儒家心性之学，是源于自己学术立场的认识和判断。

王晓毅先生给王弼作了评传，也是研究王弼的权威学者，他对王弼的很多认识都作了开创性的贡献。王晓毅先生一方面从积极方面评价王弼哲学，认为："王弼玄学的积极意义，就在于重新联结了士大夫精神世界对立的两极，使双重人格的士族知识分子心理趋于平衡，增加生命厚度和弹性，在社会动荡黑暗的环境中继续积极面对现实，进行新的文化创造。"另外一方面，王晓毅先生又在《王弼评传》的结尾设置了"历史局限"一个小节，评说了王弼哲学的不足，认为王弼哲学不具有"终极价值"的意义。他说："首先，王弼笔下的宇宙本体'无'并不是一个可以接纳灵魂的天国，而是事物中无形的规律、本质，永远不可脱离有形事物而孤立存在。因此，灵魂不会归于'无'得到永恒，而是化为真正的寂灭虚无。再者，王弼虽然提出了返璞归真的社会理想，但是'理想社会'的实现，仅仅是对人类生命自然的回归，不需要人类的有为活动，尤其是排斥道德行为的参与，因而建立理想社会，也就不能激发人类为之献身的神圣感，同样不具有使有限生命永恒的功能。"王晓毅先生对王弼哲学的这个批评角度，是很多人都没有想到的，很新颖。但是，客观公正地讲，这个批评也是存在问题的。第一，"终极价值"问题是现代性的学术用语，是现代人考虑问题得出的观点，在王弼时代没有如此的说法，不能用现代人的观念勉强古人，就像我们现代人提倡"和谐社会"，提出了这一目标，但是古人不知道"和谐社会"，不能因为古人不知道就批评他们，不能把我们的观念强加给古人。第二，王弼提倡的无当然是讲本质问题，这是他理论的基点，但是，无不需要非得在终极价值的来世"天国"里得到安顿。王弼哲学讨论的主要是现象世界和本质世界的关系，不牵涉宗教意义上的来世世界。宗教意义上的来世世界有自己讨论问题的方式和方法，以及达到彼岸的具体途径，哲学可以去关注但并非必须关注，不能把哲学问题的归宿统统认定为彼岸世界问题。王弼的哲学是开启智慧、指导行为的，它不会走向寂灭虚无，在王弼那里它就是能够秉持的真理，绝非一团幻象。第三，王弼提倡返璞归真的理想社会，按照王弼的设计，这个理想社会人人都可以得到自由发展，并非没有使生命永恒的功能。王弼的理想社会绝对不是排除人类的有为活动，而是提倡人们在尊重规律的情况之下，举大纲而略小节，只要把最基本的事情做好了，然后就可以比较轻松地让事情自然发展。王弼所要排除的人类有为活动，是指那些过分的、非理的、极端的、虚伪的做法，而不是不做任何事情。如果人人都可以在一定原则的指导之下做到顺性而为，大家都得到了自由发展，不就等于延长了生命的长度和质量了吗？因此，笔者认为王晓毅先生对王弼哲学所谓不关注"终极价值"的批评是值得再思考的。

对王弼哲学的各种评价，充分显示了王弼思想的弹性与活力。我们相信，对他思想的阐释与研究，还将继续下去，并且还会有更新的角度予以关注。

我们终于走出了王弼玄学思想的丛林，但是没有过多的欣喜。这条路走得异常艰难，时而跌跌撞撞，时而磕磕绊绊，诠释经典已经非易，更不用说诠释天才性的经典。对于王弼思想的呈现，只是揭开了冰山一角，而冰山之下的激流与险峰可能已非我们的文字所能展示。德国著名哲学家康德在《纯粹理性批判》的"结论"中有言："有两样东西，我们越是经常持久地对之凝神思索，它们就越使内心充满常新而日增的惊奇和敬畏：我头上的星空和我心中的道德律。"（邓晓芒译）当我们仰望星空，我们知道有一颗很亮的星是属于王弼的。

附 录

年 谱

226年（魏黄初七年）　王弼出生于山阳高平（今山东金乡）人，父亲王业，兄长王宏，祖父王凯，叔祖是"建安七子"之一的王粲，外曾祖父是荆州牧刘表。

243年（正始四年）　因父亲尚书郎王业引见，拜会吏部郎、玄理专家裴徽，并与裴徽就"有无"问题展开讨论，获得好评，始为士林所重。

244年（正始五年）　参加吏部尚书何晏主持的清谈，所论问题"一坐皆不及"，于是声名鹊起。此后与何晏多有学术交流，何晏因为王弼的《老子注》精奇，因此放弃自己注释《老子》的想法。

248年（正始九年）　何晏推荐王弼担任黄门侍郎，遭到身为辅臣、大将军的曹爽否决，后任王弼为尚书郎。王弼在官无心政事，仅为具员而已。

249年（正始十年）　司马懿发动"高平陵政变"，曹爽、何晏等人被诛夷三族，王弼受到冲击被免官，此年秋天得疠疾而亡，时年二十四岁。王弼留有一女，嫁于赵季子。

主要著作

1.《周易注》（存）。

2.《周易略例》（存）。

3.《老子注》(存)。

4.《老子指略》(亡)。

5.《易辨》(亡)。

6.《周易穷微论》(亡)。

7.《论语释疑》(亡)。

8.《王弼集》(亡)。

参考书目

1.〔晋〕陈寿:《三国志》,中华书局,1959年。

2.〔唐〕房玄龄等:《晋书》,中华书局,1974年。

3. 楼宇烈:《王弼集校释》,中华书局,1980年。

4. 刘大钧:《周易概论》,齐鲁书社,1986年。

5. 林丽真:《王弼》,台北东大图书公司,1988年。

6. 金景芳、吕绍纲:《周易全解》,吉林大学出版社,1989年。

7. 周振甫:《周易译注》,中华书局,1991年。

8. 高龄芬:《王弼老学之研究》,台北文津出版社,1992年。

9. 朱伯崑:《周易通释》,昆仑出版社,1994年。

10. 朱伯崑:《易学哲学史》(第一卷),华夏出版社,1995年。

11. 朱伯崑:《易学漫步》,沈阳出版社,1997年。

12. 苏东天:《易老子与王弼注辨义》,文化艺术出版社,1996年。

13. 王晓毅:《王弼评传》,南京大学出版社,1996年。

14. 贺昌群:《魏晋清谈思想初论》,商务印书馆,1999年。

15. 韩强:《王弼与中国文化》,贵州人民出版社,2001年。

16. 陈鼓应:《老子今注今译》,商务印书馆,2003年。

17. 裴传永:《王弼与魏晋玄学》,山东文艺出版社,2004年。

18. 余嘉锡：《世说新语笺疏》，中华书局，2007年。

19. 余敦康：《何晏王弼玄学新探》，方志出版社，2007年。

20. 汤用彤：《魏晋玄学论稿》（增订版），生活·读书·新知三联书店，2009年。

21. ［德］瓦格纳著，杨立华译：《王弼〈老子注〉研究》，江苏人民出版社，2009年。